项目采购与合同管理

李旭升 张 晶 编著

西南交通大学出版社
·成都·

图书在版编目（CIP）数据

项目采购与合同管理 / 李旭升，张晶编著. -- 成都：西南交通大学出版社，2025.5. -- ISBN 978-7-5774-0434-9

Ⅰ. F224.5；D923.6

中国国家版本馆 CIP 数据核字第 2025HW7026 号

Xiangmu Caigou yu Hetong Guanli
项目采购与合同管理

李旭升　张　晶　编著

策　划　编　辑	李晓辉
责　任　编　辑	罗小红
责　任　校　对	左凌涛
封　面　设　计	墨创文化
出　版　发　行	西南交通大学出版社
	（四川省成都市金牛区二环路北一段 111 号
	西南交通大学创新大厦 21 楼）
营销部电话	028-87600564　028-87600533
邮　政　编　码	610031
网　　　　址	https://www.xnjdcbs.com
印　　　　刷	四川森林印务有限责任公司
成　品　尺　寸	185 mm × 260 mm
印　　　　张	16
字　　　　数	362 千
版　　　　次	2025 年 5 月第 1 版
印　　　　次	2025 年 5 月第 1 次
书　　　　号	ISBN 978-7-5774-0434-9
定　　　　价	45.00 元

图书如有印装质量问题　本社负责退换
版权所有　盗版必究　举报电话：028-87600562

PREFACE 前言

　　随着经济全球化和社会主义市场经济的不断发展，建设工程项目在推动经济增长、改善基础设施、提升社会福祉等方面发挥着越来越重要的作用。然而，工程项目的复杂性和不确定性也对建设工程采购与合同管理提出了更高的要求。在此背景下，如何有效地进行项目采购，如何科学地进行合同管理，成为工程项目成功实施的关键。

　　《项目采购与合同管理》一书正是在这样的背景下应运而生。本书旨在为读者提供一套系统、全面、实用的建设项目采购与合同管理知识体系，帮助项目管理者、合同管理人员以及相关专业人士在实际工作中提升专业能力，确保工程项目的顺利进行和成功交付。

　　本书内容涵盖了建设项目采购的各个方面，从项目定义与特点出发，详细阐述了项目与运作的区别、工程项目的分类与特点、项目采购管理的内涵与重要性。接着，本书深入分析了工程项目采购模式的选择与应用，包括设计—招标—建造（DBB）模式、建设管理（CM）模式、设计—建造（DB/EPC）模式以及公私合作（PPP）模式等，为读者提供了丰富的采购模式选择依据和实操指南。

　　在合同管理方面，本书详细介绍了建设工程合同的概念、分类、计价方式以及合同范本等内容，并重点探讨了建设工程标准、规范和规程在合同管理中的应用。此外，本书还通过大量案例分析，展示了合同管理中的常见问题及解决方案，帮助读者更好地理解合同管理的实践应用。

　　本书不仅注重理论知识的系统性和完整性，还强调实践操作的可行性和有效性。书中通过丰富的图表、案例和步骤说明，将复杂的采购与合同管理知识变得易于理解和掌握。同时，本书还紧密结合国内外最新法律法规和标准规范，确保内容的时效性和准确性。

　　我们相信，通过对本书的学习，读者将能够全面提升项目采购与合同管理的能力，为工程项目的成功实施提供有力保障。本书可作为高等院校本科工程管理专业的教材，也可作为工程管理硕士、MBA、管理科学与工程硕士用书，也可作为咨询工程师、监理工程师、建造师、造价工程师和建筑高级职业经理人培训用书，还可以作为从事技术工作和管理工作的专业人员学习和工作的参考书。

　　本书由李旭升总体策划、构思并负责统篡定稿，张晶负责相关法律法规整理核定。全书共7章，研究生肖旭升、刘益山、郭婷、鄢敏辉、何杰、朱义琪参与了部分章节资料收集、编写和校对工作，对他们的付出，表示感谢。

在编写本书的过程中，我们得到了众多专家学者的指导和支持，也参考了大量国内外相关文献和案例。在此，我们对所有为本书做出贡献的人士表示衷心的感谢。同时，我们也期待读者能够提出宝贵的意见和建议，以便我们不断完善和提高本书的质量。

最后，希望本书能够成为广大项目管理人员、采购人员、合同管理人员以及相关专业人士的得力助手，共同推动工程项目采购与合同管理水平的不断提升。

编　者
2024 年 10 月

CONTENTS 目 录

第 1 章 项 目 ·· 001
1.1　项目定义与特点 ·· 001
1.2　项目与运作的区别 ·· 002
1.3　工程项目 ·· 005
1.4　工程项目的特点 ·· 008
1.5　工程项目的分类 ·· 014
1.6　本章总结 ·· 015
思考题 ··· 016

第 2 章 项目管理与项目采购管理 ·· 017
2.1　工程项目生命周期 ·· 017
2.2　项目管理 ·· 019
2.3　项目采购管理 ·· 022
2.4　本章总结 ·· 025
思考题 ··· 025

第 3 章 工程项目采购模式 ·· 027
3.1　设计—招标—建造模式 ··· 027
3.2　CM 模式 ·· 030
3.3　设计—建造模式 ·· 035
3.4　设计—管理模式 ·· 039
3.5　PPP 模式 ··· 041
3.6　工程项目采购模式的选择 ·· 047
3.7　本章总结 ·· 048
思考题 ··· 049

第 4 章 建设工程与建设工程合同 ·· 050
4.1　建设工程 ·· 050
4.2　建设工程合同的概念 ·· 052

4.3　建设工程合同分类 …………………………………………… 053
　4.4　我国建设工程合同范本 ……………………………………… 061
　4.5　国际建设工程合同范本 ……………………………………… 066
　4.6　FIDIC 合同与中国法规的冲突与适用 ……………………… 073
　4.7　其他相关合同 ………………………………………………… 075
　4.8　本章总结 ……………………………………………………… 082
　思考题 ………………………………………………………………… 083

第 5 章　建设工程标准、规范和规程 …………………………………… 084
　5.1　标准、规范、规程以及规范性文件的概念、区别与联系 …… 084
　5.2　标准的体系分类 ……………………………………………… 088
　5.3　标准规范与合同条件 ………………………………………… 093
　5.4　违反标准、规范强制性条文的合同效力 …………………… 101
　5.5　本章总结 ……………………………………………………… 107
　思考题 ………………………………………………………………… 109

第 6 章　建设工程发承包 ………………………………………………… 110
　6.1　政府采购 ……………………………………………………… 110
　6.2　招标投标 ……………………………………………………… 115
　6.3　必须招标的工程范围 ………………………………………… 120
　6.4　无需招标的例外情形 ………………………………………… 124
　6.5　建设工程招标基本流程及相关法律规定 …………………… 127
　6.6　建设工程招标投标的分类 …………………………………… 143
　6.7　案例分析 ……………………………………………………… 158
　6.8　本章总结 ……………………………………………………… 161
　思考题 ………………………………………………………………… 162

第 7 章　建设工程合同管理 ……………………………………………… 164
　7.1　建设工程勘察合同订立与履行管理 ………………………… 164
　7.2　建设工程设计合同的订立和履行管理 ……………………… 175
　7.3　建设工程施工合同管理 ……………………………………… 182
　7.4　建设工程总承包合同管理 …………………………………… 215
　7.5　建设工程分包管理 …………………………………………… 237
　7.6　案例分析 ……………………………………………………… 247
　思考题 ………………………………………………………………… 249

参考文献 …………………………………………………………………… 250

第1章 项目

在当今社会，项目作为实现特定目标的重要载体，重要性日益凸显。项目不仅承载着推动技术进步、促进经济发展的使命，还是解决复杂问题、满足多元化需求的重要途径。然而，项目的复杂性和多样性使得项目管理成为一项极具挑战性的任务。本章旨在探讨项目的定义、特点及其与运作的区别，详细剖析工程项目的特性与分类，以期为项目管理者提供理论支持和实践指导。

1.1 项目定义与特点

关于项目的概念，国内外学者都曾对其进行过概括和阐释。美国项目管理协会在《项目管理知识体系指南》（PMBOK2017）中提出，项目是为了创造独特的产品、服务或成果而进行的临时性工作；我国的《质量体系管理 项目管理质量指南》（GB/T 19016-2021）将项目定义为"为实现目标所开展的独特过程"；《中国项目管理知识体系》（C-PMBOK2006）（修订版）将项目定义为"为实现特定目标的一次性任务"。上述对项目的定义并不完全相同，但都表达了一个核心思想：项目是一项专项化、系统化的，并受资源与环境等条件约束的一次性任务。其中，"专项化"是指项目任务独立且目标明确；"系统化"是指项目任务是由互相联系的系列活动构成的一项完整任务；"一次性"是指该项任务是由一组具有确定起止日期，且通常由只做一次的工作或活动构成；"条件约束"主要指人财物等资源约束，也包括内部与外部环境的制约。从项目的定义来看，项目都具有以下属性。

1.1.1 一次性

项目的一次性意味着它具有明确的起点和终点，这是其与常规工作（如日常运营、维护等）的重要区别。常规工作往往是持续进行、重复发生的，而项目则具有明确的生命周期，从启动到结束，每个阶段都有其特定的任务和目标。这种一次性要求项目管理必须更注重对时间与进度的控制，以确保项目能够在规定的时间内完成。一次性是项目与其他常规工作的最大区别，而项目的其他属性也是从这一主要属性中衍生出来的。

1.1.2 独特性

项目的独特性源于其特定的需求和目标。每个项目都是为了满足某种特定的需求或实现某个特定的目标而发起的。不同的项目在实施过程中可能会采用不同的技术、方法、流程和策略等，这些差异会导致项目在进度、成本、质量等方面产生不同的结果。同时，政策法规的出台和技术发展趋势的变化也会对项目的实施产生一定的约束和限制，这些约束和限制会促使项目团队创造出更加独特的产品或服务。世界上没有完全相同的两个项目，每个项目都是独特的，项目所生产的产品或服务与已有的相似产品或服务在某些方面也会有明显的差别。

1.1.3 目标的明确性

项目有明确的目标。不同的项目至少在进度、质量、成本三个方面的目标上有所差异。进度目标，即在规定的时段内或规定的时间之前完成某项任务；质量目标，通常指项目交付物（产品或服务）要达到某种规定或要求；成本目标，指在一定的成本范围内按时完成项目各项任务指标，使项目取得预期成果。项目目标允许在一定幅度内修改，不过一旦发生实质性变化，原有项目将转变为一个新的项目。

1.1.4 活动的整体性和制约性

项目作为一个复杂的系统工程，其内部活动紧密相连，共同构成一个不可分割的整体。这种整体性要求项目管理者在配置生产要素时采取全面而协调的管理策略，实行进度、费用与质量三坐标管理。三坐标管理的核心在于追求项目的整体效益最大化，它要求项目团队在控制进度的同时，严格管理项目费用，并确保项目质量达到既定标准。这种管理方式有助于实现数量、质量和结构的总体优化，确保项目在有限资源下达到最佳效果。在项目活动配置上，必须确保活动的完整性和合理性，既不能有多余的活动浪费资源和时间，也不能缺少某些关键活动，以免项目目标无法实现。每一项活动都是项目整体不可或缺的一部分，它们相互依存、相互制约，共同推动项目向前发展。此外，项目活动还受到人力、技术、信息、物资及环境等多种客观条件的制约。项目管理者需要充分认识和把握这些制约因素，以采取有效措施进行应对。

1.2 项目与运作的区别

在人类社会有组织的活动中，除项目外，还存在一种被称为"运作"或"作业"的连续且稳定的重复性活动。运作活动，如社会行政事务管理、企业日常经营活动等，具有其独有的特征。项目与运作在多个方面存在着显著差异，这些差异具体表现在临时性、独特性、目的性和资源约束等方面。

1.2.1 临时性

项目的临时性，首先体现在其明确的时间节点上。无论规模大小，每一个项目都有明确的起点和终点。这些时间点如同项目的生命线，使项目的筹备、执行、监控和收尾等各个阶段紧密相连。在这个限定的时间范围内，项目团队需要全力以赴，确保项目能够按时、按质、按量完成。

相比之下，运作活动则呈现出一种稳定、持久、连续的特性。运作活动关注的是企业的日常运营和持续经营，它通过一系列的重复性、规律性的工作来维持企业的正常运转。与项目的临时性不同，运作活动的长期性和持续性使得企业能够在不断变化的市场环境中保持稳定的竞争力和市场地位。

然而，值得注意的是，项目的临时性并不意味着其影响力和价值是短暂的。相反，一个成功的项目往往能够为企业带来深远的影响和持久的价值。例如，在科技领域，一个创新项目的成功推出可能会彻底改变行业格局，引领一场新的技术革命；在医疗领域，一个针对重大疾病的研发项目可能会为无数患者带来生命的希望。这些项目虽然具有临时性特征，但其所产生的社会效应和经济价值却是不可估量的。

此外，项目的临时性要求项目团队具备高度的灵活性和适应性。在项目实施过程中，往往会遇到各种预料之外的风险和挑战，这些不确定因素可能会对项目的进度、成本和质量产生重大影响。因此，项目团队需要时刻保持警觉，及时调整项目计划和策略以应对这些挑战。这种灵活性和适应性不仅是项目成功的关键，也是项目团队核心竞争力的重要体现。

项目的临时性特征是其区别于运作活动的显著特征之一，这种特征使得项目能够在有限的时间内集中资源、专注目标并产生深远影响。然而，在追求项目成功的过程中，我们也需要充分认识到临时性带来的挑战和风险，并采取有效措施应对。

1.2.2 独特性

项目的独特性是其最鲜明的特征之一。每一个项目都承载特定的目标、界定明确的范围并产生独一无二的交付物。这种独特性不仅体现了项目管理的精髓，更彰显了创新和个性化的无限价值。相比之下，运作活动则更像是流水线上的生产过程，侧重于提供标准化的产品或服务，其过程具有高度的重复性和可预测性。

首先，项目的独特性体现在其目标的设定上。每个项目都是基于特定的需求或问题产生，这些需求或问题可能来自市场环境的变化、技术进步的推动或组织内部的战略调整。因此，项目的目标往往具有鲜明的针对性和前瞻性，旨在解决特定的痛点或满足特定的期望，这样的独特性使得每个项目都成为独一无二的存在。

其次，项目的范围也是其独特性的重要体现。范围是指项目所需完成工作的总和，它明确了项目的工作边界和交付成果。不同的项目，其范围自然也是千差万别。有的项目可能涉及复杂的技术研发，需要跨越多个学科领域；有的项目则可能侧重市场推广，需要制定精细的营销策略；还有的项目可能关注社会公益，需要协调各方资源以实现共同目标。这些不同的范围使得每个项目都拥有其独特的挑战和机遇。

再者，项目的交付物也是其独特性的重要标志。交付物是指项目完成后所呈现的成果或产品，它是项目成功的直接体现。不同的项目，其交付物自然也是各具特色。有的项目可能交付的是一款创新的产品原型，它融合了最新的科技元素和人性化的设计理念；有的项目则可能交付的是一份详细的市场分析报告，它为企业的战略决策提供了有力的支持；还有的项目可能交付的是一项重要的社会服务项目，它改善了人们的生活环境或提升了社会的福祉水平。这些独特的交付物不仅满足了特定需求，更展现了项目管理的智慧和力量。

项目的独特性并不意味着孤立无援或无法复制。相反，项目的独特性往往是在借鉴和融合前人经验的基础上形成的。在项目管理的过程中，需要不断学习和借鉴成功案例以吸取经验教训，以便更好地应对项目中的挑战和困难。同时，也需要保持开放的心态和创新的思维，不断探索和尝试新的方法和手段，以推动项目的不断发展和进步。

1.2.3 目的性

项目的目的性为项目提供了明确的方向和目标。它们可能源自市场需求、技术革新、政策导向或是企业战略等多方面的考量。无论何种来源，这些目标都需经过深思熟虑、科学论证，以确保其既具有挑战性，又具备可行性。例如，一家科技公司决定开发一款新型智能穿戴设备，其目标可能是提升用户体验、增加市场份额、引领行业潮流等。而这些明确的目标，将引导项目团队在研发过程中保持专注、不断创新，直至最终实现项目的成功。

与项目相比，运作活动的核心则在于持续、稳定地提供产品或服务，以满足市场需求。运作活动的目标，往往更加侧重于日常运营的效率、成本的控制以及客户满意度的提升等。为了实现这些目标，企业需要建立完善的运营体系、优化生产流程、提升服务质量等。例如，一家零售企业可能通过引入先进的库存管理系统、优化物流配送网络以及提供个性化的客户服务等方式来提升其运作效率和市场竞争力。

虽然项目与运作活动在目的性上存在差异，但二者并非相互孤立。相反，它们往往相互依存、相互促进。项目的成功实施需要运作活动的有力支撑，而运作活动的持续优化也离不开项目的创新引领。例如，在产品开发项目中，企业需要通过运作活动来确保产品的稳定生产、及时交付以及优质的售后服务等；同时，项目的创新成果也将为运作活动注入新的活力，推动其不断升级。

1.2.4 资源约束

项目在资源上面临着诸多限制，如人员配置不足、物资供应短缺、预算紧张以及时间紧迫等，这些限制无一不在考验着项目经理的智慧与能力。

人员作为项目执行的核心要素，其数量与质量直接影响项目的进展速度与成果质量。项目经理需要在有限的资源池内，精心策划人力资源配置，既要确保项目团队拥有足够的专业技能来应对各种挑战，又要兼顾团队成员的激励与协作，以充分发挥集体智慧的力量。此外，随着项目规模的扩大和复杂度的提高，对项目管理人员的综合素质要求也相应提高。他们不仅需要具备扎实的专业知识，还需要拥有敏锐的市场洞察力、卓越的沟通协调能力以及强大的领导力，这样才能在不确定的环境下做出正确的决策。

物资方面，项目执行过程中所需的设备、材料、软件等物资种类繁多，且往往受到市场供应、价格波动等因素的影响。项目经理需要密切关注市场动态，合理规划物资采购计划，确保物资及时准确地到位，并建立有效的库存管理体系，避免因物资短缺影响进度。同时，项目经理也需考虑物资的环保性能，优先选择绿色可持续的供应方案，体现项目的社会责任。

预算是项目执行的经济基础，其有限性要求项目经理必须精打细算，合理分配每一笔资金。在项目初期，项目经理需根据项目的实际需求和市场环境制定详细的预算计划，并在项目实施过程中进行严格的成本控制。这包括优化资源配置、降低采购成本、提高生产效率等措施，以确保项目在预算范围内顺利推进。然而，预算的刚性往往与资源分配的灵活性相冲突，项目经理需要在两者之间找到平衡点，以保证在项目顺利进行的同时避免预算超支。

时间管理是项目执行的关键，项目经理必须在项目启动初期根据目标和约束条件制定详细时间计划，并设定各阶段的里程碑和关键任务。在项目执行过程中，项目经理需密切关注项目进度，以便及时发现并解决潜在的问题，避免延误，确保项目能够按时交付。

相比之下，虽然运作活动同样受到资源约束的影响，但其需求相对稳定，管理难度相对较低。运作活动通常在一个相对稳定的环境中进行，其目标、流程、标准等都已经过长时间的积累和验证，形成了较为成熟的管理体系。因此，在运作活动中，管理者可以更多地关注日常运营的细节和效率的提升，不必像项目经理那样频繁地应对各种不确定性和挑战。然而，这并不意味着运作活动可以忽视资源管理的重要性。相反，随着市场竞争的加剧和消费者需求的多样化，运作活动也需要不断地优化资源配置、提高生产效率、降低成本费用等，以保持企业的竞争力和市场地位。

鉴于上述区别，项目管理与运作管理在方法和工具上呈现出显著的差异。项目管理侧重于时间管理、进度控制和风险管理等，以确保项目目标顺利实现；运作管理则侧重于流程优化、效率提升和成本控制等，以维持组织或企业日常运营的高效性和稳定性。因此，在实际应用中应根据活动性质和目标选择合适的管理方法和工具。

1.3　工程项目

国际工程技术协会（International Engineering and Technology Institute，IETI）对工程有着明确的定义，即工程是一种结合科学、技术与数学的创造性实践过程，其核心在于设计、开发及实施旨在满足人类需求的产品或服务。该定义强调工程的目标导向性,旨在解决现实世界中的各类问题,推动技术领域的不断前行,并促进社会的整体进步,从而为人类创造更加优越的生活条件与环境。

工程项目,作为工程建设活动的基本单元,其本质在于通过投资行为,在限定的时间框架内,按照既定程序,完成满足特定生产或生活需求的建筑物、构筑物等一次性工程建设任务。

回顾历史,中国自古以来便不乏大型建设工程项目,这些项目在国家发展的进程中扮演了举足轻重的角色。在此背景下,本书选取西气东输一线工程作为代表性案例,对其进行详细介绍与深入剖析,以展现中国工程项目建设的辉煌成就与深远影响。

1.3.1 案例分析

案例 1-1: 西气东输工程

案例背景:

在 21 世纪初的中国,随着经济的快速发展和能源需求的日益增长,一项具有里程碑意义的工程——西气东输工程,正式拉开了"西部大开发"战略的序幕。这项工程不仅是中国能源战略调整的重要一步,更是促进东西部经济协调发展、优化能源结构的重大举措。

1998 年 3 月,中国石油在多年论证研究基础上,提出了全国天然气管道干线框架及与之相配套的局部管网方案,其中就包括要建设的新疆—上海东西主干线,并开展了涉及塔里木等六大盆地的天然气资源研究。2000 年 2 月 14 日,朱镕基主持召开国务院总理办公会,听取了国家计委和中国石油关于西气东输工程资源、市场及技术、经济可行性等的论证汇报。2000 年 3 月 25 日,国家计委在北京召开西气东输工程工作会议。会议宣布,经国务院批准成立西气东输工程建设领导小组。2000 年 8 月 23 日,国务院召开第 76 次总理办公会,批准西气东输工程项目立项。自此,西气东输工程正式落地,并成为拉开"西部大开发"序幕的标志性工程。

西气东输工程于 2002 年 7 月在万众瞩目中正式开工,历经两年的艰苦奋战,于 2004 年 10 月 1 日全线建成投产,比原计划提前了整整一年。这一成就不仅彰显了我国工程建设的强大实力和高效执行力,更为后续的能源输送项目树立了典范。同年 12 月 30 日,西气东输工程全线正式进入商业运营阶段,标志着我国天然气长输管道技术迈上了新的台阶。

案例分析:

1. 资源投入与预算管理

西气东输一线工程的实施,背后是巨大的资源投入、精细的预算管理。据统计,该工程总投资额高达 2 900 亿元人民币,这一数字背后是无数资源的汇聚与整合。

设备采购:为了确保工程的顺利运行,西气东输工程采购了大量高质量的压缩机、阀门、管道等设备。这些设备不仅性能卓越,而且价格合理,为工程的稳定运行提供了坚实保障。在采购过程中，项目团队严格把控质量关，确保每一台设备都能达到设计要求。

施工费用：作为一项庞大的工程项目，西气东输的施工费用同样不菲。其中包括了人工费、机械设备租赁费、材料费等各项开支。为了降低成本、提高效率，项目团队在施工过程中采用了多种先进的施工技术和管理方法，有效保障了工程的质量和进度。

土地征用：为了铺设管道，西气东输工程占用了大量的土地资源。为此，项目团队积极与地方政府沟通协商，妥善解决了土地征用问题，并支付了相应的土地出让金和补偿费。

环境保护：在注重经济效益的同时，西气东输工程也高度重视环境保护工作。项目团队投入了大量资金用于环境保护设施建设和污染治理工作，确保工程建设不对当地生态环境造成破坏。

运营管理：工程建成后，运营管理成为重中之重。为了确保管道的安全稳定运行，项目团队建立了完善的运营管理体系，配备了专业的技术人员和设备维护团队。他们定期对管道进行巡检和维护，及时发现并处理潜在的安全隐患。

2. 团队合作的力量

在西气东输工程的实施过程中，各项目参与团队之间的合作发挥了至关重要的作用。他们携手并进、共克时艰，共同推动了工程的顺利建设和运营。

中国石油天然气集团公司：作为项目的主要发起方和主导者，中国石油天然气集团公司凭借其在油气领域的深厚底蕴和丰富经验，为项目的规划、设计和建设提供了有力支持。他们组织和管理了一支高素质的项目实施团队，包括工程师、技术人员和各专业顾问等，确保了工程的顺利进行。

铺设施工承包商：这些公司具备专业的技术能力和施工经验，他们负责具体的管道铺设工作。在施工过程中，他们克服了重重困难，确保了管道的质量和安全。特别是在一些地形复杂、施工难度大的地区，他们更是展现出了非凡的勇气和智慧。

设备供应商：设备供应商为西气东输工程提供了大量优质的施工设备和技术支持。他们与项目团队紧密合作，确保了施工所需的各种设备、工具、机械等能够及时到位并正常运行。

监理机构：监理机构在工程质量监督方面发挥了重要作用。他们派驻的监理人员定期对施工现场进行检查和评估，确保了施工符合规范和质量要求。同时，他们还积极提出改进建议并监督施工合同的履行情况。

环境评估和安全监管部门：为了确保工程建设不对环境和安全造成负面影响，环境评估和安全监管部门对西气东输工程进行了全面评估和监管。他们制定了严格的环境保护措施和安全监管标准，并督促项目团队严格执行相关规定和要求。

3. 风险管理与挑战应对

尽管西气东输工程取得了巨大成功，但在实施过程中也面临了诸多风险和挑战。为了应对这些风险和挑战，项目团队采取了多种措施和策略。

自然风险：针对西北地区复杂多样的地形条件带来的施工困难问题，项目团队加大了地质勘查和风险评估力度，并采用了先进的施工技术和设备来应对各种挑战。同时，他们还加强了与当地政府和居民的沟通协调,争取到了更多的支持和帮助。

环境保护风险:为了保护环境、减少施工对生态环境的破坏程度,项目团队制定了严格的环境保护措施并严格执行相关要求。他们加强了对施工现场的监督和管理力度,确保了施工活动符合环保标准要求。此外,他们还积极开展生态修复工作,努力恢复受损的生态环境系统的平衡状态。

预算超支风险:为了控制成本、避免预算超支,项目团队加强了预算管理和成本控制工作力度。他们建立了完善的成本控制体系并严格执行相关要求,同时加强了对资金使用情况的监督和检查力度,及时发现并纠正存在的问题,确保资金使用的合理性和有效性,从而有效降低了成本超支风险的发生概率。

协调风险:针对地区间利益差异和政策不一致等问题带来的协调困难问题,项目团队加强了与地方政府的沟通协调工作力度,积极争取各级政府的支持和帮助,同时,不断完善沟通协调机制,确保各地政府之间的密切合作和协调配合,从而有效降低了因协调困难带来风险的概率并顺利推动项目进度。

技术质量风险:为了确保管道满足设计要求并安全稳定地运行,项目团队加强了技术创新和专业人才培养工作力度,引进并消化吸收了国际先进的管道设计、施工和维护技术,培养了一支高素质的专业技术人才队伍,为工程的技术支持和质量保障提供了有力保障。

案例启示:

西气东输工程作为中国能源战略调整的重要一步和"西部大开发"战略的标志性工程之一,其成功实施不仅为我国能源事业的发展注入了新的动力,更为促进东西部经济协调发展、优化能源结构等方面做出了重要贡献。

1.4 工程项目的特点

与一般项目相比,工程项目具有复杂程度高、管理难度大、项目周期长、资源需求量大、分配难度大以及风险高等特点。项目管理者往往需要具备跨学科的专业知识和沟通协调能力,以应对这些不期而遇的挑战,确保项目能够在有限资源条件下,按规划的时间、质量和预算完成。

1.4.1 项目复杂

工程项目通常具有复杂的技术、组织和管理要求,涉及多个领域的知识和专业。工程项目的复杂性主要体现在以下几个方面:

1.4.1.1 技术复杂性

工程项目往往需要应用先进的技术和方法,涉及多学科的专业知识,如土木工程、机械工程、电子工程等。这对项目团队的技术水平和专业能力提出了更高的要求。

1.4.1.2 组织复杂性

大规模的工程项目通常需要协调和管理多个部门、团队和供应商之间的关系，如涉及组织结构设计、沟通协调、决策制定等各个方面，因此要求项目管理者具有出色的组织协调能力。

1.4.1.3 环境复杂性

工程项目通常在复杂多变的环境条件下进行，如不可预见的自然灾害、政府政策变化、市场需求波动等。这些外部环境的不确定性增加了项目的复杂性，需要项目团队具备良好的适应能力和应变能力。

1.4.2 项目管理难

1.4.2.1 范围管理难

工程项目往往具有广泛的范围，需要明确界定和管理项目边界以确保项目目标实现。范围管理需要跨部门、跨领域的协调与沟通，同时要考虑各方的需求和利益。

1.4.2.2 时间管理难

工程项目通常有严格的时间要求，需要合理安排工作进度、控制项目进展，并及时应对延误风险。进度管理需要考虑到不同工作任务的依赖关系、资源限制以及技术实施复杂性等。

1.4.2.3 成本管理难

工程项目往往涉及大量的成本投入，包括人力资源、物资采购、设备购置等。管理工程项目的成本既需要控制预算，又需要平衡项目的质量和进度，这对项目管理者的财务管理能力提出了极高的要求。

1.4.2.4 风险管理难

由于工程项目环境的不确定性和复杂性，风险管理成为项目管理的关键任务。项目管理者需要识别、评估和应对各种潜在风险，以减少风险发生对项目目标实现的影响。

1.4.2.5 质量管理难

工程项目质量管理的困难主要来自项目的复杂性和多样性、存在多方利益相关者、未知风险以及资源限制。工程项目管理者需要综合考虑多个因素，在复杂的环境中平衡各方利益，并通过有效的管理和技术手段实现项目的质量目标并满足利益相关者的期望。

1.4.3 项目周期长

与一般业务活动相比，工程项目周期通常更长。一个工程项目从规划、设计、执行到验收和运营可能需要几个月甚至几年的时间。这种长周期使得项目管理者必须具备足够的耐心和长期的规划能力。

1.4.3.1　规划阶段

工程项目的规划阶段是基础且关键的初期步骤，涉及市场调研、可行性研究和项目范围的确定等。这一阶段需要投入大量时间和资源，以确保项目的基础建立在坚实和实际可行的需求分析上。

1.4.3.2　设计阶段

设计阶段要求进行详细的工程设计和方案论证，这通常伴随着反复的优化和修改，以适应技术要求和市场变化。此阶段对细节的关注和技术的精确度要求高，因此消耗的时间较多。

1.4.3.3　执行阶段

在工程项目的执行阶段，需要进行施工、设备安装、系统集成等工作。这些工作往往需要跨部门、跨团队的协调和合作，因此时间周期较长。

1.4.3.4　验收和运营阶段

在工程项目完成后，还需要进行验收，验收合格后才能投入正式运营。这一过程也需要一定的时间来确保项目的可行性和整体质量。

1.4.4　项目资源分配难

工程项目往往需要大量的资源投入，包括人力、物力和财务资源等。由于工程项目的多元性和复杂性，资源分配是一个困难的任务。不同部门、不同岗位之间的资源需求和优先级不同，合理分配和管理这些资源是一个巨大的挑战。

1.4.4.1　人力资源

工程项目需构建一个高效且专业的项目团队。这不是一个简单的人员集合，而是一个拥有多样技能和丰富经验的综合体，以确保项目从规划到执行的每一个阶段都能顺利推进。项目团队的核心成员包括项目经理、专业工程师以及技术员等，他们各自扮演着不可或缺的角色，共同推动着项目的成功实施。

1.4.4.2　物质资源

工程项目需要大量的物资供应，如建筑材料、设备、工具等。这些物资的采购和供应需要与供应商进行协调，并确保供应的时间和质量。

1.4.4.3　财务资源

工程项目的资金需求往往庞大，需要融资、预算编制和资金管理等。项目管理者需要与财务部门密切合作，合理分配和使用资金，并确保项目的财务可行性。

1.4.5　项目风险高

工程风险是指与工程项目完成过程相关的各种不确定性和潜在的不利影响。主要包括勘察设计风险、建设风险、不可抗力与自然风险、市场风险、政治风险和法律风险等。风险管理是为了识别、分析和降低这些潜在风险的影响，通过制订风险管理计划、采取预防措施、制订备案计划以及合理的风险转移策略等方法来应对工程项目中的各种风险。

1.4.5.1　勘察设计风险

在工程项目的勘察与设计阶段，可能出现诸如勘察不准确、设计不合理、技术难等风险。这些风险可能导致项目在后续的建设和运营阶段遇到问题或增加额外成本。

1.4.5.2　建造风险

建造风险指与工程项目的建造过程相关的风险。这包括施工安全风险、质量控制风险、进度延误风险等。这类风险可能源自不当的施工方法、设备故障、技术问题等因素。

1.4.5.3　不可抗力风险

工程项目往往面临自然灾害和不可控因素的风险，如地震、洪水、风暴等。这些因素可能引发工程结构破坏、工期延误等问题，对项目造成不利影响。

1.4.5.4　市场风险

市场风险涉及与工程项目相关的市场因素，如供需关系、市场价格波动等。这些风险可能导致材料设备的价格上升，导致成本增加。

1.4.5.5　政治风险

政治风险指政治因素对工程项目的潜在影响。这包括政策变化、法规限制、政府干预等。政治风险可能导致项目受到政府部门的限制、项目批准延迟或取消等问题。

1.4.5.6　法律风险

在工程项目中，法律风险涉及与合同、法规、法律程序等相关的风险。这可能包括合同违约、法律纠纷、环境污染等问题。不合规的行为可能导致罚款、损失赔偿等后果。

1.4.5.7　案例分析

案例 1-2：波兰 A2 高速公路项目[①]
案例背景：

我国企业在"走出去"的过程中就曾因项目风险管理不足遭受损失。波兰 A2 高速公路连接波兰华沙和德国柏林，是打通波兰和中西欧之间的重要交通要道，为了举办欧洲杯，波兰国家道路与高速公路管理局（National Roads and Motorways）计划对原有公路进行现代化改造。此项目是中国公司在欧盟地区承建的第一个基础设施项目，对进一

[①]《折戟波兰——波兰 A2 高速公路项目》，https://www.sohu.com/a/247337534_208218。

步开拓欧盟市场具有重要意义,这在当时被国内媒体称为"中国中铁系统在欧盟国家唯一的大型基础设施项目"。

2009年9月,由中国H公司、中铁S公司、上海J公司和波兰B公司组成的联合体中标了其中的A和C两个标段。A标段全长29.24千米,C标段全长20.03千米。两个标合同总价为12.88亿波兰兹罗提,约合4.47亿美元,工期2009年10月5日—2012年5月30日(含设计期)。中海外联合体的报价只有波兰政府预算28亿波兰兹罗提(约合7.25亿美元/47.17亿元人民币)的46%。在A2高速公路的五个标段中,按报价计算,该联合体的A、C标段成本远低于其竞争对手及其他三个欧洲公司承包的标段,而这条高速公路沿途的地质条件差别不大。

投标结果公布之后,一时舆论哗然,波兰公路建设协会向欧盟委员会提起诉讼,指控该联合体获得"政府补贴"进行"低价倾销",欧盟委员会经过调查未予受理。波兰国家道路与高速公路管理局也多次开会研讨,分析该联合体是否能够真正履行合同。

案例分析:

1. 启动资金

在国际承包工程中,国际通行的FIDIC条款规定业主应在开工前向承包商支付启动资金。但在该联合体与波兰国家道路与高速公路管理局签订合同中,关于工程款预付的条款全部被删除,工程没有预付款。合同规定,咨询工程师每个月根据项目进度开具"中期付款证明"(Interim Payment Certificate),核定本月工程额,承包商则据此开具发票,业主收到发票之后才付款。项目经理部与业主约定30~40天结算工程款项,但是波兰当地分包商的结算周期通常是每周结算,这就让项目经理部面临巨大的资金周转压力。

2. 签证困难

开工后,波兰A2高速公路项目经理部共有中方人员50余人,主要为H公司和中铁S公司的人员。在投标报价时,该联合体考虑了采用部分国内分包,但是,由于波兰签证办理的问题,不得不改变为全部采用波兰当地的分包队伍来实施项目。经过该联合体与波兰政府的多次沟通,一支国内五六百人的专业施工队伍一直到2011年3月才分批抵达波兰项目现场。但是,因为很多机械设备必须在波兰当地租赁,就要由当地有资质的工人操作,无法使用中国劳工。

3. 价格飞涨

项目经理部刚刚进场时,全球经济危机还没有完全结束,全球经济复苏前景堪忧。而且波兰A2高速公路其他三个标段的施工也没有完全展开。因此,波兰当地的原材料供应并不紧张,价格尚处于低谷。波兰驻华大使馆曾经建议该联合体尽早和原材料、分包商签订合同,将利益绑在一起。波兰市场的价格变化很快,只有签订合同才能将双方的利益绑定。但是,由于不了解波兰建筑市场的特点,加上前期资金紧张,项目经理部没有采纳波兰驻华大使馆的建议。不到一年时间,波兰经济开始复苏,砂子的价格从8波兰兹罗提/吨上涨到20波兰兹罗提/吨(约33.7元人民币)。挖掘设备的租赁价格也同时上涨了5倍以上。

4. 环境保护

《C 标段环境影响报告》表明，该路段沿途一共生存七种珍稀两栖动物，包括一种雨蛙、两种蟾蜍、三种青蛙和一种叫普通欧螈的动物。波兰设计分包商专门派人来到项目经理部办公室，要求中方员工马上动手把珍稀蛙类搬到安全地带，因为两周后当地将降温，可能会结冰，到时这些蛙就要冬眠了。项目为此停工两周，全力以赴给蛙类搬家。据统计，环境保护成本通常在波兰高速公路项目投资中占 10% 左右。在波兰 A2 高速公路项目中，该联合体的总体成本需要增加 10%~15%。

5. 人员调整

2010 年 10 月，项目经理向 H 公司提出请求派出工作组到波兰帮助开展工作。与此同时，波兰驻华大使约见 H 公司总经理，波兰国家道路与高速公路管理局也致函 H 公司总经理，均指出联合体在波兰 A2 高速公路项目中存在较为严重的问题，进度滞后。为了扭转项目的被动局面，波兰 A2 高速公路项目联合董事会对项目经理进行了调整，任命 H 公司总工程师（原中国 S 公司海外公司经理）到波兰担任项目经理。但是，新任项目经理到波兰上任之时，已经是波兰的冬天，只能等到 2011 年 3 月才能全面开工。该联合体内部也出现了裂缝。由于项目实施中存在种种问题，担心最终结果对上市公司产生不利影响，上海 J 公司在 2011 年 1 月提出要退出波兰 A2 高速公路项目。

6. 变更索赔

2011 年 5 月，在波兰 A2 高速公路项目中，该联合体也希望以"砂子、钢材、沥青等原材料价格上涨幅度过大""波兰当地分包商垄断市场""业主招标文件中项目功能说明书很多信息不准确"等原因，通过变更索赔来要求业主对中标价格进行相应调整。但是，该联合体变更索赔的要求被波兰国家道路与高速公路管理局拒绝，业主的理由和依据就是合同条款以及波兰《公共采购法》等相关法律规定。业主强调，该联合体在签订合同之前并没有表示异议，业主认为该联合体已经考虑到成本上升的风险，并把上述风险包括在其竞标价格中。还有一个重要原因就是，波兰《公共采购法》禁止承包商在中标后对合同金额进行"重大修改"。

该联合体当初对波兰市场的特殊性和欧洲法律的严肃性的了解与估计不足。波兰国家道路与高速公路管理局在发给各个投标企业的招标文件中，就已经说明了变更索赔的困难。而且，2009 年 9 月 28 日该联合体与业主签订的合同也过于偏向业主，对联合体过于苛刻，可以说是一份不平等的合同。就以波兰 A2 高速公路项目 C 标段合同而言，这份波兰语的主体合同只有简单的四页纸，却有七份合同附件。其中，仅关于"合同具体条件"的附件就长达 37 页。合同条款参考了国际承包工程通用的 FIDIC 条款，但与 FIDIC 标准合同相比，业主删除了很多对承包商有利的条款。

案例启示：

工程没有预付款，资金周转困难。该项目合同中工程预付款条款被全部删除，工程没有预付款；而联合体中个别企业也没有响应项目经理部在开工初期制订的资金投入计划；加之波兰当地分包商以周为单位进行结算，使项目经理部面临巨大的资金周转压力。

签证困难，劳动力成本高。由于波兰签证办理问题，分包全部采用波兰当地队伍，项目面临管理和成本难题。

物价飞涨，成本剧增。由于缺乏对波兰建筑市场价格波动的了解，项目经理部没有在价格低谷时确定采购数量，支付定金，一年后原材料价格飞涨，使得项目实际成本大幅攀升，远超投标报价时的报价。环境保护也成为影响波兰 A2 高速公路项目工期和成本的大难题。

变更索赔遭拒。该联合体对波兰市场的特殊性和欧洲法律的严肃性了解与估计不足，变更索赔非常困难。而且该联合体与业主签订的合同也过于偏向业主，对联合体过于苛刻。

内忧外患，合同终止。联合体内部的破裂，国内政治经济形势的变化与波兰分包商的抗议致使该项目合同终止，纠纷不断。

1.5 工程项目的分类

工程项目可以根据多种不同的标准进行划分，以便更好地组织和管理项目，确保其顺利推进。以下是工程项目的详细分类说明。

1.5.1 按专业不同进行分类

工程项目可以根据所涉及的专业领域进行分类，不同的专业领域对应不同的工程内容和技术要求。

建筑工程：包括房屋、厂房、公共建筑等结构物的建设，是工程项目中最常见的类型之一。

安装工程：主要指设备、管道、电气系统等的安装工作，通常与建筑工程密切相关。

桥梁工程：专注于桥梁的设计和施工，涉及复杂的结构工程和交通系统的协调。

道路工程：主要涵盖公路、城市道路的规划、设计和建设，是交通基础设施建设的重要组成部分。

水电工程：包括水库、发电站、供水设施等水资源和电力相关的工程项目。

1.5.2 按建设性质不同进行分类

工程项目的建设性质可以区分为以下几种类型，这些类型反映了项目的起点和目的。

新建项目：指从无到有的新工程建设，是最常见的一类工程项目。

扩建项目：指在现有项目的基础上进行扩展和改进，以增加原有设施的规模或功能。

恢复项目：主要指因自然灾害、意外事故等导致的工程损毁后进行的修复重建工作。

迁建项目：指为了更好地利用资源或满足新的发展需求，将原有设施搬迁至新地点，并重新建设的工程。

1.5.3　按管理主体不同进行分类

工程项目的管理主体不同，往往决定了项目的核心责任人以及管理方式。

建设项目：由业主单位主导，负责项目的规划、投资和整体管理。

设计项目：主要由设计单位负责，包含项目的设计和方案制定工作，是工程建设的前期准备环节。

工程咨询项目：提供咨询服务的项目，帮助业主进行可行性研究、技术咨询和项目监理等。

施工项目：由施工单位具体执行，负责项目的实际建设过程。

1.5.4　按建设过程不同进行分类

工程项目的不同阶段反映了项目的进展情况，可以划分为以下几种类型。

预备项目：尚未进入具体建设阶段，主要包括项目的立项、审批、可行性研究等前期工作。

筹建项目：进入实质性准备阶段，开始采购设备、准备施工条件，筹备项目实施。

在建项目：实际建设工作正在进行中的项目，通常是项目的主体施工阶段。

投产项目：项目的主体建设已基本完成，进入了生产或运营阶段。

收尾项目：项目已接近完工，主要进行最后的调整、检查和验收。

1.5.5　按工程规模不同进行分类

工程项目的规模可以根据项目的投资金额、建设面积、技术复杂性等指标进行分类。

大型项目：通常投资巨大，技术要求高，涉及多个专业领域，建设周期长。比如大型基础设施建设项目机场、高速铁路等。

中型项目：规模适中，涉及的专业领域相对少，工程周期较短。比如中型城市改造、普通桥梁建设等。

小型项目：投资较少，技术复杂性低，周期短，多为局部改造或小范围的基础设施建设。

通过这种详细的分类方法，可以更好地理解工程项目的性质和特点，帮助项目管理人员根据不同类型的项目制定相应的管理策略和技术措施，从而提高项目的管理效率，降低施工风险，保证项目按时保质完成。

1.6　本章总结

本章详细探讨了项目定义、项目与运作的区别，以及工程项目的特点与分类。首先，通过国内外学者及专业机构对项目定义的阐述，明确了项目是一项专项化、系统化、受资源与环境等条件约束的一次性任务。项目具有一次性、独特性、明确性目标、活动整体性和制约性等属性。

其次，通过对比项目与运作的区别，发现项目具有临时性、独特性、目的明确和资源有限性等特征，而运作则具有连续性和重复性。这些区别决定了项目管理和运作管理在方法和工具上的差异。

另外，以"西气东输"工程为例，深入分析了工程项目的特点。工程项目具有复杂程度高、管理难度高、生命周期长、资源需求量大且分配难度大、风险高等特点。这些特点要求项目管理者具备跨学科的专业知识、高水平的组织协调能力以及应对复杂环境和风险的能力。

最后，在工程项目的分类上，从专业、建设性质、管理主体、建设过程和工程规模等多个角度进行了详细阐述，为理解和分析不同类型的工程项目提供了参考。

思考题

1. 项目的特点是什么？
2. 简述项目与运作的区别。
3. 简述工程项目的概念。
4. 工程项目与一般项目的差别在哪儿？
5. 工程项目的复杂性体现在哪些方面？

第 2 章 项目管理与项目采购管理

项目管理与项目采购是两个密切相关但又具有各自独特点的领域。项目管理是一个全面的概念，涵盖了从项目启动到收尾的全过程，包括范围管理、时间管理、成本管理、质量管理、人力资源管理、沟通管理、风险管理、采购管理和集成（综合）管理等多个知识领域。而项目采购管理则专注于如何从外部获取所需的资源或服务，以确保项目的顺利实施。

项目全生命周期的四个阶段——前期阶段、准备阶段、实施阶段及投产运营阶段，揭示每个阶段的核心任务与关键要素，这些阶段相互衔接，共同推动项目向最终目标稳步前进。本章将分析项目生命周期框架在项目管理中的重要作用，以及如何通过科学规划和有效管理来确保项目按时、按质、按预算完成，同时满足各方利益相关者的需求与期望。

作为项目管理的重要组成部分，项目采购管理贯穿项目全生命周期的始终，对项目的成本控制、进度管理、质量控制等方面具有深远影响。本章将从采购分类、采购方式、采购内容等多个维度，全面解析项目采购管理的核心要点与实践策略。

2.1 工程项目生命周期

工程项目生命周期描述项目从开始到结束所经历的各个过程，指提出投资设想、前期论证、投资决策、建设准备、建设实施、竣工验收直至投产运营所经历的全过程。通常可以划分为四个阶段：前期阶段、准备阶段、实施阶段和投产运营阶段。如图 2-1 所示。

图 2-1 建设工程全生命周期

2.1.1 阶段划分

2.1.1.1 前期阶段

前期阶段是从提出项目概念始至项目决策止，包括投资机会研究、初步可行性研究和可行性研究报告编制、项目评估及决策，主要对项目投资建设的必要性和可行性进行分析论证并作出科学决策。从项目概念的萌芽至最终决策的落定，整个前期筹备阶段经历了从投资机会的初步探索到可行性研究的深入剖析，再到项目综合评估与决策的关键环节。此阶段的核心在于，通过系统的分析论证，科学评估项目投资建设的必要性与可行性，为项目的后续实施奠定坚实基础。

2.1.1.2 准备阶段

准备阶段是从项目决策始至开工建设止，包括项目初步设计和施工图设计，征地及建设条件准备，工程招标并签订施工合同，获得相关行政许可，重点是准备项目建设条件。本阶段需获取行政许可，包括建设工程用地批准、建设用地规划许可、建设工程规划许可、施工图文件审查批准等。

2.1.1.3 实施阶段

实施阶段将建设投入要素进行组合，形成工程实物形态，实现投资决策目标，包括施工、单机无负荷试车、联动试车、试生产、竣工验收等，项目验收后实施阶段即告结束。此阶段是人力、物力和财力集中投入阶段，管理难度最为复杂，同时也是合同争议集中的阶段。

施工是实施阶段的核心活动，涉及土方工程、基础工程、主体结构施工、装饰装修等多个环节。在施工过程中，必须严格遵循设计图纸和施工规范，确保工程质量和进度。

在设备安装完成后，要进行单机无负荷试车，以检验设备本身的性能和安装质量，提前发现并解决设备存在的问题，为后续联动试车做好准备。

在单机试车成功的基础上，进行整个系统的联动试车，旨在检验各设备之间的协调性和系统的整体性能，确保系统能够正常运行并达到预期效果。联动试车成功后，进入试生产阶段。在试生产过程中，需要密切关注生产线的运行状况，收集生产数据，对生产流程进行优化调整，以确保生产线的稳定性和高效性。

经过试生产验证无误后，项目进入竣工验收阶段。竣工验收是对整个项目进行全面检查和评估的过程，包括工程质量、投资效益、环保达标等方面。只有通过竣工验收，项目才能正式交付使用。

2.1.1.4 投产运营阶段

投产运营阶段是项目生命周期中的一个重要阶段，它标志着项目从建设阶段正式进入运营阶段。

项目投产后，需要进行项目交接工作，包括将项目相关的文件、资料、代码等全部交接给项目运营团队，并确保新团队能够顺利接手项目，了解项目的背景、目标、功能等。

项目交接完成后，运营团队需要开始对项目进行运营管理，包括项目的日常运营、维护、更新等工作。运营团队需要根据项目情况，制订相应的运营计划和策略，确保项目能够持续稳定地运行。

2.1.2 作用

项目生命周期提供了一个框架，用于规划和预测项目的整体进展和工作流程。

项目生命周期可以帮助项目团队在不同阶段识别和评估风险。通过了解项目中不同阶段面临的潜在风险，团队可以制定适当的风险管理策略，采取相应的措施来降低风险并防止问题的发生。

了解项目的全生命周期可以帮助团队有效地管理资源。在不同阶段，可以确定所需的人力、物力和财务资源，并进行适当的分配和利用，以确保项目顺利进行并充分满足需求。项目生命周期有助于控制项目的进度。

了解项目全生命周期可以帮助了解各个阶段的关键里程碑和任务。可以及时监测项目的进展，通过在生命周期的不同阶段设置质量检查点，并采取必要的措施来调整计划，以确保项目成果符合预定的标准和要求。

了解项目全生命周期可以帮助评估项目的效果和成果。在每个阶段结束时，团队可以进行评估，检查项目是否达到预期的目标和质量标准，并进行必要的改进。

项目全生命周期框架是一个多维度的工具，它不仅关注项目的技术和管理方面，还关注项目的价值，确保项目能够带来预期的成果和收益。通过全面理解项目全生命周期，项目管理团队能够更好地规划、控制和评估项目，确保项目按时交付、在预算内完成，并满足客户和利益相关者的需求。项目生命周期也为项目管理提供了一个标准化的框架和共同的参考点，有助于保持信息的一致性和透明度，促进团队之间的沟通和协作，提高项目的整体效率和成功实施的可能性。此外，也将每一个项目全生命周期的数据和结果收集到一个清晰、规范的模板框架中，为经验教训的总结、项目管理实践带来持续的精进。

2.2 项目管理

项目管理指项目管理人员在有限的资源约束下，运用系统的观点、方法和理论，对项目涉及的全部工作进行有效的管理。即从项目的投资决策开始到项目结束的全过程进行计划、组织、指挥、协调、控制、评价，从而实现项目目标。

2.2.1 项目管理的内容

范围管理：明确项目的工作内容和边界，确保所有工作都在项目范围内进行。这包括需求收集、范围定义、范围确认和范围变更控制等活动，以确保项目团队对项目的期望和交付成果有清晰的理解。

时间管理：制定项目的时间表，包括项目活动的时间估算、进度安排、进度控制和进度变更等活动。通过合理的时间规划，确保项目按时完成，同时平衡资源分配和风险管理。

费用管理：也称为项目成本管理，涉及项目资源的合理配置和成本的有效控制。包括成本估算、成本预算、成本控制和成本预测等活动，以确保项目在预算范围内进行，同时优化资源利用。

质量管理：确保项目交付成果满足既定的质量标准和要求。包括质量规划、质量保证和质量控制等活动，通过制定质量标准、监控项目过程和执行质量检查等措施，提高项目的整体质量。

人力资源管理：涉及项目团队的组建、激励和管理。包括人力资源规划、团队建设和团队绩效评估等活动，以确保项目团队具备必要的技能和素质，并能够高效协作完成项目任务。

风险管理：识别、评估、应对和监控项目中的潜在风险。包括风险规划、风险识别、风险分析、风险应对和风险监控等活动，以降低风险对项目目标的影响，并确保项目按计划进行。

采购管理：管理项目所需的外部资源采购过程。包括采购规划、采购实施、采购控制和采购收尾等活动，以确保采购活动的合规性、经济性和效率。

沟通管理：确保项目信息的及时、准确和有效传递。包括沟通规划、信息发布、绩效报告和干系人管理等活动，以建立有效的沟通机制和渠道，促进项目团队内部及与干系人之间的沟通和协作。

集成（综合）管理：对项目管理的各个过程进行协调和整合，以确保项目整体目标的实现。包括项目集成计划的制定、项目变更控制和项目收尾等活动，通过集成管理，确保项目各个部分之间的协调一致和顺利推进。

这些管理活动相互关联、相互作用，共同构成了项目管理的完整体系。在项目管理过程中，往往会出现很多未知因素，每个因素又存在不确定性，所以需要不同人员、不同技术等实现项目管理目标，这些都决定了项目管理是一项很复杂的工作。

2.2.2 不同阶段的管理内容

在工程项目生命周期的每一个阶段，有效的项目管理都起着至关重要的作用。这不仅关乎项目的成功实施，还直接影响项目的成本、质量和进度。以下是工程项目全生命周期四个阶段项目管理的内容。

2.2.2.1 前期阶段项目管理

在前期阶段，项目管理主要聚焦项目策划与决策。这一阶段的管理活动包括：

明确项目目标与范围：清晰界定项目的目标、预期成果以及项目的具体范围，确保所有利益相关者对项目有共同的理解和期望。

组建项目团队：根据项目需求，挑选具备相关专业技能和经验的团队成员，并明确各成员的职责与角色。

风险管理：识别可能影响项目成功的潜在风险，并制定相应的风险缓解和应对措施。

资源规划：初步估算项目各阶段所需的人力、物力、财力和时间资源，为后续的资源调配做准备。

决策支持：通过系统的分析和论证，为项目决策提供科学依据，确保投资决策的准确性和合理性。

2.2.2.2 准备阶段项目管理

在准备阶段，项目管理侧重项目准备工作的组织和执行。这一阶段的管理活动包括：

详细设计管理：确保项目初步设计和施工图设计的准确性和合理性，避免设计错误或遗漏。

行政许可申请与跟踪：积极协调各方资源，高效办理各项行政许可手续，确保项目合法合规推进。

采购与合同管理：组织工程招标，选择合适的承包商和材料供应商，并签订严谨的施工合同，明确双方的权利、义务和责任。

建设条件准备：协调征地拆迁、场地平整、临时设施建设等工作，为项目开工建设创造良好条件。

2.2.2.3 实施阶段项目管理

在实施阶段，项目管理进入最为复杂和关键的阶段。这一阶段的管理活动包括：

施工进度管理：制定详细的施工进度计划，并通过定期检查和调整，确保工程按计划顺利进行。

质量管理：建立质量管理体系，加强施工过程的质量控制，确保工程质量符合设计要求和相关标准。

安全管理：制定安全生产规章制度，加强施工现场的安全管理和监督，预防安全事故的发生。

成本管理：严格控制项目成本，合理安排资金使用，避免超支和浪费。

沟通与协调：加强与各利益相关者的沟通与协调，及时解决项目实施过程中出现的问题和矛盾。

2.2.2.4 投产运营阶段项目管理

在投产运营阶段，项目管理转向项目的运营和维护。这一阶段的管理活动包括：

项目交接管理：确保项目顺利交接给运营团队，提供必要的培训和支持，帮助运营团队快速熟悉项目。

运营管理：制定运营计划和维护方案，确保项目能够持续稳定地运行。加强运营数据的收集和分析，不断优化运营策略。

售后服务与客户关系管理：为客户提供优质的售后服务，建立良好的客户关系，提升客户满意度和忠诚度。

持续改进与创新：关注行业动态和技术发展，推动项目的持续改进和创新，提升项目的竞争力和市场价值。

综上所述，项目管理贯穿项目全生命周期的每一个阶段，通过科学、系统的管理方法和手段，确保项目顺利推进并达成预期目标。

2.3 项目采购管理

如前所述，项目采购管理几乎贯穿整个项目生命周期，对项目整体管理起着举足轻重的作用。项目管理知识体系（Project Management Body Of Knowledge，PMBOK）将项目采购管理定义为"从项目团队外部采购或获取所需产品、服务或成果的各个过程"。它包含从系统外部获取货物、工程和服务的整个采办过程。另外，世界银行贷款中的采购不仅包括货物采购，还包括工程采购、非咨询服务采购和咨询服务采购。它是项目执行阶段（项目准备阶段、项目实施阶段）的重要组成部分，根据不同的划分标准，可以将采购分成不同类型。

2.3.1 项目采购的分类

2.3.1.1 按内容分

按照采购内容的不同，项目采购可以分为货物采购、工程采购和咨询服务采购三大类，其中货物采购和工程采购属于有形采购，而咨询服务采购则属于无形采购。

1. 货物采购

货物采购属于有形采购，是指为了满足项目需求而采购实际物质产品的活动，物质产品包括原材料、设备、工具、零部件等。货物采购通常是针对生产制造、产品组装或项目投入所需的物品，并包括与之相关的服务，如运输、保险、安装、调试、培训、初期维修等。

2. 工程采购

工程采购也属于有形采购，指的是为了完成项目的设计、建造、安装或施工等工程性任务而进行的采购活动。工程采购通常涉及大型项目的基础设施、建筑工程、土木工程等。这些项目通常需要通过采购获得承包商或供应商的专业技术、施工能力和设备。在工程采购中，业主对于采购模式有自主选择的权利，因此业主是工程采购的主导者，可以根据项目规模和复杂程度及业主自身能力和偏好选择工程采购模式。

3. 咨询服务采购

咨询服务采购不同于一般的货物或工程采购，是为了满足项目需求而采购外部承包商或供应商提供的专业服务的活动，属于无形采购。咨询服务的范围很广，大致可分为以下四类：

（1）项目投资前期准备工作的咨询服务。如，项目的预可行性研究、可行性研究、工程项目选址勘察等服务。

（2）工程设计和招标文件编制服务。

（3）项目管理（如代建）、施工监理等执行性服务。

（4）技术援助和培训等服务。

2.3.1.2 按方式分

按采购方式的不同，项目采购可分为招标采购和非招标采购。这两种方式具有不同的特点和适用场景。招标采购方式公开透明，竞争性强，有助于选择最佳供应商，适用于有大规模供应商参与（当市场上存在大量潜在的合格供应商时，招标采购可以吸引更多供应商参与）、项目需求较为明确、竞争激烈的情况。非招标采购有多种方式，能够直接选择供应商，具有灵活性的特点，高度依赖信任和合作关系，适用于紧急需求、对供应商有特定要求、对合作关系和供应商信任度较为依赖的情况。

1. 招标采购

招标采购主要包括公开招标（竞争性招标）和邀请招标（有限竞争性招标）。

公开招标，采购方会广泛发布采购公告，邀请所有感兴趣的潜在供应商参与竞标。由于参与门槛相对较低，这种方式能够吸引大量供应商参与竞争，从而增加采购方的选择范围，并有可能获得更具竞争力的报价和更优质的服务。公开招标强调了采购过程的公开性和透明度，有助于防止腐败和不正当竞争。

与公开招标不同，邀请招标是采购方根据自身的需求和前期市场调研，有针对性地选择一定数量的潜在供应商，并向其发出投标邀请。这种方式通常用于项目专业性较强、对供应商有特殊要求或市场上合格供应商数量有限的情况。邀请招标虽然限制了参与竞争的供应商数量，但能够确保邀请到的供应商都具备满足项目需求的能力和资质，从而提高采购效率和质量。

邀请招标也是一种公开透明的项目采购方式，通过发布采购公告邀请潜在供应商向项目提供报价或投标。

在招标过程中，无论采用哪种形式，采购方都需要明确项目需求、技术规格、交付要求等关键信息，并向潜在供应商公开征求报价或投标文件。这一过程体现了招标采购的公平性和公正性，确保了所有参与者都能在相同的信息基础上进行竞争。同时，采购方还需要根据招标文件中的评标标准对收到的投标文件进行评审，最终选出最符合项目需求的供应商。

2. 非招标采购

非招标采购的方式是指采购方直接选择供应商或与特定供应商商议项目采购条件和价格。在非招标方式下，采购方通常与供应商进行一对一的协商和谈判，以达成合适的采购协议。非招标采购的方式主要包括国际/国内询价采购（或称"货比三家"）、谈判、直接采购、自营工程等。

在非招标方式下，采购方与供应商之间通常进行协商和谈判，以便更好地了解彼此的需求和条件，从而达成双方都满意的采购协议。这种方式有助于建立更加紧密和互信的合作关系，同时也能够更快地推进采购进程。

询价采购（或称"货比三家"）是非招标方式中的另一种常见形式。在这种方式下，采购方向多家供应商发出询价邀请，要求他们提供产品或服务的报价和相关信息。采购方随后会比较这些报价和条件，选择最符合项目需求和预算的供应商进行合作。这种方式有助于采购方获取更多的市场信息和更广泛的选择，同时也能够促进供应商之间的竞争，降低采购成本。

直接采购也是一种非招标方式，它适用于采购方对供应商已经非常熟悉或信任的情况。在这种情况下，采购方可以直接与选定的供应商进行谈判，确定采购条件和价格，并签订采购合同。这种方式简化了采购流程，提高了采购效率。

自营工程则是指采购方自行组织力量进行工程建设或提供服务，而不依赖于外部供应商。这种方式适用于采购方具备相应的技术能力和资源，能够独立完成项目需求的情况。自营工程有助于采购方更好地控制工程质量和进度，同时也能够节省采购成本。

总的来说，非招标方式具有灵活性高、谈判空间大、采购周期短等优点，适用于多种特定情境。然而，在使用非招标方式时，采购方需要注意遵守相关法律法规，确保采购过程的公正、公平和透明。

2.3.2 项目采购管理的内容

一般项目采购管理的内容涵盖了从采购需求确定到合同执行及后续处理的各个环节，具体包括：

（1）确定所要采购的货物、工程或咨询服务的规模、种类、规格、性能、数量以及合同标段的划分等；

（2）市场供求现状的调查分析；

（3）招标采购的方式：国际/国内竞争性招标，或其他采购方式；

（4）组织进行招标、评标、合同谈判和合同签订；

（5）合同的实施和监督；

（6）合同执行中对存在的问题采取必要的行动或措施；

（7）合同支付；

（8）合同纠纷处理。

2.4 本章总结

本章深入探讨了项目管理与项目采购两个既紧密关联又各具特色的领域。项目管理作为一个全面的管理框架,覆盖了从项目准备至运营的全生命周期,涵盖了范围、时间、成本、质量、人力资源、沟通、风险及采购等多个关键管理领域。而项目采购管理则专注于从外部获取必要资源或服务,以确保项目顺利推进。

工程项目全生命周期被细分为前期阶段、准备阶段、实施阶段及投产运营阶段,每个阶段均承载着特定的核心任务与关键要素。前期阶段侧重项目策划与决策,为项目奠定坚实基础;准备阶段则聚焦项目准备工作的组织和执行,确保项目合法合规推进;实施阶段作为最为复杂和关键的阶段,涉及施工进度、质量、安全、成本等多方面的管理;投产运营阶段则标志着项目从建设转入运营,注重项目的交接、运营维护及持续改进。

项目全生命周期的框架为项目管理提供了清晰的路径与指导,帮助项目团队在不同阶段有效识别与评估风险,合理规划与调配资源,确保项目按时、按质、按预算完成。同时,这一框架也促进了团队之间的沟通与协作,提升了项目管理的整体效率与成功实施的可能性。

作为项目管理的重要组成部分,项目采购管理贯穿项目生命周期的始终。根据项目采购内容的不同,采购活动可分为货物采购、工程采购及咨询服务采购三大类;而按采购方式划分,则包括招标采购与非招标采购两大类。招标采购以其公开透明、竞争激烈的特性,适用于项目需求明确、市场竞争充分的情境;非招标采购则以其灵活性高、谈判空间大的优势,在特定情境下展现出独特的价值。

项目采购管理的内容广泛而深入,从采购需求的确定到合同执行及后续处理,每一个环节都至关重要。通过科学的采购规划与有效的合同管理,项目团队能够确保采购活动的合规性、经济性与效率性,为项目的成功实施提供坚实的保障。

综上所述,本章内容不仅揭示了项目管理与项目采购的内在联系与区别,还深入剖析了工程项目全生命周期的各阶段特点与管理要点,以及项目采购管理的分类与内容。这些知识与见解对于提升项目管理水平、优化采购流程具有重要的指导意义。

思考题

1. 工程项目生命周期可以划分为哪几个阶段?
2. 在项目管理中,时间管理的主要活动包括哪些?
3. 项目采购管理包括哪些主要内容?
4. 非招标采购方式主要包括哪些形式?

5. 招标采购的两种主要形式是什么？
6. 简述在项目采购管理中询价采购的主要目的。
7. 直接采购适用于哪种情况？
8. 项目采购管理在整个项目生命周期中的作用是什么？
9. 项目全生命周期框架在项目管理中的重要作用是什么？

第 3 章 工程项目采购模式

在工程项目采购管理中，选择合适的采购模式是一项战略性决策，也是确保项目成功的基石。业主在规划项目时，必须综合考虑时间与进度要求、项目复杂程度、自身管理能力和合同管理经验、当地建筑市场实际情况、资金限制以及法律框架等多维度因素，以精准匹配最适合的采购模式。这一过程深刻影响着项目的整体推进、成本控制、风险管理及最终成果。不同采购模式的选定，直接决定合同类型的架构，进而塑造合同管理的具体方式与核心内容。工程项目采购管理模式的多样性与复杂性要求业主在决策过程中具备高度的战略眼光与细致的分析能力。

深入理解每种模式的内涵、优势与局限，结合项目实际与业主自身条件，选择并灵活运用合适的采购模式是确保工程项目顺利推进与成功的前提。

3.1 设计—招标—建造模式

设计—招标—建造模式（Design-Bid-Build，DBB）是一种传统的项目采购管理模式，广泛应用于世界各地的工程项目中，特别是在世界银行、亚洲开发银行等国际金融机构资助的项目，以及采用国际咨询工程师联合会（Fédération Internationale Des Ingénieurs Conseils，FIDIC）标准土木工程施工合同条件（红皮书）的项目中。该模式遵循一个线性的项目流程，即首先完成项目设计，然后进行招标，最后由中标的承包商负责建造。DBB 的组织模式如图 3-1 所示。

这种模式由业主与设计机构（建筑师/咨询工程师）签订专业服务合同，委托建筑师/咨询工程师进行项目前期的各项有关工作（如进行机会研究、可行性研究等），待项目评估立项后再进行设计。在设计阶段进行施工招标文件的准备，随后通过招标选择承包商。业主和承包商订立工程项目的施工合同，有关工程的分包和设备、材料的采购一般都由承包商与分包商和供货商单独订立合同并组织实施。业主单位一般指派业主代表（可由本单位选派或由其他公司聘用）与监理工程师和承包商联系，负责有关的项目管理工作。但在国外，大部分项目实施阶段的有关管理工作均授权咨询工程师（建筑师）进行。建筑师/咨询工程师和承包商没有合同关系，但承担业主委托的管理和协调工作。

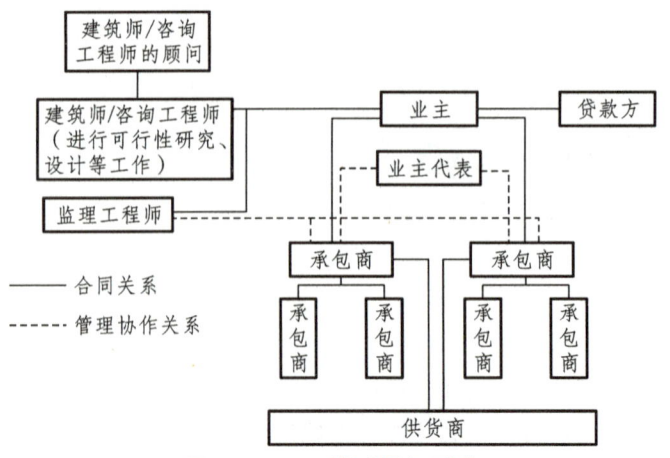

图 3-1　DBB 模式组织形式

3.1.1　DBB 工程项目实施步骤

DBB 工程项目采购管理模式项目实施步骤，如图 3-2 所示。

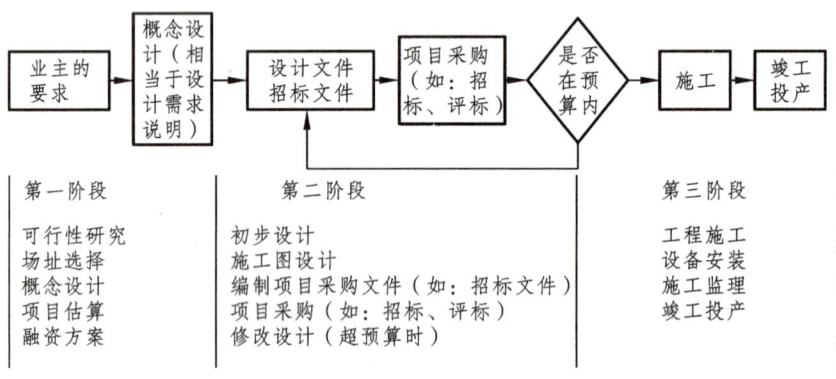

图 3-2　DBB 模式项目实施步骤

第一阶段，业主的要求与概念设计（项目定义与规划阶段）：
（1）确定项目目标、范围、估算和时间表；
（2）概念设计；
（3）可行性研究和环境评估；
（4）确定项目所需的所有许可和批准。
第二阶段，项目设计与招标投标（项目准备阶段）：
（1）由业主或业主聘请的设计单位进行设计（初步设计和施工图设计）；
（2）设计过程中可能需要与业主和其他利益相关者进行多轮沟通和协调；
（3）形成完整的设计文件和图纸：初步设计完成后，编制概算文件（在我国需要进行概算评审），施工图设计完成后，编制预算文件（预算不得超过概算，否则需要修改设计），通过第三方评审的施工图供后续招标和施工使用；

（4）编制项目采购文件：基于设计文件编制招标文件，包括工程量清单、技术规范、合同条款等；

（5）发布招标公告，邀请潜在承包商投标；

（6）潜在承包商根据招标文件准备并提交投标文件；

（7）业主或招标代理机构对投标文件进行评审，选择技术、财务和信誉等方面最优的承包商中标；

（8）所有潜在承包商投标价超出设计概算，需要调整或修改设计文件。

第三阶段，建造与交付：

（1）中标承包商与业主签订合同，明确双方的权利和义务；

（2）承包商根据设计图纸和技术规范进行施工；

（3）业主或监理单位对施工过程进行监督和管理，确保工程质量和进度；

（4）在施工过程中，可能需要进行设计变更或现场签证，以应对不可预见的情况；

（5）工程施工完成后，进行竣工验收；

（6）验收合格后，工程正式交付给业主使用；

（7）承包商提供必要的保修服务，确保工程在保修期内正常运行。

3.1.2 DBB 模式的优缺点

3.1.2.1 优点

职责明确：已经长期、广泛地被世界各地采用，因而管理方法比较成熟，各方都熟悉有关程序。设计、招标、建造三个阶段职责分明，有利于各参与方各司其职。

竞争性强：业主可自由选择咨询和设计人员，对设计要求可以控制；可自由选择咨询工程师负责监理工程的施工；通过招标选择承包商，有助于获得具有竞争力的报价和优质的施工服务。

法律基础完善：可采用各方均熟悉的标准合同文本，如 FIDIC 等国际通用的合同条件（Conditions of Contract for Construction，施工合同条件），有利于合同管理和风险管理，为项目提供完善的法律保障。

3.1.2.2 缺点

周期长：由于设计、招标、建造三个阶段依次进行，项目周期相对较长。

变更成本高：设计阶段可能无法充分考虑施工过程中的实际情况，导致后期设计变更和现场签证较多，增加成本。

沟通协调难：设计、招标、建造三个阶段由不同单位负责，变更时容易引起较多的索赔，沟通协调难度较大，业主管理费较高。

综上所述，DBB 模式在项目采购管理中具有其独特的优势和局限性，适用于对法律保障要求较高、市场竞争较为充分的项目。然而，在实际应用中，需要根据项目特点和业主需求灵活调整和优化项目管理流程。

3.2　CM 模式

DBB 模式需要设计图样全部完成之后再进行招标，因此设计阶段和施工阶段无法进行搭接，项目实施时间长，项目无法尽快完成产生效益。而 CM 模式通过实施分阶段发包，既能实现设计与施工的合理搭接以加快项目进度，又能对相对独立的子项目进行分期验收和提前投产运营，从而帮助业主更快实现项目效益。图 3-3 反映了阶段采购模式对比 DBB 模式的优势。

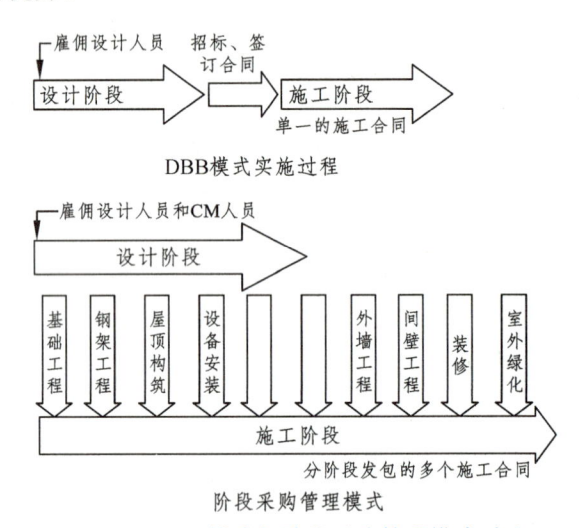

图 3-3　DBB 模式与阶段采购管理模式对比

CM（Construction Management）模式是美国汤姆森（Charles B. Thomson）等人在研究关于如何加快设计和施工进度及改进管理控制方法时提出的，又称阶段施工法或快速轨道方式。Construction Management 中文直译为"施工管理"或"建设管理"，但这两个概念在我国已有明确内涵，而 CM 模式内涵要比"施工管理"或"建设管理"丰富，因此习惯上采用 CM 模式这一提法。

CM 模式的组织工程实施如图 3-4 所示。

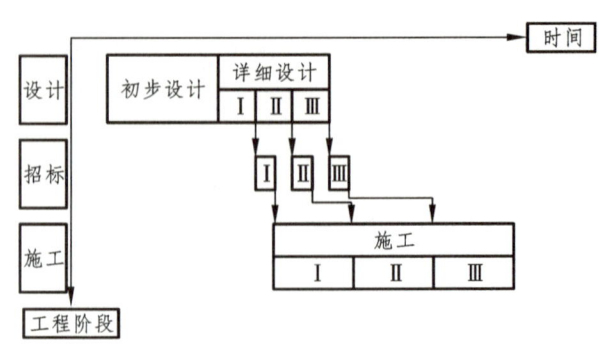

图 3-4　CM 模式组织过程实施示意图

由图 3-4 所示，CM 模式可以将工程的详细设计（施工图设计）与招投标、工程施工搭接起来。如从详细设计开始计算，CM 模式整个建设工期为第 1 阶段详细设计时间+第 1 次招标时间+整个工程施工时间。理论上，CM 模式相比 DBB 模式可以缩短建设工期，缩短量为：详细设计总时间+各次招标时间-第 1 阶段详细设计时间-第 1 次招标时间。虽然 CM 模式可以加快项目进度，但与 DBB 模式相比，CM 模式在实施过程中的组织协调和目标控制的难度会加大；设计与施工方之间的协调频数会增多，从而易导致施工效率降低；分项招标可能增加承包费用，需要做好对比分析，确定分项数量并选取最佳结合点。

在 DBB 模式下也可以组织快速施工，然而真正的 CM 项目采购模式核心是，在工程实施阶段，业主建立以 CM 单位为核心的项目治理结构，即建设组织管理体系，以及相应的合同体系。美国建筑师学会（American Institute Of Architects，AIA）和美国总承包商联会（Associated General Contractors Of America，AGC）共同制定了 CM 模式标准合同条件，但 FIDIC 至今没有 CM 标准合同条件。

3.2.1 代理型 CM 模式（CM/Agency）

采用代理型 CM 模式时，CM 单位是业主的咨询单位。业主分别与多个施工单位签订所有工程施工合同。其中合同关系和协调管理关系如图 3-5 所示。代理型 CM 标准合同条件在 AIA 定义为"B801/CMa"，在 AGC 定义为"AGC510"。通常代理型 CM 的 CM 单位由具有丰富施工经验的专业 CM 单位或咨询单位担任。

3.2.1.1 代理型 CM 合同关系

业主与 CM 单位签订咨询服务合同，该合同的费用即为 CM 费用。CM 费用的确定方式可以是基于最终确定的工程费用总额的百分比，或者是一个固定数额的费用。这种费用结构有助于激励 CM 单位有效控制工程成本，因为他们的收益与项目总成本直接相关。

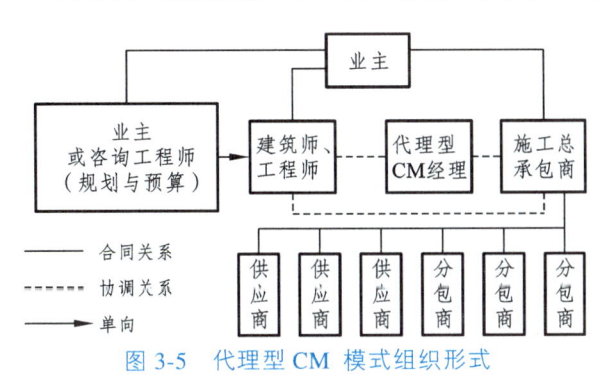

图 3-5 代理型 CM 模式组织形式

业主直接与多个施工单位签订施工总承包合同，明确各自的施工范围、质量标准、工期要求以及支付方式等条款。这些合同是施工单位进行工程建设的法律依据。业主需要监督施工单位的合同履行情况，确保其按照合同要求完成工程建设任务。同时，业主还需要处理与施工单位的结算、索赔等事宜。

3.2.1.2　代理型 CM 协调管理关系

CM 单位与业主的关系：CM 单位作为业主的咨询单位，负责向业主提供专业建议，协助业主进行项目决策。同时，CM 单位还负责协调设计、施工等各方关系，确保项目按计划顺利进行。

CM 单位与施工单位的关系：虽然 CM 单位不直接参与施工，但他们需要密切关注施工单位的进度、质量和安全问题。在必要时，CM 单位会向施工单位提供技术支持和指导，协助解决施工中遇到的问题。同时，CM 单位还会根据施工单位的实际表现，向业主提出奖惩建议。

代理型 CM 模式通过明确的合同关系和有效的协调管理机制，为业主提供一个高效、灵活的项目管理平台。在这一模式下，CM 单位作为业主的得力助手，发挥着至关重要的作用。

3.2.1.3　代理型 CM 标准合同条件

AIA B801/CMa，是美国建筑师学会（AIA）为代理型 CM 模式制定的标准合同条件。该合同条件详细规定了业主、CM 单位和施工单位之间的权利、义务和责任，CM 单位作为业主的咨询单位，在项目管理中的角色和职责包括协调设计、施工和成本控制等方面的工作。同时，它也规定了施工单位在施工过程中应遵循的标准和程序，以及业主对项目的总体控制和监督权。

AGC 510，是美国总承包商联会（AGC）为代理型 CM 模式制定的标准合同条件。与 AIA B801/CMa 类似，AGC 510 也旨在规范代理型 CM 模式下的合同关系和协调管理关系，为项目执行提供法律保障，但其具体条款和细节与 AIA B801/CMa 有所不同。作为总承包商联会制定的合同条件，AGC 510 更加注重从总承包商的角度出发，考虑施工过程中的实际需求和挑战，为项目提供更加贴合实际的合同解决方案。

AIA B801/CMa 与 AGC 510 都强调了 CM 单位在项目管理中的核心作用，要求其具备丰富的行业知识、施工经验和组织协调能力。在选择使用哪种合同条件时，业主需要根据项目的具体情况、参与方的需求和偏好以及行业协会的认可度等因素进行综合考虑。

3.2.1.4　代理型 CM 单位的能力要求

代理型 CM 单位通常由具有丰富施工经验的专业机构（如工程咨询公司或施工管理企业）担任。这些单位需要具备深厚的行业知识、广泛的资源和强大的组织协调能力，以确保项目的高效执行和成功交付。

丰富的施工经验。CM 单位需要具备丰富的施工项目管理经验，了解施工过程中的各个环节和潜在风险。这样，他们才能在项目执行过程中提供有价值的建议和指导，帮助业主避免常见的施工问题，确保项目按计划顺利进行。

深厚的行业知识。CM 单位需要对建筑行业有深入的了解，包括最新的技术趋势、法规要求、材料特性以及市场动态等。这种行业知识使他们能够做出明智的决策，为项目提供最佳实践方案，并有效应对行业变化带来的挑战。

广泛的资源。成功的项目管理往往依赖广泛的资源网络。CM 单位需要与供应商、分包商、设计单位和金融机构等建立良好合作关系。这些资源可以帮助他们在项目执行过程中快速响应各种需求，解决突发问题，并确保项目所需材料、设备和资金的及时到位。

强大的组织协调能力。在代理型 CM 模式中，CM 单位扮演着协调者的角色。他们需要协调业主、设计单位、施工单位和监理单位等各方利益，确保项目目标的一致性。同时，CM 单位还需要处理项目执行过程中可能出现的各种冲突和分歧，通过有效的沟通和谈判，寻求各方都能接受的解决方案。这种组织协调能力对于项目的顺利进行至关重要。

3.2.2 非代理型 CM 模式（CM/Non-Agency）

非代理型 CM 模式，也称为风险型 CM 模式，是一种特殊的项目管理方式，其中业主与 CM 单位之间的合同关系更加紧密且复杂。在这种模式下，业主通常不与多个施工单位直接签订工程施工合同，而是与 CM 单位签订一份综合性的合同，该合同不仅包含了 CM 服务的内容，还涵盖了工程施工承包的内容。非代理型 CM 标准合同条件在 AIA 定义为"A121/CMc"，在 AGC 定义为"AGC565"。通常非代理型 CM 单位是由总承包商演化而来的专业 CM 单位或总承包商担任。其中的合同关系和协调管理关系如图 3-6 所示。

3.2.2.1 非代理型 CM 合同关系

业主与 CM 单位的合同。这是一份综合性的合同，其中既规定了 CM 单位需要提供的咨询、协调和管理服务，也明确了 CM 单位作为总承包商需要承担的工程施工责任。CM 单位负责整个项目的统筹规划和执行，包括与施工单位、材料供应商和设备供应单位的合同签订与管理。

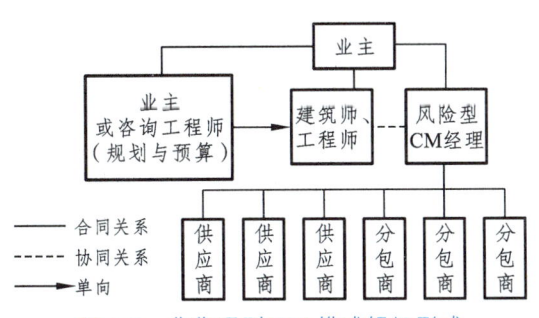

图 3-6 非代理型 CM 模式组织形式

CM 单位与施工单位、材料供应商和设备供应单位的合同。CM 单位根据与业主签订的合同内容，负责与具体的施工单位、材料供应商和设备供应单位签订施工、材料采购和设备供应等合同。这些合同的具体条款和条件应与业主和 CM 单位之间的主合同保持一致，以确保整个项目的协调一致。

业主与少数施工单位及材料、设备供应商的直接合同。在某些情况下，业主可能会与少数具有特殊专业技能或提供关键工程内容的施工单位、材料供应商和设备供应单位签订直接合同。这些合同通常针对专业性较强或业主有特殊要求的工程内容、材料或设备。

3.2.2.2 非代理型 CM 协调管理

在非代理型 CM 模式中，CM 单位扮演着至关重要的角色。他们不仅需要提供专业的咨询和管理服务，还需要承担工程施工的总承包责任。因此，CM 单位需要具备强大的组织协调能力，以确保项目各参与方之间的顺畅合作和项目的整体进度与质量。

尽管业主不直接与施工单位签订施工合同，但他们仍然对整个项目拥有最终决策权。业主需要密切关注项目的进展情况，对 CM 单位的工作进行监督和评估，并在必要时提供指导和支持。

3.2.2.3 非代理型 CM 标准合同条件

A121/CMc 是 AIA 为非代理型（或风险型）CM 模式定制的标准合同条件。这份合同条件详细规定了业主与 CM 单位之间的权利、义务和责任，特别是当 CM 单位不仅提供咨询服务还承担部分或全部的施工责任时。它明确了 CM 单位作为总承包商的角色，包括设计协调、施工管理、成本控制以及与分包商和材料供应商的合同管理等方面的职责。

AGC565 是 AGC 为非代理型 CM 模式制定的类似标准合同条件。虽然与 A121/CMc 在具体条款上可能存在差异，但 AGC565 同样旨在规范非代理型 CM 模式下的合同关系和协调管理关系。它详细列出了 CM 单位作为总承包商需要履行的各项职责，以及与业主、分包商、材料供应商和设备供应单位之间的合同关系。AGC565 可能更加注重从总承包商的角度出发，考虑施工过程中的实际需求和挑战，为项目提供更加贴合实际的合同解决方案。

3.2.2.4 非代理型 CM 单位能力要求

在非代理型 CM 模式中，CM 单位通常是由总承包商演化而来的专业 CM 单位或具有总承包资质的企业担任。这些单位之所以适合承担这一角色，主要得益于他们丰富的施工经验、强大的管理能力以及专业的 CM 服务能力。

丰富的施工经验。总承包商或具有总承包资质的企业在长期的项目实践中积累了大量施工经验。他们熟悉各类工程项目的特点和难点，能够准确预判和解决施工过程中可能出现的问题。这种丰富的施工经验使他们能够更好地理解项目需求，制定出切实可行的施工方案和管理计划。

强大的管理能力。作为总承包商或具有总承包资质的企业，这些单位通常拥有完善的管理体系和先进的管理工具。他们能够有效地协调设计、采购、施工等各个环节，确保项目按计划顺利进行。同时，他们还能够对项目的成本、质量、进度和安全进行全面控制，确保项目目标的顺利实现。

专业的 CM 服务能力。除了施工经验和管理能力，这些单位还具备专业的 CM 服务能力。他们能够根据项目的具体需求和特点，为业主提供定制化的项目管理解决方案。这包括协助业主进行项目策划、设计管理、施工管理、合同管理以及后期的项目评估等工作。通过提供专业的 CM 服务，这些单位能够帮助业主更好地控制项目风险，提高项目效益。

3.3　设计—建造模式

设计—建造模式包含 DB（Design-Build）及 EPC（Engineering-Procurement-Construction）两种模式，2017 版的 FIDIC 出版的黄皮书（《生产设备和设计—建造合同条件》，Conditions of Contract for Plant and Design-Build）和银皮书（《设计—采购—施工与交钥匙项目合同条件》，Conditions of Contract for EPC/Turnkey Projects）都是基于设计—建造项目采购模式而编制的，设计—建造工程项目采购管理模式的组织形式如图 3-7 所示。

在设计—建造工程项目采购管理模式中，将设计与施工整合到一个合同中，由单一实体（设计—建造总承包商）负责整个项目的设计、采购和施工。这种模式旨在通过减少设计与施工之间的界面，提高项目效率，加快项目进度，并尽可能降低总成本。项目通常以总价合同为基础，总承包商在合同签订时就提供一个固定的总价，用于完成项目的所有工作。这个价格涵盖了设计、采购、施工以及所有必要的项目管理费用。这种合同安排有助于业主控制项目成本，总价在合同期间通常不会改变（除非出现合同约定的变更情况）。

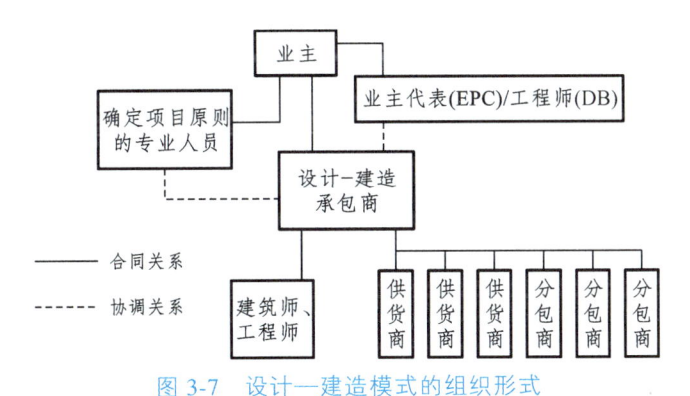

图 3-7　设计—建造模式的组织形式

3.3.1　设计—建造模式实施步骤

3.3.1.1　项目启动与准备

在项目启动之初，业主的首要任务是明确项目的基本要求。它为整个项目的航程指明了方向。为此，业主往往会选择一家专业咨询公司作为智囊团，共同绘制这幅蓝图。咨询公司不仅会深入调研市场需求、技术发展趋势及行业标准，还会与业主进行多轮沟通，确保对项目目标、愿景及期望有清晰的理解。在此基础上，咨询公司会拟定一份详尽的项目基本要求文档，内容涵盖但不限于以下方面。

功能需求：明确项目需实现的具体功能。如办公楼的楼层布局、会议室的数量与配置、智能化系统的集成等。这些需求往往基于业主的实际使用需求及未来发展规划。

技术标准：规定项目在设计、施工及验收过程中需遵循的技术规范与标准，如建筑结构设计规范、消防安全标准、环保要求等。这些标准确保了项目的合规性与安全性。

性能标准：设定项目在运营过程中的性能指标，如能耗效率、舒适度、维护成本等。这些指标是衡量项目成功与否的重要标尺。

预算限制：根据业主的财务状况及投资意愿，设定项目的总体预算范围。这一限制条件在后续的设计、采购及施工环节中均须严格遵守，以确保项目的经济性与可行性。

为了确保设计—建造项目的顺利实施，业主还需在项目管理层面下足功夫。其中，任命一位管理专家作为工程师或业主代表，是至关重要的一步。这位管理专家不仅是项目的技术顾问，更是项目团队的灵魂人物。他全程参与项目的规划、设计、施工及验收等各个环节，与设计—建造总承包商保持密切沟通与合作。具体而言，管理专家的职责包括但不限于以下方面。

合同管理：审核并管理项目合同，确保合同条款的公平、合理与可执行性。同时，监督合同的履行情况并及时处理合同变更与索赔等事宜。

进度控制：制定项目进度计划并跟踪执行情况，确保项目按时完成。在出现进度延误时，能够迅速分析原因并采取措施加以纠正。

质量控制：监督项目的施工质量与材料选用情况，确保项目符合设计要求及行业标准。同时，组织质量检查与验收工作，确保项目质量达标。

风险管理：识别项目潜在的风险因素并制定相应的应对措施。在风险发生时能够迅速响应并妥善处理以降低损失。

3.3.1.2　项目执行

招标与选择总承包商。根据项目的基本要求，业主发布招标公告邀请有能力的承包商提交设计—建造方案。评标过程中，业主综合考虑设计方案的创新性、施工方案的可行性以及总报价的合理性等因素，最终选择最合适的总承包商。

设计与施工整合。一旦选定总承包商，设计与施工工作就会立即开始并紧密集成。总承包商将负责协调设计团队和施工团队之间的工作，确保设计方案与施工计划的有效衔接。

进度与成本控制。设计—建造总承包商需要对项目的进度和成本进行全面控制。承包商通过有效的项目管理和资源调度，确保项目按时按质完成，并尽量控制成本不超过合同总价。

变更管理。在项目执行过程中，可能会出现需要变更的情况。这些变更可能是由业主提出的新要求、设计错误或现场条件变化等原因引起的。设计—建造总承包商需要评估变更的影响，并与业主协商确定变更后的合同价格和工期。

质量与安全监督。业主代表或工程师负责监督项目的质量和安全情况，对总承包商的工作进行定期检查，确保项目符合相关标准和规范。

3.3.1.3 项目交付与后期服务

项目交付，作为整个工程建设的终点，同时也是新起点。设计—建造总承包商在历经项目策划、设计、采购、施工等一系列复杂流程后，最终需向业主交付一个既符合合同规定，又满足使用功能、安全标准、环保要求等多方面条件的项目。为了实现这一目标，总承包商需要采取一系列措施来确保交付质量。首先，严格按照合同条款进行自查自纠，确保项目与合同要求相吻合。同时，接受第三方专业机构验收评估，对项目进行全面审查，确保项目的合规性和可靠性。在交付过程中，总承包商应主动向业主介绍项目的设计理念、技术特点、使用说明等，帮助业主更好地理解和使用项目。此外，还会就项目的后续维护、保养等问题与业主进行深入交流，为后续运营服务打下坚实基础。

项目交付并不意味着总承包商的职责就此结束。相反，在保修期内，还需要提供必要的维修和保养服务，确保项目的正常运行。这一环节对于维护业主利益、提升项目价值具有至关重要的作用。为了做好后期服务工作，总承包商会制定详细的维修保养计划，并安排专业团队进行定期巡查和保养。对项目的各个系统、设备进行全面检查，及时发现并解决问题。同时，还会根据项目的实际情况和业主的需求，提供个性化的维修服务方案，确保项目保持良好的运行状态。

3.3.2 DB 与 EPC

DB 模式与 EPC 模式虽然都属于工程总承包的范畴，但在采购、设计、风险承担以及适用条件等方面存在区别，这些区别对于理解两种模式的特点和选择适合的项目管理模式至关重要。

3.3.2.1 采购方面

在 DB 模式下，业主享有高度的自主权和灵活性。他们不仅可以依据总承包商设计的蓝图，自主挑选符合项目需求的机电装置、总成、成套设备乃至整条生产线等关键设备材料，还能够根据自身的财务状况、资源储备及市场洞察，灵活调整采购策略。例如，若业主对某一特定领域的设备市场有深入了解，且拥有稳定的供应商资源，他们可能会选择直接采购，以降低成本并确保质量。反之，若业主在采购方面经验不足或时间紧迫，将采购任务全权委托给总承包商，则能充分利用其专业能力和规模效应，实现高效采购。这种灵活性不仅体现在采购环节，更贯穿于整个项目周期。DB 模式鼓励业主与总承包商之间的紧密合作与信息共享，使得项目决策更加迅速且贴合实际。

与 DB 模式相比，EPC 模式则更加注重项目的一体化管理与执行。在 EPC 项目中，总承包商不仅负责工程的设计与施工，还全权承担所有货物采购工作。这种全方位、一体化的采购策略极大地简化了管理流程，使业主能够从繁琐的采购事务中解脱出来，专注于项目的整体规划与监督。然而，EPC 模式对总承包商的要求也更为严苛。它要求总承包商不仅具备设计施工能力，还必须拥有强大的采购能力和广泛的资源网络。这意味着总承包商需要精准把握市场动态，快速响应采购需求，同时与众多供应商建立长期稳定的合作关系。EPC模式在大型基础设施建设项目中尤为常见。这些项目往往投资巨大、技术复杂、周期漫长，需要强大的组织协调能力和高效的资源调度能力。

3.3.2.2　设计方面

EPC中的"设计"是一个全方位的概念，涵盖了从项目策划到合同履约的全过程。这种设计不仅关注具体的技术实现，还涉及项目的经济性和可行性等多个方面。因此，EPC模式下的设计更加复杂和全面，但也更有可能导致工程造价的上升。

DB模式起源于机电工程，其设计工作更多地聚焦于实现特定机电装置及其配套设施的具体设计。在DB模式下，业主通常已经有了明确的设计方向和总体规划，总承包商的任务是在此基础上进行细化设计，确保设备的安装和运行符合实际需求。

3.3.2.3　风险承担

DB模式下，总承包商主要承担设计、施工以及设计和施工之间的协调风险。对于工程量变化等可预见的风险，总承包商也需要负责。但对于一些不可预见的风险，如极端天气、政策变动等，总承包商通常不承担责任。

EPC模式下的总承包商需要承担更多的风险，除DB模式下的风险外，还需要承担许多一般承包商所不能合理预见的风险。这种高风险也伴随着高回报，因此EPC模式通常允许总承包商在项目实施过程中获得更多的利润。

3.3.2.4　适用条件

在DB模式下，业主通常已经有了较为明确的设计方向和总体规划，或是已经完成了部分设计工作（初步设计）。此时，业主希望将设计和施工两个环节紧密结合起来，以减少设计变更带来的成本增加和工期延误风险。通过将设计和施工任务委托给同一家总承包商，业主可以更有效地控制项目的整体成本和质量，同时加快项目进度。

EPC模式适用于那些业主资金充足但管理能力相对较弱的项目。EPC模式能够帮助业主省去繁琐的管理和协调工作，专注于项目的最终成果。在这种模式下，业主只需与总承包商进行单一的合同谈判和管理，无须再分别与设计单位、施工单位和材料供应商等进行沟通协调，从而节省了时间和精力。同时，EPC模式还能够有效地减少设计变更和工程索赔，因为总承包商在设计和采购阶段就会充分考虑到施工的实际需求和条件，从而避免了因设计不合理或材料供应不及时等问题导致的施工延误和成本增加。此外，EPC模式也适用于那些技术复杂、规模庞大的项目。这类项目往往涉及多个专业领域和复杂的施工工序，需要高度的技术集成和项目管理能力。EPC模式通过整合设计、采购和施工资源，形成了一个高度协同的工作团队，能够充分发挥各专业领域的优势，实现项目的高效推进。

3.3.3　设计—建造模式优点和缺点

3.3.3.1　优点

连续性好。设计—建造模式将设计和施工环节紧密集成，确保了项目从概念到实现的连贯性，减少了传统模式中因设计和施工分离而导致的延误和冲突。

业主风险较少。相对于传统的 DBB 模式，设计—建造模式通过单一责任主体（总承包商）承担设计和施工任务，减少了业主在项目执行过程中面临的风险，如设计变更、施工延误等。

总承包商主观能动性增强。在设计—建造模式下，总承包商拥有更大的自主权，能够充分发挥其专业能力和创新精神，为项目提供更优的解决方案。

提高工作效率，减少协调工作量。由于总承包商负责整个项目的设计和施工，他们能够更好地整合内部资源，提高工作效率，并减少不同参与方之间的协调工作量。

成本相对容易保证。采用总价合同使得项目成本在项目初期即得到明确，有助于业主更好地控制预算，降低超支风险。

减少设计变更。由于设计和施工的一体化，总承包商在设计阶段就会充分考虑施工的实际需求和限制，从而减少设计不合理或施工不可行导致的设计变更。

工期较短。设计—建造模式通过减少设计和施工之间的界面和协调成本，通常能够缩短项目建设周期，使项目更快投入运营。

3.3.3.2 缺点

业主对细节控制能力降低。在设计—建造模式下，业主将大部分项目管理和执行权力交给了总承包商，因此对项目实施过程中的细节控制能力相对减弱。

工程设计可能受施工者利益影响。虽然总承包商在设计时会考虑施工的实际需求和限制，但也可能倾向于选择对其更有利的施工方案，而非完全从项目整体最优的角度出发。这可能导致设计方案在某些方面不是最优的。

对总承包商的选择要求高。由于总承包商在项目执行过程中扮演了关键角色，因此业主在选择总承包商时需要更加谨慎，以确保其具备足够的专业能力、管理经验和信誉度。

3.4 设计—管理模式

设计—管理工程项目采购管理模式通常指同一实体向业主提供设计和施工管理服务的工程管理方式。在通常的 CM 模式中，业主分别就设计和专业施工过程管理服务签订合同。采用设计—管理合同时，业主只签订一份既包括设计也包括类似 CM 服务在内的合同。在这种情况下，设计师与管理机构是同一实体，这一实体常常是设计机构与施工管理企业的联合体。

设计—管理工程项目采购管理模式的实现可以有两种形式，如图 3-8 所示。一是业主和设计—管理公司、施工总承包商分别签订合同（图 3-8A），由设计—管理公司负责设计并对项目实施进行管理；二是业主只与设计—管理公司签订合同（图 3-8B），由设计—管理公司分别与各个单独的分包商和供货商签订合同，由其施工和供货。这种方式可看作 CM 与设计—建造两种模式相结合的产物。

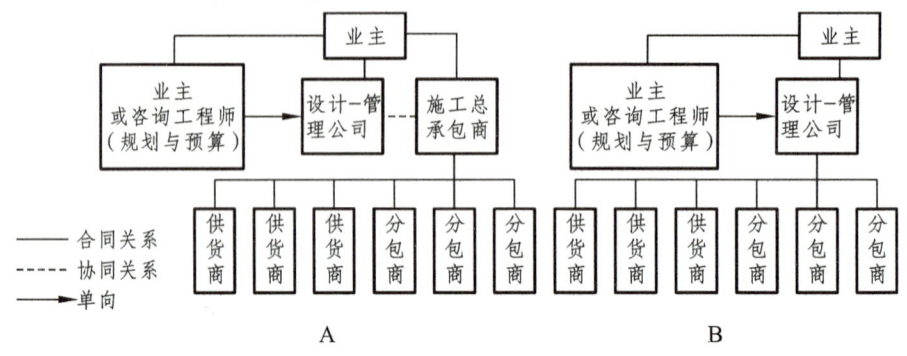

图 3-8　设计—管理模式的两种组织形式

3.4.1　业主与设计—管理公司、施工总承包商分别签订合同

在这种形式下，业主首先与设计—管理公司签订合同，由该公司负责项目的整体设计和施工管理。设计—管理公司根据业主的需求和项目特点，制定详细的设计方案，并在施工过程中进行全程监控和管理。

同时，业主还会与施工总承包商签订合同，将具体的施工任务委托给后者。但需要注意的是，这里的施工总承包商并不直接参与设计决策，而是根据设计—管理公司提供的设计图纸和规范进行施工。

这种形式的优点在于职责明确，设计—管理公司专注于设计和整体管理，施工总承包商则专注于施工任务的执行，有助于提高工作效率和施工质量。但缺点是需要业主协调两个合同主体之间的关系，确保设计与施工的顺畅衔接。

3.4.2　业主只与设计—管理公司签订合同

在这种形式下，业主将项目的设计、采购、施工等全部任务委托给设计—管理公司，由该公司作为单一责任主体负责项目的全过程管理。

设计—管理公司会与各个分包商和供货商分别签订合同，确保项目的顺利实施。这种模式实际上是将 CM 与设计—建造两种模式相结合，设计—管理公司不仅负责设计，还承担了类似 CM 的服务角色，包括施工过程的协调和管理。

这种形式的优点在于简化了项目管理流程，减少了业主的协调工作量，同时设计—管理公司能够充分发挥其专业优势，提高项目的整体效益。但缺点是对设计—管理公司的专业能力、管理水平和信誉度要求较高，业主在选择合作方时需要更加谨慎。

3.5　PPP 模式

PPP（Public-Private Partnership，政府和社会资本合作）模式项目采购是政府通过一系列规范的采购程序，选择具备相应资质和能力的社会资本方作为合作伙伴，共同参与基础设施和公共服务项目的投资、建设、运营和管理。

PPP 模式最初于 1982 年在英国正式提出，后由于其在提升公共服务效率、缓解政府财政约束方面的显著优势，在欧美国家得到广泛应用。从各国和国际组织对 PPP 模式的理解来看，PPP 模式有广义和狭义之分。广义的 PPP 是指政府与私人部门为提供公共产品或服务而建立的各种形式的合作关系，包括但不限于授予特许经营权[①]、政府购买服务、股权合作等多种模式。这些模式允许私人部门参与基础设施和公共服务项目的投资、建设、运营和维护，从而在一定程度上缓解政府的财政压力，从而提高项目的运营效率和服务质量。狭义的 PPP 则特指政府与私人部门组成特殊目的机构（SPV），共同设计开发、共同承担风险、全过程合作，并在项目期满后移交给政府的公共服务开发运营模式。这种模式下，政府与社会资本之间的合作更为紧密，风险分担和利益共享机制也更为明确。

在我国，PPP 是指政府和社会资本合作模式。财政部在《关于推广运用政府和社会资本合作模式有关问题的通知》（财金〔2014〕76 号）中指出，PPP 是指在基础设施及公共服务领域建立的一种长期合作关系。通常模式是由社会资本承担设计、建设、运营、维护基础设施的大部分工作，并通过"使用者付费"及必要的"政府付费"[②]获得合理投资回报；政府部门负责基础设施及公共服务价格和质量监管，以保证公共利益最大化。国家发展和改革委员会在《关于开展政府和社会资本合作的指导意见》（发改投资〔2014〕2724 号）中指出，PPP 模式是指政府为增强公共产品和服务供给能力、提高供给效率，通过特许经营、购买服务、股权合作等方式，与社会资本建立的利益共享、风险分担及长期合作关系。

在 2014、2015 年，我国先后发布了《财政部关于推广运用政府和社会资本合作模式有关问题的通知》（财金〔2014〕76 号）、《政府和社会资本合作模式操作指南（试行）》（财金〔2014〕113 号，现已废止）、《国务院办公厅转发财政部发展改革委人民银行关于在公共服务领域推广政府和社会资本合作模式指导意见的通知》（国办发〔2015〕42 号）等一系列关于探索并推广 PPP 模式的通知，同时，由于我国 2015 年新预算法的执行，政府的融资途径受阻，PPP 项目在我国正式进入大规模推广阶段。截至 2022 年末，全国已落地 PPP 项目 1.4 万余个，投资总额超 20 万亿元。PPP 项目数量爆发式增长之后，其在

[①] 《关于规范实施政府和社会资本合作新机制的指导意见》规定：所有 PPP 项目必须采取特许经营模式，包括 BOT（建设—运营—移交）、TOT（移交—运营—移交）、ROT（改建—运营—移交）、BOOT（建设—拥有—运营—移交）、DBFOT（设计—建设—融资—运营—移交）等具体形式。这一规定旨在明确 PPP 项目的运作方式，确保项目的长期稳定性和可持续性。

[②] 《关于规范实施政府和社会资本合作新机制的指导意见》中指出：政府和社会资本合作项目应聚焦使用者付费项目，明确收费渠道和方式，项目经营收入能够覆盖建设投资和运营成本、具备一定投资回报，不因采用政府和社会资本合作模式额外新增地方财政未来支出责任。

实践之中所存在的问题也开始凸显，例如政府信用风险高、项目收益无法保障等弊端开始受到关注。

为此，《国务院办公厅转发国家发展改革委、财政部〈关于规范实施政府和社会资本合作新机制的指导意见〉的通知》（国办函〔2023〕115号）提出了更高要求，旨在通过强化项目论证与筛选、完善风险分担机制、加强绩效管理与监督、推动信息公开透明以及创新合作模式与融资渠道等措施，进一步优化PPP模式的发展环境，确保其更加规范化、透明化和绩效导向，以更好地服务中国经济社会发展和人民群众的需求。具体来说：

规范项目审核流程。文件明确规定了PPP项目必须从特许经营方案的编制和审核开始，这确保了项目从一开始就符合特许经营模式的要求，避免了后期因模式不匹配而带来的风险。

聚焦使用者付费项目。新机制强调PPP项目应聚焦使用者付费项目，这减少了地方政府对未来财政支出的依赖，降低了因政府违约或财政压力导致项目失败的风险。

严控预算与补贴。新机制规定不能补贴建设成本，不得通过可行性缺口补助等方式进行补贴，这促使社会资本更加谨慎地评估项目可行性，同时也减轻了地方政府的财政负担。

鼓励民营企业参与。民营企业参与PPP项目的股权占比原则上不低于35%，这有助于引入更多市场力量，提高项目的运营效率和管理水平，从而降低项目风险。

加强运营监管。文件强调了对PPP项目运营过程的严格监管，要求建立健全与市场准入负面清单制度相适应的监管机制，形成由政府、投资者、社会公众等多方参与的监督机制，确保项目按照既定目标和标准运营。

健全风险防范和监督机制。政府和投资者应对可能产生的各类风险进行充分论证，完善合同设计，建立独立、透明、可问责、专业化的PPP项目监管体系。这有助于在项目前期识别和评估风险，并在项目实施过程中有效管理和控制风险。

推进风险管理体系建设。包括加强风险监测和预警、全面了解客户和项目信息、强化项目全周期风险管理以及合理运用担保和保险等方式完善风险缓释机制等，这些措施有助于及时发现和解决潜在风险，保障项目的顺利实施。

综上所述，《关于规范实施政府和社会资本合作新机制的指导意见》通过一系列具体措施和政策加强了PPP项目的监管力度，降低了项目风险，为PPP模式的可持续发展提供了有力保障。

3.5.1 广义PPP项目与狭义PPP项目

PPP有广义和狭义之分。广义的PPP是指政府与私人部门为提供公共产品或服务而建立的各种形式的合作关系，包括但不限于授予特许经营权[①]、政府购买服务、股权

---

① 《关于规范实施政府和社会资本合作新机制的指导意见》规定：所有PPP项目必须采取特许经营模式，包括BOT（建设-运营-移交）、TOT（移交-运营-移交）、ROT（改建-运营-移交）、BOOT（建设-拥有-运营-移交）、DBFOT（设计-建设-融资-运营-移交）等具体形式。这一规定旨在明确PPP项目的运作方式，确保项目的长期稳定性和可持续性。

合作等多种模式。这些模式允许私人部门参与基础设施和公共服务项目的投资、建设、运营和维护，从而在一定程度上缓解政府的财政压力，从而提高项目的运营效率和服务质量。

狭义的 PPP 则特指政府与私人部门组成特殊目的机构（SPV），共同设计开发、共同承担风险、全过程合作，并在项目期满后移交给政府的公共服务开发运营模式。这种模式下，政府与社会资本之间的合作更为紧密，风险分担和利益共享机制也更为明确。

从实际操作和政策导向来看，以往我国的 PPP 项目更多采用广义的 PPP 模式。政府通过与社会资本建立各种形式的合作关系，共同推进基础设施和公共服务项目的建设和运营。这些项目不仅授予特许经营权，还有政府购买服务、股权合作等多种模式。值得注意的是，近年来我国政府对 PPP 项目进行了规范和清理，加强了对 PPP 项目的监管和管理。如《关于规范实施政府和社会资本合作新机制的指导意见》，明确提出 PPP 项目应聚焦使用者付费项目，降低对财政支出的依赖，并规定所有 PPP 项目必须采取特许经营模式等具体要求。这些政策旨在进一步规范 PPP 项目的运作，确保其长期稳定性和可持续性。

3.5.2 PPP 项目参与方

PPP 项目的主要参与方包括财政部门、行业主管部门、项目实施机构、政府方出资代表、社会资本、金融机构、项目公司、咨询机构、专家等，各方主要职责如下：

1. 财政部门

作为 PPP 项目的牵头部门，各级财政部门会同相关部门统筹安排财政资金、国有资产等各类公共资产和资源与社会资本开展平等互惠的 PPP 项目合作，切实履行项目识别论证、政府采购、预算收支与绩效管理、资产负债管理、合同审核、信息披露与监督检查等职责，保证项目全生命周期规范实施、高效运营。

2. 行业主管部门

按照经济社会活动的不同行业进行分工管理的各级行政主管部门，负责会同财政部门对物有所值评价结果给予批复、指导和监督实施机构对项目公司进行绩效管理等工作。

3. 实施机构

实施机构指县级以上人民政府授权的行业主管部门或其下属事业单位，是与社会资本签订 PPP 项目合同的政府方。负责对 PPP 项目进行全生命周期管理，包括项目前期论证、编制实施方案、物有所值评价报告、采购社会资本、签订 PPP 合同、监督项目投资、建设、运营，并实施绩效评价、履约付费等工作。

4. 政府方出资代表

政府方出资代表指县级以上人民政府授权的本级地方人民政府实际控制的国有企业，与社会资本方签署项目出资协议，共同成立项目公司，代表政府行使出资义务并监督项目公司的日常工作。

5. 社会资本和社会资本方

社会资本指依法设立且有效存续的具有法人资格的企业，包括民营企业、国有企业和外商企业。社会资本通常不会直接作为PPP项目的实施主体，而会专门针对该项目成立特殊目的公司，作为PPP项目合同及项目其他相关合同的签约主体，负责项目具体实施。社会资本方是指与政府方签署PPP项目合同的社会资本或项目公司。地市级、县区级地方人民政府实际控制的国有企业（上市公司除外）不得作为本级PPP项目的社会资本方。

6. 金融机构

金融机构指政策性银行、国有银行、全国性股份制银行、地方商业银行、各类基金及社保资金和保险资金等。鼓励各类金融机构为符合条件的项目运营主体提供融资支持，也可在资本市场通过发行公司债券、企业债券、中期票据、定向票据等市场化方式进行融资。金融机构应正确识别、计量和控制风险，按照风险可控、商业可持续原则支持PPP项目融资。

7. 项目公司

项目公司指依法设立的自主运营、自负盈亏的具有独立法人资格的经营实体。项目公司可以由社会资本（可以是一家企业，也可以是多家企业组成的联合体）出资设立，也可以由政府和社会资本共同出资设立，但政府在项目公司中的持股比例应当低于50%且不具有实际控制力及管理权。

8. 咨询机构

咨询机构指接受项目所在本级政府、财政部门、实施机构等单位委托，为PPP项目全生命周期管理提供相关专业服务的机构。咨询机构接受委托，参与项目"一案两评"（项目实施方案、物有所值评价、财务承受能力评价）编制、参与金融机构可融资性测试报告编制、参与潜在社会资本市场测试报告编制、出具项目工程造价审核报告、出具项目财务数据复核报告、提供采购代理服务（如有）、参与合同编制、绩效评价指标编制、提供法律顾问服务、参与项目中期评估、参与项目财政监督、参与项目信息公开和宣传培训等。

9. 专家

专家指受地方政府、社会资本等委托，参与PPP项目相关方案设计、评估论证、人员培训等工作的PPP从业人员。

3.5.3　PPP的运作流程及合同框架

随着PPP模式的不断发展和完善，相关政策法规也在不断更新和调整。根据《基础设施和公用事业特许经营管理办法》（2024年第17号令）和《关于规范实施政府和社会资本合作新机制的指导意见》的规定，下面给出参考的运作流程与合同框架。

3.5.3.1 运作流程

1. 项目识别与准备阶段

（1）项目筛选与发起。政府根据项目需求和公众利益，筛选出适合采用PPP模式的基础设施和公用事业项目。

（2）编制项目实施方案。实施机构根据授权，参照可行性研究报告编写规范，编制特许经营方案，明确项目背景、规模、投资、收益、风险分担等内容。

（3）方案审核与批准。特许经营方案需报投资主管部门或其他有关部门审核，并根据审核意见进行修改完善，最终获得批准。

2. 社会资本选择与合同谈判阶段

（1）社会资本招募与资格预审。发布项目信息，邀请社会资本参与，并进行资格预审，筛选出符合条件的竞标者。

（2）竞争性谈判或招标。通过招标、谈判等公开竞争方式选择特许经营者，确保过程公平、公正、公开。

（3）合同谈判与签署。与选定的社会资本进行合同谈判，明确双方权利义务、风险分担、投资回报机制等关键条款，最终签署特许经营协议。

3. 项目执行与监管阶段

（1）项目融资与建设。特许经营者负责项目的融资和建设，政府及实施机构提供必要的支持和监管。

（2）运营与维护。项目建成后，特许经营者负责项目的运营和维护，提供符合质量要求的公共产品或服务。

（3）绩效监测与评估。实施机构定期对项目建设运营情况进行监测分析和绩效评价，确保项目按合同要求执行。

4. 项目移交与后评价阶段

（1）项目移交准备。特许经营期限届满或提前终止时，特许经营者需按合同要求进行项目移交准备。

（2）性能测试与评估。实施机构组织对移交项目进行性能测试和评估，确保项目资产符合移交标准。

（3）正式移交与后续监管。完成项目资产和资料的正式移交手续，政府继续对移交后的项目进行必要监管。

（4）项目后评价。对项目全生命周期进行总结和评价，为未来PPP项目提供经验和借鉴。

3.5.3.2 合同框架

此合同框架依据《基础设施和公用事业特许经营管理办法》及相关指导意见制定，旨在确保PPP项目规范运作，实现政府与社会资本的双赢合作。在合同框架中，共计十个部分，每一部分都有着至关重要的作用，共同构成了PPP项目的法律基础与操作指南。

项目基本信息部分明确项目的核心要素，为后续工作提供了清晰的指引。

特许经营权授予部分详细阐述政府与社会资本之间的合作方式、期限及范围，确保双方权益得到明确界定。

投资与融资部分是整个项目能否顺利推进的关键，详细说明了项目的资金需求、来源以及融资方式，并配套相应的担保措施，以降低融资风险，保障项目资金的安全与稳定。

建设与运营部分聚焦项目的实施与运营阶段，明确建设标准、进度要求以及质量保证措施，确保项目能够按时按质完成。同时，它对运营期间的产品或服务标准、服务质量保证以及维护要求也进行了详细规定，以保障项目能够持续稳定地为社会提供优质服务。

收益分配与风险分担部分体现了PPP项目合作共赢的理念，通过明确项目收益来源、分配机制以及政府补贴、优惠政策等支持措施，确保社会资本能够获得合理的回报。同时，通过风险识别、评估及分担机制的建立，将项目风险控制在可承受范围内，保障项目的顺利实施。

监测与评估部分强调了项目实施过程中的监督与管理，通过设定监测指标、评估方法和频率，对项目实施情况进行全面跟踪与评估。同时，通过绩效评价标准和结果应用，对项目实施效果进行客观评价，为项目后续改进提供依据。

项目移交部分明确项目移交的条件、程序、标准及要求，确保项目在合作期满或提前终止时能够顺利移交。性能测试与评估方法的制定，为项目移交提供了科学依据。而移交后的监管安排，则保障了项目移交后的持续稳定运行。

合同变更与终止部分对合同变更和终止的条件、程序及影响进行了详细规定，为合同双方提供了明确的操作指南。同时，对于提前终止合同的条件、程序及补偿安排也进行了明确规定，以保障合同双方的合法权益。

争议解决部分明确了合同履行过程中争议解决的方式和程序，为合同双方提供了有效的争议解决途径。仲裁或诉讼条款的制定，则进一步保障了合同争议解决的公正性和权威性。

最后，其他条款部分涵盖了保密条款、通知条款、违约责任、不可抗力条款以及适用法律及争议解决地等内容，为合同双方提供了全面的法律保障。这些条款的制定，旨在确保PPP项目合同的完整性和有效性，为项目的顺利实施提供坚实的法律基础。

3.5.4 PPP模式的适用范围

根据《基础设施和公用事业特许经营管理办法》（以下简称《管理办法》）和《关于规范实施政府和社会资本合作新机制的指导意见》（以下简称《指导意见》）的规定，PPP的适用范围主要集中在基础设施和公用事业领域。具体来说，这些领域包括但不限于：

（1）交通运输：包括公路、铁路、机场、港口等交通基础设施的建设和运营。

（2）市政工程：涉及城市供水、供气、供热、排水、污水处理、垃圾处理等方面的市政公用设施建设和运营。

（3）生态保护和环境治理：涵盖生态修复、环境治理、污水处理、垃圾无害化处理及资源化利用等环保项目。

（4）水利：包括水库、河道治理、防洪排涝、农田水利等水利基础设施的建设和运营。

（5）能源：涉及电力、燃气、热力等能源的生产、供应和基础设施建设。

（6）体育：体育场馆、体育设施等建设和运营，特别是那些具有公共属性的大型体育设施。

（7）旅游：旅游景区的基础设施建设、旅游服务设施及配套设施的建设和运营。

此外，《管理办法》还明确指出，商业特许经营以及不涉及产权移交环节的公建民营、公办民营等项目不属于基础设施和公用事业特许经营的范畴。这意味着，PPP 模式更侧重于那些具有公共属性和社会效益的基础设施和公用事业项目，而非纯粹的商业经营活动。同时，《指导意见》进一步强调了 PPP 项目的使用者付费特性，即 PPP 项目应主要聚焦在使用者付费项目上，明确收费渠道和方式，确保项目经营收入能够覆盖建设投资和运营成本，并获取一定的投资回报。这一规定旨在降低 PPP 项目对财政支出的依赖，提高项目的可持续性和经济效益。

综上所述，PPP 的适用范围广泛涵盖了基础设施和公用事业领域的多个方面，但具体项目是否适合采用 PPP 模式还需根据项目特性、市场需求、政策导向等多方面因素进行综合评估。

3.6　工程项目采购模式的选择

工程项目采购模式的选择主要由业主决定，而业主进行决定时往往是基于项目特点，如项目规模、项目难度，以及自身能力与偏好，如管理能力、风险偏好、进度要求、项目融资和施工过程的控制需求。

3.6.1　项目规模及难度

从项目规模和难度的角度来分析适合的工程实施和合作模式，可以考虑以下因素。

3.6.1.1　项目规模

项目规模较大，涉及多个工程阶段和专业，且有较高的综合管理需求，工程总承包（设计—建造模式）可能更为适合。在此模式下，一个总包商负责统筹项目的设计和施工，确保整个工程的一体化管理。

3.6.1.2　项目难度

项目具有较高的技术复杂性或风险水平，业主希望对项目的设计和施工过程有更强的控制力，并且愿意承担一定的项目管理风险，那么设计—管理模式可能是不错的选择。

如果业主希望简化项目管理流程，降低自身风险，并且对项目周期有较高要求，那么设计—建造模式可能更适合。

3.6.2 业主能力及偏好

从业主能力和偏好的角度来分析，可以考虑以下因素来确定适合的工程实施和合作模式。

3.6.2.1 管理能力

如果业主具备自行管理和控制项目的能力，那么可以考虑采用设计—招标—建造模式（DBB），以便更多地参与项目的设计和施工过程，实现更高程度的自主控制。

3.6.2.2 风险偏好

如果业主希望将项目风险最小化，不愿意承担过多的责任，可以考虑采用设计—建造、设计—管理或PPP模式。在这些模式下，风险主要由承包商或合作伙伴承担，业主相对较少承担风险，更专注于项目监督和结果验收。

3.6.2.3 进度要求

如果业主有较紧迫的时间要求，希望项目尽快完成，可以考虑采用CM、设计—建造或设计—管理模式，这些模式通常更能够缩短项目实施和交付的时间。

3.6.2.4 项目融资

项目的融资状况是业主必须考虑的重要因素。如果项目需要大规模融资，PPP模式可能是一个好的选择，因为它能够吸引社会资本参与，减轻业主的资金压力。

3.6.2.5 施工过程控制需求

如果业主对施工过程有较高的控制需求，希望更直接地参与项目设计和施工的控制管理，DBB模式可能更适合。在DBB模式下，业主将项目按一定特性（如按专业）分解，将设计、施工工作分包给一家设计单位和多家施工单位，分别与他们签订合同。

通过权衡这些因素，业主可以选择最适合项目需求和自身条件的采购模式，以确保项目的成功实施。

3.7 本章总结

本章深入探讨了工程项目采购管理中的多种采购模式，强调了选择适合项目需求的采购模式对项目成功的重要性。同时，也概述了工程项目采购模式选择时需综合考虑的多维度因素，包括时间进度、项目复杂度、业主管理能力、市场环境、资金限制及法律框架等，并且详细分析了多种采购模式的特点、实施步骤及其优缺点。

设计—招标—建造（DBB）模式作为传统模式，以其职责明确、竞争性强和法律基础完善著称，但存在项目周期长、变更成本高及沟通协调难等不足。CM 模式通过并行推进设计与施工，显著缩短项目周期，分为代理型 CM 和非代理型 CM，各自在合同关系和协同机制上展现不同优势。

设计—建造模式（DB 与 EPC）通过整合设计与施工，提高项目执行效率，减少变更成本，并增强业主对总成本的控制力。DB 与 EPC 在采购策略、设计深度、风险分担及适用场景上的差异，为业主提供了多样化的选择。设计—管理模式则巧妙融合了设计与施工管理的优势，提供一站式服务，满足不同业主需求。

公私合作模式（PPP）作为新型融资与管理模式，通过引入社会资本，有效缓解政府财政压力，促进基础设施与公共服务项目发展。然而，PPP 项目的成功实施依赖于严谨的项目论证、合理的风险分担机制及透明的运营监管。

每种采购模式都有其独特的内涵、优势与局限，业主在选择时需要具备战略眼光与细致分析能力，结合项目实际与自身条件，进行科学决策。工程项目采购管理模式的多样性与复杂性要求业主在决策过程中综合考虑各种因素，灵活运用合适的采购模式，以确保工程项目的顺利推进与最终成功。这些模式在国内外工程项目建设中的广泛应用与持续优化为行业进步与创新提供了宝贵经验。

思考题

1. 简述 DBB（设计—招标—建造）模式的主要优缺点，并讨论在什么情况下该模式最为适用。
2. 比较代理型 CM（CM/Agency）和非代理型 CM（CM/Non-Agency）的主要区别，并举例说明各自适用的项目类型。
3. 设计—建造（DB 与 EPC）模式相较于传统 DBB 模式，在项目效率、成本控制及风险分担上有哪些显著优势？
4. PPP 模式的核心特点是什么？为何 PPP 模式在基础设施项目中越来越受欢迎？
5. 在选择工程项目采购模式时，业主应考虑哪些主要因素？请结合实际情况，给出具体建议。

第 4 章
建设工程与建设工程合同

建设工程作为推动社会进步和提升人们生活质量的重要力量，其采购管理和合同制度的完善与否直接关系到工程的效率、质量与安全。本章将深入探讨建设工程及其合同的多重维度，包括建设工程的定义、范畴、合同类型以及与国际建设工程合同范本的比较分析，旨在为参与建设工程的各方提供全面、深入的理解与指导。

首先，本章将对建设工程的概念进行阐释，明确其在不同法规中的定义及其所涵盖的领域。接下来，细致分析建设工程合同的不同类型，包括勘察、设计、施工合同以及服务合同和供货合同，并讨论它们在实际工程中的应用和重要性。此外，还将对建设工程合同的分类进行系统梳理，依据合同内容、计价方式和承包范围等不同标准进行划分，以帮助各方更好地理解合同结构和适用场景。最后，引入国际视野，介绍 FIDIC 合同系列、美国 AIA 合同范本、NEC 合同条件等国际建设工程合同范本，并着重分析 FIDIC 合同条件与中国建设工程合同的差异与联系，以及在中国市场的适用性和可能面临的挑战。通过比较国内外的合同范本，旨在为读者提供一个宏观的视角，以理解不同法律文化背景下的合同精神和实践。

4.1 建设工程

建设工程作为一个综合性概念，在《建设工程质量管理条例》[①]与《建设工程安全生产管理条例》[②]中被明确定义为涵盖土木工程、建筑工程、线路管道和设备安装工程及装修工程等多个领域的综合体系。这一定义不仅体现了建设工程的多样性，也凸显了其复杂性与系统性。

4.1.1 广义与狭义的土木工程

土木工程，作为建设工程的重要组成部分，其定义具有广义与狭义之分。广义而言，

[①] 《建设工程质量管理条例》第二条：本条例所称建设工程，是指土木工程、建筑工程、线路管道和设备安装工程及装修工程。
[②] 《建设工程安全生产管理条例》第二条：本条例所称建设工程，是指土木工程、建筑工程、线路管道和设备安装工程及装修工程。

依据《学位授予和人才培养一级学科简介》[①]，土木工程是构建各类工程设施的科学技术集合体，它广泛涵盖了地上、地下、水中的各类工程设施，以及这些设施在设计、施工、材料应用、保养维修等各个环节所需的技术支持。这一范畴几乎囊括了所有与工程建造相关的科学技术，如建筑工程、桥梁工程、水利工程等，均被视为广义土木工程的一部分。

而狭义上的土木工程，则更加聚焦具体的工程类型，如《建设工程质量管理条例释义》中所述，包括矿山、铁路、公路、隧道、桥梁、堤坝、电站、码头、飞机场、运动场、营造林、海洋平台等工程。这些工程类型因其特定的功能、规模及技术要求，成为土木工程领域内的典型代表。本书所探讨的土木工程，正是基于这一狭义理解。

4.1.2　建筑工程的特定范畴

建筑工程，作为建设工程的另一大支柱，特指房屋建筑工程。这类工程以形成内部空间为主要目标，通过顶盖、梁柱、墙壁、基础等结构元素的组合，构建出满足人们生产、生活及公共活动需求的工程实体。从厂房、剧院到旅馆、商店，再到学校、医院和住宅，各类房屋建筑工程构成了城市与乡村的基本面貌，是人们日常生活不可或缺的一部分。

4.1.3　线路管道与设备安装工程

线路管道和设备安装工程是建设工程中技术含量较高的一个分支。它涵盖了电力、通信、石油、燃气、给水、排水、供热等多个行业的管道系统建设，以及各类机械设备装置的安装调试。这些工程不仅要求高度的技术精度，还需确保系统的安全稳定运行，以支撑现代社会的正常运转。

4.1.4　装修工程

装修工程，作为建筑工程的后期环节，其重要性不容忽视。它通过对建筑物内外空间的美化、舒适化改造，以及使用功能的增加，显著提升了建筑物的整体品质和价值。无论是商业空间的精致装修，还是住宅环境的温馨布置，装修工程都以其独特的艺术性和实用性，为人们的生活带来了更多便利与享受。

建设工程是一个跨越多个行业、涵盖多个领域的综合性概念。它不仅包括了土木工程、建筑工程、线路管道和设备安装工程、装修工程等具体工程类型，还涉及了新建、

[①] 为配合《学位授予和人才培养学科目录（2011年）》的实施，国务院学位委员会第六届学科评议组编写了《学位授予和人才培养一级学科简介》（以下简称《简介》）。《简介》是对各学科的概况、内涵、范围和培养目标等进行界定和规范，为学位授予单位加强学科建设、制定培养方案和开展学位授予等工作提供参考，为各级教育行政部门开展学科管理提供依据，为社会各界了解我国学科设置、学生报考研究生、开展国际学术交流提供方便。

改建、扩建及其相关装修、拆除、修缮等全生命周期的管理活动。这种广泛覆盖与综合性，使得建设工程成为推动社会经济发展、改善人民生活条件的重要力量。本书所指建设工程，正是基于这一全面而深入的理解。

4.2 建设工程合同的概念

根据《中华人民共和国民法典》（以下简称《民法典》）"合同编"第七百八十八条，建设工程合同是承包人进行工程建设，发包人支付价款的合同。建设工程合同包括工程勘察、设计、施工合同。

工程勘察合同，是指发包人与勘察人就完成建设工程地理、地质状况的调查研究工作而达成的协议。

工程设计合同，是发包人与设计人就完成建设工程项目的设计工作而达成的协议。根据设计工作的具体范围、深度和要求，分为初步设计和施工图设计两个阶段。

工程施工合同，是指承包人按照施工图纸和技术要求，完成工程建设任务，而发包人则根据合同约定支付工程价款的合同。

从《中华人民共和国招标投标法》[①]（以下简称《招标投标法》）及《中华人民共和国招标投标法实施条例》[②]（以下简称《招标投标法实施条例》）的角度来看，建设工程合同不仅涵盖了传统的工程勘察、设计、施工合同，还明确包括了服务合同和供货合同。这一界定有助于规范建设工程领域的招投标行为，确保项目的公开、公平、公正竞争。

根据《招标投标法实施条例》，服务合同是指与工程建设有关的服务，具体而言，这些服务是为了完成工程所必需的，如勘察、设计、监理等。值得注意的是，勘察合同和设计合同不仅在《民法典》"合同编"中已被明确为建设工程合同的一部分，而且在《招标投标法实施条例》中被归类为与建设工程有关的服务合同。这意味着，这些服务的采购过程也需要遵循招投标制度的规定，以确保透明度和竞争性。

监理合同作为服务合同的一个重要组成部分，在《民法典》"合同编"中并未直接提及，但在《招标投标法实施条例》中得到了明确规定。监理合同是建设单位与监理单位之间就工程建设监理事项签订的明确双方责任、权利及义务的协议。监理单位受建设单位委托，依国家批准的工程项目建设文件、有关工程建设的法律法规和工程建设监理合同及其他工程建设合同，对工程建设实施监督管理。因此，监理合同的招投标同样受到法律的严格监管。

供货合同则是指与工程建设有关的材料和设备采购合同。这些货物通常构成工程不

[①]《中华人民共和国招标投标法》第三条规定，"在中华人民共和国境内进行下列工程建设项目包括项目的勘察、设计、施工、监理以及与工程建设有关的重要设备、材料等的采购，必须进行招标"。

[②]《中华人民共和国招标投标法实施条例》第二条规定，"……所称与工程建设有关的服务，是指为完成工程所需的勘察、设计、监理等服务"。

可分割的组成部分，且为实现工程基本功能所必需。例如，钢筋、水泥、管道、电气设备等都属于此类。供货合同的签订和执行对于保证工程质量、进度和成本控制具有重要意义。同样，与工程建设有关的货物采购也需要遵循招投标制度，以确保采购过程的透明度和公正性。

结合《民法典》和《招标投标法》及其实施条例的解释，可以清晰地看到，建设工程合同的范畴已经远远超出了传统的工程勘察、设计、施工合同。它还包括服务合同和供货合同两大类，其中服务合同又涵盖了勘察、设计、监理等多个方面。这一界定不仅有助于规范建设工程领域的合同行为，也为招投标制度的实施提供了明确的法律依据。同时，也反映了建设工程领域的复杂性和多样性，要求各方在合同签订和执行过程中更加谨慎和细致。

4.3　建设工程合同分类

4.3.1　按合同内容分

如前所述，建设工程可能涉及多个领域和专业、不同的服务，内容往往有特定的要求。按合同内容分类可以确保每个专业领域的责任和要求得到准确定义，提高履行合同约定责任的效率。同时，不同的合同内容涉及不同的风险，按内容划分合同可以明确各方在承担风险方面的界限和分担。此外，不同的合同内容可能有不同的服务范围和交付要求，按内容分合同有助于明确每个服务的具体范围、目标和交付时间，并有利于进行合同履行情况的控制和评估。

4.3.1.1　建设工程勘察合同

建设工程勘察合同是委托方与承包方为完成特定勘察任务而订立的协议，用以明确双方的权利、义务和责任。此类合同通常涉及建设单位委托勘察单位对工程项目进行勘察、测量等技术活动。它是建设项目进行前期工作的重要环节，旨在确保项目的可行性和可靠性，并为工程设计提供基础信息。勘察合同规定了双方的权益、义务、工作内容、费用报酬以及合同履行的方式和期限等关键要素。同时，合同还涉及勘察工作的技术标准、质量和报告要求，以确保勘察结果的准确性和合法性。

4.3.1.2　建设工程设计合同

建设工程设计合同是指委托方与承包方为完成特定的设计任务，明确各自权利义务关系而订立的合同。此类合同通常涉及建设单位委托设计单位对工程项目进行设计和绘图等技术活动。该合同规定了双方的权利、义务、工作内容、费用报酬以及合同履行的方式和期限等关键要素。设计合同是建设项目的重要环节，它为项目的实施提供了具体的设计方案和技术支持。

4.3.1.3　建设工程施工合同

建设工程施工合同是指发包方（建设单位）和承包方（施工单位）为完成商定的施工工程，明确各自权利、义务的协议。依照施工合同，施工单位应完成建设单位交给的施工任务，建设单位应按照规定提供必要条件并支付工程价款。建设工程施工合同是承包方进行工程建设施工，发包方支付价款的合同，是建设工程的主要合同，同时也是工程建设质量控制、进度控制、投资控制的主要依据。

4.3.1.4　与建设工程相关的服务合同

与建设工程相关的服务合同用于规定各方在建设工程项目中提供专业服务的权利、义务和责任。这类合同通常是建设单位与各类专业服务提供商之间达成的协议，以确保项目按照规定要求进行，保证工程质量和时间进度，并明确各方的权益与责任。前文所提到的建设工程勘察合同、设计合同就属于服务合同，除此之外，建设工程中还牵涉以下一些服务合同。

1. 监理服务合同

建设单位与监理单位之间的合同，委托监理单位对工程施工过程进行监督、检验和验收等工作，并确保工程按照设计要求和合同约定进行。

2. 工程管理咨询合同

建设单位与建筑工程管理咨询公司之间的合同，委托咨询公司提供建设项目的管理和咨询服务，包括项目管理、进度控制、质量管理、成本控制、风险管理、合同管理、沟通协调等。

3. 质量检测与检验合同

建设单位与质量检测检验机构之间的合同，委托机构对建设工程进行质量检测、验收，确保工程质量符合相关标准和要求。

4. 保险合同

建设单位与保险公司之间的合同，为建设项目提供相应的保险保障，包括建筑工程一切险、安装工程一切险、工程质量保证险、工程设计职业责任险、建筑意外伤害险等。

4.3.1.5　与建设工程相关的货物合同

在建设工程项目中，为了确保项目的顺利进行，需要使用大量的货物和材料，如钢材、水泥、设备等。建设工程相关的货物合同是指在建设工程项目中，建设单位与供应商（或承包商与供应商）之间签订的一种合同，主要用于购买和供应工程所需的各类货物和材料。货物合同的签订可以确保工程所需的货物供应得到保障，避免因供应不足或质量不过关而对工程进度和质量产生影响，确保货物供应的稳定性，保证工程项目的顺利进行。货物合同中的质量保证条款可以确保所购买的货物符合项目的质量标准和要求，减少质量风险和后续纠纷的发生。同时，合同中规定的违约责任也可以促使供应商或承包商加强质量控制和风险管理的意识。这类合同可以使建设单位合理控制项目的成本，并避免不必要的经济损失。同时，合同中的条款变更和解除机制能够应对项目需求的变化，灵活调整供应计划。总体而言，货物合同的签订对于保障工程的进度、质量和风险控制具有重要的作用，对各方的合作关系和项目的顺利进行起到至关重要的作用。

4.3.2 按合同计价方式分

在建设工程合同中，支付工程款是发包人的重要义务，工程款给付请求权是承包人最基本的权利。建设工程施工合同纠纷很多是发包人与承包人对工程款产生争议，而工程款计价方式与方法是影响工程款的关键因素。不同工程类型和性质选择合适的计价方式，以满足项目复杂性和特殊性的要求。不同的计价方式对工程项目的成本控制和风险分担有很大影响，按计价方式划分合同可以明确各方在成本方面的责任和义务，以加强合同的公平性和合理性。

4.3.2.1 总价合同

总价合同是指根据合同规定的工程内容和有关条件，业主应付给承包商的款额。它是一个规定的金额，即明确的总价。双方约定的总价款应包括所有与工程相关的费用，如人工费、材料费、设备费、管理费、税费等。总价合同也称作总价包干合同，即根据招标时的要求和条件，当工作内容和有关条件不发生变化时，业主付给承包商的价款总额就不发生变化。总价合同一般会设立变更控制机制，确保对工程范围的变更进行合理管理。如果工程变更导致总价款发生变化，双方需要进行协商和签订书面补充协议，明确变更后的总价款金额。

1. 固定总价合同

采用固定总价合同，合同总价只有在设计和工程范围有所变更的情况下才能随之做相应的变更，除此之外，合同总价是不能变动的。因此，作为合同价格计算依据的业主要求、图纸及规定、规范应对工程作出详尽的描述。采用固定总价合同，承包方要承担实物工程量、工程单价、地质条件、气候和其他一切客观因素造成亏损的风险。

固定总价合同适用于以下情况：工程量小、工期短且预计环境因素在施工过程中变化较小，工程条件稳定并合理；工程设计详细，图纸完整、清楚，工程任务和范围明确；工程结构和技术简单，风险小；投标期相对宽裕，承包商可以有充足的时间详细考察现场、复核工程量，分析招标文件，拟定施工计划；施工图设计已审查批准。

2. 变动总价合同

变动总价合同又称为可调总价合同，合同价格是以图纸及规定、规范为基础，按照时价进行计算，得到包括全部工程任务和内容的暂定合同价格。它是一种相对固定的价格，在合同执行过程中，通货膨胀等导致所使用的工、料成本增加时，可以按照合同约定对合同总价进行相应的调整。当然，一般由于设计变更、工程量变化和其他工程条件变化所引起的费用变化也可以进行调整。因此，通货膨胀等不可预见因素的风险由业主承担，对承包商而言，其风险相对较小，但对业主而言，不利于其进行投资控制，投资的风险就增大了。

4.3.2.2 单价合同

单价合同也被称为"单价不变合同"，由合同确定单位工程量的单价，在合同有效期间原则上不变，并作为工程结算时所用单价；而工程量则按实际完成的数量结算，即量变价不变合同。单价合同表式中，通常包括有单价一览表，发包单位只在表中列出分项工程名目，一般不列其工程量。投标人在填报时，逐项报出单价；有时招标人已在单价一览表上填有单价，则要求投标人相应填报逐项单价增减的百分比。单价合同形式被国际承包市场广为采用。单价合同也可以分为固定单价合同和可调单价合同。

1. 固定单价合同

固定单价合同是经常采用的合同形式，特别是在设计或其他建设条件（如地质条件）还不太明确的情况下（计算条件应明确），以后可能需要增加工程内容或工程量时，可以按单价适当追加合同内容。在每月（或每阶段）工程结算时，根据实际完成的工程量结算，在工程全部完成时以竣工图的工程量最终结算工程总价款。

2. 可调单价合同

合同单价可调，一般是在工程招标文件中规定。在合同中签订的单价，根据合同约定的条款，如在工程实施过程中物价发生变化等，可作调整。有的工程在招标或签约时，因某些不确定因素而在合同中暂定某些分部分项工程的单价，在工程结算时，再根据实际情况和合同约定对合同单价进行调整，确定实际结算单价。

单价合同适用于工程项目范围和设计相对灵活，难以提前确定总价的情况。它允许根据工程实际需求和变更进行费用计算和调整。同时，单价合同可以提供透明度和可追溯性。通过明确的工作量测量和单价计算，双方可以清楚地了解费用的来源和计算依据。另外，相比于总价合同，单价合同可以将风险分担到各方。而且在招标前，发包单位无须对工程范围做出完整的、详尽的规定，从而可缩短招标准备时间，投标人也只需对所列工程内容报出单价，从而缩短投标时间。

但单价合同中，费用计算依赖于准确测量的工程量或材料数量，如果测量出现误差，可能导致费用计算的不准确。如果工程项目中出现频繁的变更，就需要进行额外的工作量计算和单价调整，这会增加合同管理的复杂性和纠纷的风险。另外，用于计算应付工程款的实际工程量易超过预测的工程量，即实际投资容易超过计划投资，则对投资控制不利。

4.3.2.3 成本加酬金合同

成本加酬金合同，是由业主向承包人支付实际发生的合理成本，并按照约定的方式支付一定的管理费、利润和奖金作为酬金。工程最终合同价格按承包商的实际成本加一定比例的酬金计算，而在合同签订时不能确定一个具体的合同价格，只能确定酬金的比例。与传统的固定总价合同不同，成本加酬金合同的酬金是根据实际成本进行计算的。

成本加酬金合同有许多种形式，主要有成本加固定比例费用合同、成本加固定费用合同、成本加奖金合同、最大成本加费用合同。成本加酬金合同适用于以下一些情况：

研发或创新项目。对于涉及研发或创新性工作的项目，通常很难事先确定具体的工作范围和成本。成本加酬金合同为承包商提供灵活性，根据实际成本计算酬金，从而更好地适应需求的变化和项目的不确定性。

可变工作范围项目。在某些项目中，工作范围可能会随着项目的进行而变化。成本加酬金合同允许业主和承包商根据实际工作量调整酬金和费用，避免工作范围变化导致的争议。

需要高度透明度和可追溯性的项目。成本加酬金合同增加了实际成本的透明度，允许业主审查和核实每项成本，确保费用的合理性和合规性。这适用于需要确保资源使用合规性的项目，如政府或监管严格的行业的项目。

紧急或突发项目。在紧急或突发情况下，很难进行准确的预算和资源规划。成本加酬金合同可以提供快速启动项目的机制，同时确保承包商能够获得合理的酬金。

需要高质量和高技术水平的项目。一些项目需要高度专业化的技术和高质量的成果。成本加酬金合同可以为承包商提供适当的激励，以投入更多资源和努力，达到高质量和高技术要求。

4.3.2.4 案例分析

案例 4-1：崂山某建筑公司诉城阳某集团支付工程款案[①]

案例背景：

2013 年 3 月，城阳某集团公司（以下称"发包方"）与崂山某建筑公司（以下称"承包方"）签订了一份钢结构工程分包合同。合同中明确约定，该钢结构工程由承包方在合同签订后 2 个月内独立完成，且工程款采用固定总价的方式确定，即一次性包死，不再因工程量或其他因素调整。然而，在工程建设过程中，发包方强行要求承包方退场，导致合同提前解除。双方就已完成部分的工程款支付产生了纠纷，承包方认为发包方根本违约，要求按照工程定额重新计算已完工程款，而非合同约定的固定总价。

案例分析：

本案的核心在于探讨建设工程施工合同中不同计价方式（特别是固定总价方式）在合同解除后的法律效力及工程款结算问题。合同约定的计价方式：本案中，双方明确约定采用固定总价作为工程款的计价方式。这种计价方式意味着无论工程实际发生何种变化，工程款总额均保持不变，除非合同中有特别约定。固定总价方式有助于明确双方的权利义务，减少因工程量变化引起的争议。

合同解除的原因：合同解除的原因在于发包方的根本违约行为，即强行要求承包方退场。然而，发包方的违约行为并不影响合同中结算条款的效力。

结算条款的效力：根据《民法典》的相关规定，合同的权利义务关系终止，不影响合同中结算和清理条款的效力。因此，尽管合同因发包方违约而解除，但双方约定的固

[①] http://qdzy.sdcourt.gov.cn/qdzy/spgk66/sszy16/spzdyj/dxxal/8408379/index.html。

定总价计价方式作为结算条款仍然有效。

工程款结算方式：一审法院采用了工程量折算的方式来确定已完成的工程款，即以双方约定的固定总价为基数，按照已完成工程量占全部工程量的比例进行折算。这种方式既尊重了合同约定的计价方式，又公平地反映了承包方已完成的工程量。二审法院维持了一审法院的判决，进一步确认了固定总价计价方式在合同解除后的法律效力。

案例启示：

建设工程施工合同的当事人应当高度重视合同约定的计价方式，因为它直接关系到工程款的确定和结算。在签订合同时，双方应充分协商并明确约定计价方式及其调整规则。

4.3.3　按承包范围分

鉴于众多工程项目的庞大规模与高度复杂性，它们通常跨越多个专业领域并涉及多方工程分包商。在某些情况下，业主可能因项目管理能力的局限、资源或经验的不足，难以有效管理此类复杂的工程项目。因此，采用总承包模式成为一种有效的解决方案，该模式将项目管理的核心职责转移至总承包商。总承包商负责项目的整体规划、组织安排、协调推进及具体实施，通过统一的项目管理体系，确保项目整体运行的高效性与质量水准。

依据总承包合同的条款或经建设单位批准，总承包单位有权将项目中的特定专业性工程分包给具备相应资质的专业建筑企业，或将其劳务作业部分委托给合格的劳务分包企业执行。这一做法在建设工程领域极为常见，它促使了包括总承包与各类分包企业在内的多方参与。

根据承包范围细分合同，我们可以将工程项目明确划分为不同的分包范畴，进而清晰界定各参与方的职责范围与工作任务，有效防止任务重叠与责任不明的问题。此举还有助于优化各承包商与供应商之间的协作流程，提升工程进度管理、质量控制、成本节约与安全保障的综合效能。

4.3.3.1　工程总承包合同

工程总承包合同是项目承包人与项目发包人签订的对建设项目的设计、采购、施工和试运行实行全过程或若干阶段承包的合同[①]。在工程总承包合同中，总承包商负责协调和管理工程项目的整体工作流程，包括勘察设计、材料采购、施工安装、质量控制、安全管理等各个环节。签订工程总承包合同后，总承包商应当建立起与工程总承包项目相适应的项目管理组织，并行使项目管理职能，实行项目经理负责制；应结合项目特点，根据合同和工程总承包企业管理的要求，做好项目策划，明确项目目标和工作范围，分析项目风险以及采取的应对措施，确定项目各项管理原则、措施和进程；完成项目设计管理、项目采购管理、项目施工管理、项目试运行管理、项目风险管理、项目进度管理、

[①] 《建设项目工程总承包管理规范》（GB/T 50358-2017）2.0.1 条：工程总承包依据合同约定对建设项目的设计、采购、施工、试运行实行全过程或若干阶段的承包。

项目质量管理、项目费用管理等一系列工作。

工程总承包合同的优势在于整合项目的各个方面，简化了业主的管理工作，提高了工程项目的效率和协调性，有利于提高全面履约能力，确保工程质量和工期的达成。同时，总承包商通常具备丰富的经验和专业知识，能够在工程项目的各个方面提供专业的建议和指导。

工程总承包合同在优化资源配置方面也具有重要意义。首先业主方可以摆脱工程建设过程中的烦琐事务，避免人员和资金的浪费，无须过多参与具体施工细节，可以将项目的设计、施工、分包管理等工作委托给总承包商完成。这样可以更有效地利用业主的资源，避免资源的零散分配和浪费。其次，总承包方能够减少变更、争议、纠纷和索赔等问题的发生，使资金、技术和管理在各个环节之间更加紧密衔接。由总承包商负责整个工程项目的协调和管理，可以更好地控制各个环节之间的关系，减少潜在的冲突和摩擦，从而提高资源的利用效率。

此外，工程总承包模式有利于控制工程造价，并提升招标层次。通过强化设计责任和采用概念设计与价格的双重竞标，可以杜绝投资无底洞的现象。同时，整体发包可以降低招标成本，提高资源的利用效率。

4.3.3.2　施工总承包合同

施工总承包合同是建筑工程发包方将全部施工任务发包给具有相应资质条件的施工总承包单位的合同。双方订立的施工总承包合同通常采用固定总价合同形式，除发包人确认的工程变更、价格调整和索赔款项外，合同价格一般不做调整。这种合同类型通常适用于大型或复杂的建筑工程项目，如高层建筑、大型商业综合体、工厂设施等。

在施工总承包合同中，承包商通常担任项目施工的总负责人，负责协调和监督施工、采购、设备安装、质量检查、项目管理和子承包商的工作等。承包商通常需要制定详细的施工计划，并保证按计划完成工作。在签署施工总承包合同之前，业主通常会对承包商进行评估，以确保其有足够的经验和能力来完成项目。同时，承包商也会对项目进行评估，以确定其能否满足业主的需求。这些评估有助于确保项目能够按照计划进行，并达到预期的目标。

施工总承包合同将整个项目施工的管理和协调任务委托给一家承包商，减轻了业主的管理负担，使他们能够集中精力于其他方面的工作。承包商作为施工总包方，负责协调和管理各个分包商，确保工程进度和质量能够统一协调，减少施工过程中的沟通和合作问题，降低沟通成本。同时，承包商在施工总承包合同中承担了项目施工的整体责任，包括工程质量、工期和费用，有助于提高项目的执行效率和质量。而且通过施工总承包合同，业主可以更好地控制项目费用，因为所有的分包工程和成本都由承包商统一管理和控制，避免了费用的分散和重复投入。

不过由于承包商负责整个项目施工，业主可能会失去一部分对施工过程的直接控制力，需要依赖承包商的管理和执行能力。如果承包商无法有效管理和协调分包商，或者与分包商之间存在合作问题，可能会导致工程进度延误、工程质量受损等问题。并且，在施工总承包合同中，处理项目变更可能会更加复杂，需要双方在变更管理方面进行协商和协调，以减少争议和纠纷。

4.3.3.3　专业工程分包合同

专业工程分包是指建设工程总承包单位（工程总承包单位或施工总承包单位）根据总承包合同的约定或者经建设单位的允许，将承包工程中的专业性较强的专业工程发包给具有相应资质的其他单位完成的活动。在进行专业工程合同分包时需要注意的是，《中华人民共和国建筑法》（简称《建筑法》）第二十八条规定："禁止承包单位将其承包的全部建筑工程转包给他人，禁止承包单位将其承包的全部建筑工程肢解以后以分包的名义分别转包给他人。"第二十九条规定："建筑工程总承包单位可以将承包工程中的部分工程发包给具有相应资质条件的分包单位；但是，除总承包合同中约定的分包外，必须经建设单位认可。施工总承包的，建筑工程主体结构的施工必须由总承包单位自行完成。建筑工程总承包单位按照总承包合同的约定对建设单位负责；分包单位按照分包合同的约定对总承包单位负责。总承包单位和分包单位就分包工程对建设单位承担连带责任。禁止总承包单位将工程分包给不具备相应资质条件的单位。禁止分包单位将其承包的工程再分包。"

专业工程分包合同的合同关系主要有以下几种。

1. 业主与专业工程承包商直接签订合同

业主直接与专业工程承包商签订合同，承包商负责设计、施工、安装和调试专业工程，并向业主提供服务。业主对专业承包商进行独立的合同管理和监管，自己负责协调、检查和验收工程的各个方面。

2. 业主与总承包商签订合同，总承包商负责分包专业工程

业主与总承包商签订合同，总承包商再以自身名义与专业工程承包商签订分包合同。总承包商对专业工程质量、进度和安全技术要求负责，并对分包单位进行协调、管理和监督。

3. 业主与总承包商签订暂估价专业工程分包合同

对于总承包项目中含暂估价且达到法定招标规模的专业工程，当建设单位作为招标人依法组织招标时，总承包商在具备相应资质且招标程序公正的前提下，可参与投标。中标后，总承包商与业主签订独立的专业工程分包合同，形成与总承包合同并行的合同关系，并承担该专业工程的全部实施责任。

4.3.3.4　劳务分包合同

劳务分包合同，是指总承包企业或者专业承包企业将其承包工程中的劳务作业发包给劳务分包企业完成的合同类型。在这种合同中，总承包商通常负责管理整个建筑工程项目，根据需要将一部分劳务内容分包给特定的劳务分包商，并向他们支付相应的费用，劳务分包商负责完成分包的工作任务。

劳务分包与专业工程分包最核心的区别就在于分包合同的内容或者标的不同，两者涵盖的范围有明显的区别。劳务分包的内容仅仅为工程施工中的劳务作业部分。专业工程分包则包含完成专业工程的所有工作，包括提供专业技术、管理、材料的采购等。专业工程分包的内容一定包含劳务内容，劳务分包在专业工程范围内只是专业工程分包内容的一部分。专业工程分包不得将专业工程本身再分包，但是可以将其承包的专业工程施工中的劳务作业分包给劳务分包企业。劳务分包企业不得将其承包的劳务作业再分包或者转包。

目前，我国的法律法规对建筑工程的劳务分包并没有详尽的规定，仅有如《建筑业企业资质管理规定》和《最高人民法院关于审理建设工程施工合同纠纷案件适用法律问题的解释（一）》[①]涉及一些劳务分包的相关规定。

4.4　我国建设工程合同范本

建设工程是一个复杂的过程，涉及多个参与方和各种利益相关者。建设工程合同往往涉及大量资金和复杂的工程过程，容易引发争议和纠纷。为了统一规范、保护各方权益、减少争议和纠纷，并提高效率和透明度，国家各部委或很多地方部门都编制了合同范本。

建设工程合同示范文本是一种标准格式的合同文本。它为建设工程合同的制定提供了一个基准和参考，有助于确保合同的合法性、可执行性和公正性。它通常由法律专家、建设领域专家和相关行业协会等制定，并根据当地法律法规的要求进行调整。建设工程合同示范文本仅供参考使用，具体的建设工程合同应根据当地法律法规和具体项目要求进行定制，并经过双方充分讨论和协商后达成一致。本小节介绍国内主要的建设工程合同范本。

4.4.1　国家发展改革委标准文件系列

中华人民共和国国家发展和改革委员会编制了一系列标准文件，旨在规范工程建设和公共资源交易项目等领域的合同行为，保障各方合法权益，提高合同履行效率和质量。

标准招标文件在工程建设、公共资源交易等领域具有广泛适用性和较高权威性，是招标文件编制的纲领。其中合同条款及格式的规范化和标准化，有助于保障建设项目和公共资源交易项目的风险可控性，防范和化解法律纠纷，提高合同履行效率和质量。

2007年11月，九部委联合发布《〈标准施工招标资格预审文件〉和〈标准施工招标文件〉试行规定》（发展改革委令2007年第56号）[②]，首次在政府投资项目中试行。2013

---

① 《最高人民法院关于审理建设工程施工合同纠纷案件适用法律问题的解释（一）》，https://flk.npc.gov.cn/detail2.html?ZmY4MDgwODE3N2U3NTdhYzAxNzgwMDZmMGVmZTFiNTU%3D。
② 《标准施工招标资格预审文件》和《标准施工招标文件》试行规定，https://www.ndrc.gov.cn/xxgk/zcfb/fzggwl/200712/t20071221_960708.html。

年3月九部委进行修订，发布《〈标准施工招标资格预审文件〉和〈标准施工招标文件〉暂行规定》[①]，将适用范围扩大至所有依法必须招标的工程建设项目。根据该体系要求，国务院有关行业主管部门可根据《标准施工招标文件》并结合本行业施工招标特点和管理需要，编制行业标准施工招标文件。在此基础上，交通运输部、水利部、住建部、工信部、民航局相继推出了各自领域的标准文件。

2011年12月20日，九部委联合发布《简明标准施工招标文件》（2012年版）和《标准设计施工总承包招标文件》（2012年版）[②]。简明标准文件完善了标准文件的体系，适用于依法必须进行招标的工程建设项目，工期不超过12个月、技术相对简单，且设计和施工不是由同一承包人承担的小型项目，其施工招标文件应当根据《简明标准施工招标文件》（2012年版）编制；设计施工一体化的总承包项目，其招标文件应当根据《标准设计施工总承包招标文件》（2012年版）编制。

2017年9月4日，九部委联合编制并发布《标准设备采购招标文件》《标准材料采购招标文件》《标准勘察招标文件》《标准设计招标文件》《标准监理招标文件》，适用于依法必须招标的与工程建设有关的设备、材料等货物项目和勘察、设计、监理等服务项目[③]。下面以《标准施工招标文件》为例进行介绍。

4.4.1.1 招标公告

《标准施工招标文件》的招标公告分三种类型：招标公告（未进行资格预审）、投标邀请书（适用于邀请招标）、投标邀请书（代资格预审通过通知书）。

以上三种类型与我国现行的公开招标与邀请招标的方式相对应，也与标准文件中的《标准施工招标资格预审文件》协调。招标公告采用统一的格式，简明扼要且内容全面，使用单位只需将项目具体内容填在空白线上即可完成。采用统一格式的招标公告，大大减少了招标人或招标代理机构的工作量，提高了招标公告编制的效率和质量。

4.4.1.2 投标人须知

投标人须知由投标人须知前附表和投标人须知正文组成。投标人须知前附表是标准文件的特色，进一步明确了投标人须知正文中的未尽事宜，内容简单清楚。投标人须知正文是招标文件中可修改部分，其经招标人确认的条款在招投标过程中应无条件引用。

4.4.1.3 评标办法

评标办法规定了经评审的最低投标价法和综合评估法两种评标方法，供招标人根据招标项目具体特点和实际需要选择使用。各评标办法均由评标办法前附表和评标办法正文组成，评标办法前附表详细列出了每一步的评审因素和评审标准。评标办法正文是招

[①] 《标准施工招标资格预审文件》和《标准施工招标文件》暂行规定，http://www.mwr.gov.cn/zw/zcfg/bmgz/201707/t20170714_960253.html。
[②] 关于印发简明标准施工招标文件和标准设计施工总承包招标文件的通知，https://zfxxgk.ndrc.gov.cn/web/iteminfo.jsp?id=19785。
[③] 关于印发《标准设备采购招标文件》等五个标准招标文件的通知，https://www.ndrc.gov.cn/xxgk/zcfb/tz/201709/t20170912_962555.html。

标文件中可修改部分。评标办法细化了初步评审和详细评审的项目内容，评标程序进一步合理，评审项目进一步完善。

4.4.1.4 合同条款及格式

合同条款及格式是《标准施工招标文件》中篇幅最多的部分，包括了通用合同条款、专用合同条款和合同协议书等内容。通用合同条款是指在合同中常见且适用于多个合同领域或类型的标准条款。这些条款通常是为了简化合同起草过程、提高效率、确保合同的一致性和可执行性而设计的。通用合同条款提供了一系列标准化的法律规定，旨在保护各方的权益并规范双方之间的交易和合作关系，是招标文件中的不可修改部分，在招投标过程中应无条件引用。

通用合同条款主要包括如下的一些内容：

（1）定义和解释：明确合同中所使用的术语、定义以及一些基本约定，以避免因理解差异而引起的争议。

（2）权利和义务：包括发包人、承包人、监理人的各项权利义务，比如发包人应当提供的施工现场、施工条件和基础资料，承包人的现场查勘和工程照管与成品、半成品保护等。

（3）材料、设备及设施：约定发包人和承包人分别应该提供的材料和设备，材料和设备的保管，质量要求等。

（4）交通运输及测量放线：包括出入施工场地的专用和临时道路的通行权的取得和测量所需的基准点、基准线和水准点及其书面资料的提供等。

（5）安全文明施工和保险责任：规定施工过程中的安全责任、环境保护，和发承包双方购买相关保险的范围和责任。

（6）工程进度：约定工程的进度安排和工期要求，编写施工组织设计，划分工程延误责任，确保工程按时完成。

（7）工程质量：包括质量要求、质量保证措施、隐蔽工程检查、不合格工程的处理、质量争议检测。

（8）合同价格和支付方式：约定合同价格、支付方式、付款时间和价格调整。

（9）竣工验收和质量保修：规定工程竣工验收的程序与标准，并对施工质量的保修期限和责任进行约定。

（10）变更和索赔事项：约定工程变更的程序、索赔的条件和处理方式。

（11）违约责任和争议解决：约定双方在合同违约情况下的责任承担，以及争议解决的方式和程序。

另外，各部委还根据不同领域的需要制定了相应的标准文件配套部分，重点对"专用合同条款""工程量清单""图纸""技术标准和要求"作出具体规定，通过规范化和标准化合同，有助于保证合同风险的可控和防范法律纠纷的发生。以下是各部委的标准合同文件的简单介绍：

交通运输部：2009年5月11日，根据《〈标准施工招标资格预审文件〉和〈标准施工招标文件〉试行规定》，结合公路工程施工招标特点和管理需要，交通运输部组织制定了《公路工程标准施工招标资格预审文件》（2009 年版）和《公路工程标准施工招标文件》（2009 年版），并于 2017 年 11 月 30 日发布了《公路工程标准施工招标文件》（2018 年版）及《公路工程标准施工招标资格预审文件》（2018 年版）[①]。

水利部：2009 年 12 月 29 日，根据《〈标准施工招标资格预审文件〉和〈标准施工招标文件〉试行规定》，结合水利水电工程特点和行业管理需要，组织编制了《水利水电工程标准施工招标资格预审文件》（2009 年版）和《水利水电工程标准施工招标文件》（2009 年版）[②]。

住建部：2010 年 6 月 9 日，根据《〈标准施工招标资格预审文件〉和〈标准施工招标文件〉试行规定》，住建部制定了《房屋建筑和市政工程标准施工招标资格预审文件》和《房屋建筑和市政工程标准施工招标文件》[③]。

4.4.2 住建部示范合同文本系列

住建部编制了建设工程合同示范文本，以规范建设工程合同纠纷解决机制，保障建设工程的质量、安全和合法合规性。这些文本包括《建设工程总承包合同（示范文本）》《建设工程勘察合同（示范文本）》《建设工程施工合同（示范文本）》《建设工程设计合同（示范文本）》《建设工程监理合同（示范文本）》和《设备材料采购合同（示范文本）》六种示范合同文本。在实际应用中，建设工程示范合同文本可根据具体情况进行修改，以满足合同双方的需求，并确保合同的合法合规性和可执行性。

以住建部的《建设工程施工合同（示范文本）》（GF-2017-0201）（以下简称为《示范文本》）为例，《示范文本》由合同协议书、通用合同条款和专用合同条款三部分组成。

4.4.2.1 合同协议书

《示范文本》合同协议书共计 13 条，主要包括：工程概况、合同工期、质量标准、签约合同价和合同价格形式、项目经理、合同文件构成、承诺、词语含义、签订时间、补充协议、合同生效以及合同份数等重要内容，集中约定了合同当事人基本的合同权利义务。

4.4.2.2 通用合同条款

通用合同条款是合同当事人根据《民法典》《建筑法》等法律法规的规定，就工程建设的实施及相关事项，对合同当事人的权利义务作出的原则性约定。

通用合同条款共计 20 条，具体条款分别为：一般约定、发包人、承包人、监理人、工程质量、安全文明施工与环境保护、工期和进度、材料与设备、试验与检验、变更、

[①] 交通运输部关于发布公路工程标准施工招标文件及公路工程标准施工招标资格预审文件 2018 年版的公告，https://xxgk.mot.gov.cn/2020/jigou/glj/202006/t20200623_3312728.html。
[②] 关于印发水利水电工程标准施工招标资格预审文件和水利水电工程标准施工招标文件的通知，http://www.mwr.gov.cn/zwgk/gknr/201212/t20121214_1443797.html。
[③] 关于印发《房屋建筑和市政工程标准施工招标资格预审文件》和《房屋建筑和市政工程标准施工招标文件》的通知，https://www.jsjlztb.org.cn/zfwjinfo206.html。

价格调整、合同价格、计量与支付、验收和工程试车、竣工结算、缺陷责任与保修、违约、不可抗力、保险、索赔和争议解决。这些条款既考虑了现行法律法规对工程建设的有关要求，也考虑了建设工程施工管理的特殊需要。

4.4.2.3 专用合同条款

专用合同条款是对通用合同条款原则性约定的细化、完善、补充、修改或另行约定的条款。合同当事人可以根据不同建设工程的特点及具体情况，通过双方的谈判、协商对相应的专用合同条款进行修改补充。在使用专用合同条款时，应注意以下事项：

（1）专用合同条款的编号应与相应的通用合同条款的编号一致；

（2）合同当事人可以通过对专用合同条款的修改，满足具体建设工程的特殊要求，避免直接修改通用合同条款；

（3）在专用合同条款中有空白横线的地方，合同当事人可针对相应的通用合同条款进行细化、完善、补充、修改或另行约定；如无细化、完善、补充、修改或另行约定，则填写"无"或画"/"。

4.4.3 标准招标文件与示范合同文本的区别

住建部发布的"建设工程合同示范文本"系列与国家发展改革委等九部委联合发布的"标准招标文件"系列虽然都是针对建筑行业制定的标准性文件，但它们的主要用途和侧重点有所不同。

4.4.3.1 目的与作用

"建设工程合同示范文本"系列主要是为了规范工程承包合同的内容，提供一个双方权利义务关系的框架模板，旨在保护各方利益，减少合同纠纷。

"标准招标文件"系列则是用于指导和规范建设工程项目的招标过程，它包含了从发布招标公告到签订合同整个流程所需的各种文档模板，比如资格预审文件、投标邀请书、评标办法等。

4.4.3.2 适用阶段

"建设工程合同示范文本"通常在招投标完成后，双方确定合作意向时使用，作为正式签署合同时的基础。

"标准招标文件"则是在项目启动之初，在进行招标活动期间使用的文件集合。

4.4.3.3 内容构成

合同示范文本侧重定义合同双方的权利与责任、支付条件、质量要求、工期安排以及违约处理等方面。

招标文件除了包含类似上述的合同条款，还包括了对投标人的资格审查、技术规格要求、报价格式等内容。

4.4.3.4　法律效力

两者都具有一定的参考价值，但在实际应用中，《标准施工招标文件》更多地被视为强制性的，尤其是在政府投资项目或大型公共设施建设项目中；而合同示范文本则更倾向于建议性质，允许当事人根据实际情况调整。

4.4.3.5　更新频率及版本控制

随着法律法规的变化和技术的进步，这些文件会定期修订以适应新的需求。因此，用户应当密切关注官方发布的最新信息。

综上所述，尽管这两份文件都是为了解决工程建设领域的标准化问题，但是它们各自服务于不同的阶段，并且在具体细节上也会有所差异。在使用时应仔细阅读并结合自身项目的具体情况做出适当选择。

4.4.3.6　各省市出台的标准文件与示范文本

为了规范工程施工招标投标活动，规范建设工程资格预审文件、施工招标文件等的编制活动，保障招标人和投标人的合法权益，根据国家及地方有关法律、法规，部分地方住房和建设局结合地方实际情况，制定了适用于本地的地方建设工程标准招标文件和示范文本，用于特定建设工程的招投标和合同订立。

2009 年 1 月，北京市建委和工商局基于反馈和相关法规，发布了《北京市房屋建筑和市政基础设施工程施工总承包合同（示范文本）》。同年，北京市建委还制定了施工招标文件示范文本。2017 年，发布了新的招标资格预审文件和招标文件标准文本。2020 年，为规范专业工程和货物采购招标投标活动，市住房城乡建设委推出了新版的招标标准文本。

2016 年，深圳市住房和建设局发布了《深圳市建设工程施工（单价）合同》示范文本。2018 年，发布了勘察、设计和设计采购施工总承包合同示范文本。2021 年，深圳市住房和建设局发布了新的工程施工招标文件示范文本。

四川省住房城乡建设厅依据国家标准和省实际情况，编制了《四川省房屋建筑和市政工程标准招标文件》（2021 年版）。该文件适用于省内电子招标，涵盖勘察、设计、施工等环节。文件分为八章，包括招标公告、投标人须知、评标办法、合同条款、工程量清单等。

其他地区如陕西、湖北和青岛也分别在 2007 年和 2008 年发布了建设工程施工合同示范文本。这些地方性文本都参考了国家发展改革委和住建部的标准文件，并根据当地法规和实践进行了相应调整，旨在规范和指导当地的建设工程招标投标活动。

4.5　国际建设工程合同范本

国际上编制出版工程合同范本的专业机构很多，其中具影响力的主要有美国建筑师学会（American Institute of Architects，AIA）、英国土木工程师学（Institute of Civil Engineer，

ICE）和国际咨询工程师联合会（Fédération Internationale Des Ingénieurs-Conseils，FIDIC）。由于背景不同，每个机构编制的合同范本也存在较大区别。AIA 成立于 1857 年，是美国主要的建筑师专业协会，其制定并发布了 AIA 系列合同条件，在美国建筑业以及美洲其他地区具有较大的影响力。英国的 ICE 创建于 1818 年，其编写的《ICE 合同条件（工程量计量模式）》以及近年来新编制的 NEC（New Engineering Contract）合同系列中的 ECC（Engineering and Construction Contract）合同范本系列在世界范围内产生了较大的影响，尤其在英联邦国家和地区。传统的《ICE 合同条件》也是早期 FIDIC 合同条件制定的基础。

4.5.1 FIDIC 合同系列

在国际工程领域，FIDIC 系列合同范本以其广泛的影响力和应用范围，成为市场上的主导标准。经过六十多年的不断完善、修订和更新，FIDIC 已经构建了一套成熟的合同体系。鉴于国际工程市场的持续发展、变化以及工程项目管理能力的提升，FIDIC 认为对 1999 版合同条件进行修订是必要的，旨在更准确地反映国际工程实践，增强其代表性和普遍适用性。因此，FIDIC 于 2017 年正式推出了 1999 版系列合同条件的第二版，包括以下三本：《施工合同条件》《生产设备和设计—施工合同条件》以及《设计采购施工（EPC）/交钥匙工程合同条件》。

相较于 1999 版，2017 版系列合同条件在适用范围、业主与承包商的权利与义务、风险分配原则、合同价格类型及支付方式以及合同条件的总体结构等方面基本保持了连续性。然而，2017 版合同条件在追求更高清晰度、透明度和确定性方面做出了努力，以期减少合同双方的争议，提升项目成功率。此外，2017 版加强了项目管理工具和机制的应用，进一步平衡了合同双方的风险和责任分配，并强调了双方的对等关系。该版合同条件力求体现当前国际工程的最佳实践，并针对 1999 版在应用中出现的问题进行了改进。同时，它也借鉴了 FIDIC 在 2008 年出版的《设计—建造和运营项目合同条件》（金皮书）中的编写理念和经验。

4.5.1.1 《施工合同条件》

《施工合同条件》，简称"红皮书"。该文件推荐用于有雇主或其代表（工程师）设计的建筑或工程项目，主要用于单价合同。在这种合同形式下，通常由工程师负责监理，由承包商按照雇主提供的设计施工，但也可以包含由承包商设计的土木、机械、电气和构筑物的某些部分（但承包商负责的设计工作不会太多），实践中设计和施工两个阶段分离的 DBB 承包模式经常采用该合同条件。

4.5.1.2 《生产设备和设计—施工合同条件》

《生产设备和设计—施工合同条件》，简称"黄皮书"。该文件适用于 DB 承包模式，在该模式下，承包商根据业主要求，负责项目大部分的设计和施工工作，且承包商可能负责（或协助业主）设计并提供生产设备和（或）其他部分工程，还可以包括土木、机械、电气和/或构筑物的任何组合。

4.5.1.3 《设计采购施工（EPC）/交钥匙工程合同条件》

《设计采购施工（EPC）/交钥匙工程合同条件》，简称"银皮书"。该文件适用于以交钥匙方式[①]提供工厂或类似设施的加工或动力设备、基础设施项目或其他类型的开发项目，采用总价合同。这种合同条件下，项目的最终价格和要求的工期具有更大程度的确定性；由承包商承担项目实施的全部责任，雇主很少介入。即由承包商进行所有的设计、采购和施工，最后提供一个设施配备完整、可以投产运行的项目。FIDIC 在 2017 版银皮书的说明中并没有明确其适用条件，但给出了三种不适用于银皮书的情况：

（1）如果投标人没有足够时间或资料以仔细研究和核查业主要求，或进行他们的设计、风险评估和估算；

（2）如果工程涉及相当数量的地下工程，或投标人未能调查区域内的工程（除非在特殊条款对不可预见的条件予以说明）；

（3）如果业主要严密监督或控制承包商的工作，或要审核大部分施工图纸。

FIDIC 建议，在上述三种情况下，可以使用 2017 版黄皮书。

4.5.1.4 《简明合同格式》

《简明合同格式》（Short Form of Contract），简称"绿皮书"。该文件适用于投资金额较小的建筑或工程项目。根据工程的类型和具体情况，这种合同格式也可用于投资金额较大的工程，特别是较简单的、或重复性的、或工期短的工程。在此合同格式下，一般都由承包商按照雇主或其代表——工程师提供的设计实施工程，但对于部分或完全由承包商设计的土木、机械、电气和（或）构筑物的工程，此合同也同样适用。

尽管 2017 版的三本合同条件并未根据项目类型进行区分，但若从项目性质来分析，红皮书主要适用于传统的土木工程、建筑及基础设施项目；黄皮书则适用于那些生产设备较多的传统建筑项目和工业项目，例如大型建筑、供水和污水处理设施，亦可涵盖厂房和工业综合体等；而银皮书则主要用于大型基础设施项目、厂房建设以及工业综合体领域。银皮书的出现源于私人业主的需求，私人业主在融资或资金链方面通常比政府机构有更为严格的要求，他们期望合同价格和工期更为固定，因此，必须将更多风险转嫁给承包商。在建设—运营—转让（Build-Operate-Transfer，BOT）和公私合营合作伙伴（Public-Private-Partnership，PPP）模式的项目中，建设实施阶段的合同往往更倾向于使用银皮书。

4.5.2 美国 AIA 合同范本

AIA 合同是美国建筑界广泛使用的合同标准，用于规范建筑项目中各个参与方的责任和义务。以下是 AIA 常用的五种合同范本：

[①] 通常交钥匙项目承担的工作范围除 EPC 项目已包含的设计、采购和施工以外，还包括可行性研究和项目决策。

4.5.2.1　A101-2017　标准合同

该合同适用于设计和施工管理（CM）项目。内容包括业主和承包商之间的责任和义务、工程期间的支付方式、保险要求和可能的争议解决方案等。

4.5.2.2　A102-2017　标准合同

该合同适用于大型项目，特别是那些需要保证最大价格，并且承包商的支付基础是工程成本加上费用的情况。

4.5.2.3　A201-2017　一般条款和条件

该文件是系列文档中的"基石"，被广泛采用并引用在业主/建筑师、业主/承包商以及承包商/分包商的协议中。内容包括建筑项目中所有参与方之间的一般义务和责任，如安全措施、保险和可能的争议解决方案等，是 AIA 合同的标准部分。

4.5.2.4　B101-2017　标准合同

该合同适用于业主与建筑师之间的建筑设计和施工合同管理。该合同分为基本服务、补充服务和附加服务三个部分，其中基本服务包括五个阶段：概念设计、设计开发、施工文件、采购和施工。

4.5.2.5　C401-2017　建筑师和承包商间的合同

该合同适用于建筑师和承包商之间的合同关系，规定了建筑师的责任和义务，以及承包商在执行建筑师的建筑方案时的义务。

4.5.3　NEC 合同条件

NEC 合同条款是由英国土木工程师学会（ICE）于 1993 年制定的，专为工程领域设计的合同条款。该条款旨在推动工程管理的良性发展，确立一种合作则受益、不合作则受罚的合同机制。此机制鼓励业主与承包商在问题出现之初就积极寻求解决方案，而非相互推诿责任，以期通过索取额外费用而获得利益，这种机制对项目本身无疑具有积极影响。ICE 在 2017 年发布了最新的 NEC4 合同系列版本，包括如下几种合同类型。

4.5.3.1　工程施工合同（ECC）

ECC（Engineering and Construction Contract）是 NEC4 合同系列中最常见的合同类型，用于业主和总承包商之间的主合同关系，也被用于总包管理的一揽子合同。作为一个综合性的合同体系，它不仅涵盖了风险管理、质量控制和成本控制等基本要素，还特别强调了合作与伙伴关系的重要性。这种合同模式适用于需要高度协作和风险管理的大型工程项目。

4.5.3.2 工程施工分包合同（ECS）

ECS（Engineering and Construction Subcontract）是在 ECC 主合同框架下制定的，适用于工程和建设项目中分包商与总包商之间的协议。该合同明确了分包商的权责、支付机制和其他合同细节。它通常涵盖对工程条件、工程质量、工程价款等方面的详细规定，涉及设计、采购和施工三个主要阶段。

4.5.3.3 专业服务合同（PSC）

PSC（Professional Service Contract）适用于工程和建设项目中业主与专业服务提供商之间的协议。它包括顾问、设计师、监理等专业服务领域。PSC 强调合作、透明度和质量管理，并提供一个灵活的合同框架。合同的核心条款定义了合同双方的权利、责任和义务，以及与专业服务相关的特别规定和条款。

4.5.3.4 供应合同

供应合同（Supply Contract）适用于产品或设备供应的协议。它涉及供应商和购买方之间的合作关系，明确了交货、支付、保修等方面的条款。供应合同为供应链管理提供了专门的指导和条款，确保供应活动的有效进行。

4.5.3.5 争议解决服务合同

争议解决服务合同（Dispute Resolution Service Contract）旨在为合同纠纷的解决提供明确的指导和支持。此类合同明确了相关方的权益和争议解决程序，它包含了独立争议解决人的任命、调解、仲裁等方面的条款。

4.5.3.6 设计建造运营合同

设计建造运营合同（Design Build and Operate Contract）适用于那些设计、施工和运营一体化的综合性项目。它涵盖了从项目设计、建设到运营的整个生命周期。DBO 合同将设计、建造和运营三个阶段整合在同一合同框架之下，并清晰地界定了各方的权利、责任和义务。

4.5.3.7 框架合同

框架合同（Framework Contract）适用于涉及多个项目或长期合作伙伴关系的情形。它为项目或服务提供了一个共同的框架，涵盖了多个具体的工程或交付。同时，框架合同也明确了参与方之间的合作方式、价格协商、变更管理等方面的条款。

4.5.3.8 定期服务合同

定期服务合同（Term Service Contract）适用于提供长期服务的情形，如设施管理、设备维护、IT 支持等领域。它详细规定了服务提供商的责任和权益，包括服务履行标准、支付机制等方面的条款。TSC 强调合作、绩效管理和质量保证，旨在确保长期服务的有效管理和交付。

4.5.3.9 联盟合同

联盟合同（Alliance Contract）适用于多方合作的项目，它强调合作、共享风险和奖励。这种合同模式鼓励各方在项目实施过程中紧密合作，共同解决问题并达成共同目标。联盟合同包含了合同各方之间的权益、风险分担、奖励机制等方面的条款。

4.5.4 JCT 合同条件

联合合同审定委员会（Joint Contracts Tribunal，JCT）所制定的 JCT 合同条件，是由皇家英国建筑师协会（RIBA）、皇家注册测量师协会（RICS）等七家权威行业协会共同组成的机构所颁布。其核心宗旨在于拟定及更新标准的建筑施工合同文本，这些合同不仅在英国本土被广泛采用，也在英联邦国家及其他一些区域得到了业界的普遍认可。

自 1909 年首版发布以来，JCT 合同条件经历了多次修订与更新，包括 1931 年、1939 年、1963 年、1980 年、1998 年及 2005 年等年份发布的不同版本。特别是 JCT 2005 系列合同范本，它包含了多种合同类型，例如小型工程、中型工程、标准建设、设计建造、JCT 构建卓越、施工管理、建造管理、测量期、主要成本建造、修复和维护、通用合同、框架协议、施工前服务、咨询、仲裁以及抵押担保等。

JCT 合同条件不仅适用于传统的施工总承包模式，还适用于 CM 模式。例如，JCT 98 合同条件主要适用于传统采购模式，但亦可适用于 CM 采购模式。此外，JCT 合同条件还涵盖了房屋业主合同，如为房屋业主提供的建筑合同和咨询服务协议等。

4.5.5 案例分析

案例 4-2：中国 T 公司沙特轻轨项目亏损剖析[①]
案例背景：

2009 年，中国 T 公司与沙特阿拉伯王国城乡事业部签订了《沙特麦加萨法至穆戈达莎轻轨合同》。该项目全长 18.25 千米，采用 EPC+O&M（即设计、采购、施工及运营、维护总承包）模式，合同总额为 17.7 亿美元。根据合同要求，中国 T 公司需在 21 个月内完成轻轨建设，并在接下来的三年内承担运营和维护任务。项目原计划于 2010 年 11 月 13 日投入运营，初期达到 35%的运能，至 2011 年 5 月前完成所有调试，实现 100%运能。然而，尽管项目最终按期通车，该公司却宣布该项目亏损高达 41 亿元人民币。

案例分析：

从国际工程合同管理的视角审视，中国 T 公司沙特轻轨项目的亏损主要由以下因素造成：

（1）合同定价不足。

在投标阶段，该公司未能充分考虑沙特市场的特殊性及项目本身的复杂性，而是基

[①]《国际工程必修课：中铁建沙特轻轨项目巨亏 42 亿始末》，https://news.goalfore.cn/topstories/detail/40437.html。

于国内经验进行报价，导致合同定价未能覆盖实际成本。根据 FIDIC 条款，承包商应确保合同定价的充分性和准确性，但该公司未能达到此要求。

（2）设计标准与变更问题。

项目初期由欧洲公司设计，该公司接手后需遵循欧美标准进行后续设计，这增加了设计难度和成本。此外，业主在项目执行期间提出了新的功能需求，同时工程量也有所增加，如土石方开挖量的显著增长，这进一步导致成本上升。

（3）工期紧迫与赶工费用。

原合同规定的工期紧张，该公司为赶工而产生了额外成本。例如，采购周期的缩短导致临时调度费用增加。尽管根据 FIDIC 条款，承包方有权就业主原因导致的工期延误提出索赔，该公司却未能充分行使该索赔权利。

（4）材料采购与成本问题。

沙特当地材料价格昂贵，且部分关键设备需从西方进口，这增加了采购成本。该公司未能通过有效的采购策略降低材料成本。

（5）文化与管理挑战。

沙特的宗教、法律、工作习惯等与中国存在显著差异，该公司在项目执行过程中面临跨文化管理挑战。

（6）分包商管理问题。

分包商执行力不足，导致工期延误和成本增加。作为总承包商，该公司需对分包商的行为负责。根据 FIDIC 条款，总承包商应加强对分包商的管理和监督，但该公司在此方面存在不足。

案例启示：

（1）加强风险评估。在投标前应对项目所在地的政治、法律、经济、宗教、气候等因素进行全面评估，确保合同定价的充分性和准确性。

（2）完善设计管理。加强与设计方的沟通与合作，确保设计方案符合当地标准和项目需求。对于设计变更，应严格审核其合理性与必要性，以避免增加不必要的成本。

（3）优化工期与成本管理。制定合理的工期计划并严格执行，避免因赶工而产生额外成本。加强材料采购管理，通过集中采购、议价等方式降低采购成本。

（4）跨文化管理。通过加强与当地政府、社区、合作伙伴、工人及分包商的沟通与合作，深入了解当地文化、宗教及法律，以制定有效的管理策略并提高项目执行效率。

（5）强化分包商管理。加强对分包商的选择、监督和管理，确保分包商按合同要求执行工作。对于分包商导致的工期延误和成本增加，须及时索赔并追究责任。

（6）提升合同索赔能力。加强合同管理团队建设，提高索赔意识和能力。对于业主原因导致的工期延误和成本增加，须及时收集证据并提交索赔申请。

通过实施上述措施，中国企业在未来参与国际工程承包时，便能够更好地应对合同管理挑战，降低项目风险并提高盈利能力。

4.6 FIDIC 合同与中国法规的冲突与适用

自中国改革开放以来,随着国际工程承包市场的涉足与全球经济一体化的加速推进,中国建筑业市场正逐步与国际接轨。这一背景下,FIDIC 合同条件在中国工程建筑领域的应用日益广泛,成为推动行业规范化、国际化进程的重要力量。

FIDIC 合同条件以其结构化、体系化和专用化的显著特点,在全球范围内广受青睐,其适用方式也极为灵活多变。在中国,FIDIC 合同条件的应用包括直接采纳以及根据国内建设工程合同条件调整通用条款两种方式。尤其是在世界银行、亚洲开发银行和外国政府贷款资助的项目中,FIDIC 合同条件常被直接运用。

FIDIC 合同条件在中国的应用,不仅体现了其作为成熟合同范本的独特价值——融合丰富的建筑经验和先进的专业知识,还深刻影响着国内建筑业法律与合同文本的完善。鉴于中国建筑业在这方面的起步较晚、专业性相对不足,FIDIC 合同条件的引入无疑为立法和合同编制提供了宝贵的参考模板,有助于弥补现有体系的不足。同时,通过采用 FIDIC 合同条件,中国工程领域得以引入更为专业、科学的管理手段,强化对工程合同的监督,促进工程管理流程的规范化,进而提升整体工程管理水平。然而,尽管 FIDIC 合同条款历经四十余年持续优化,但在中国的实际应用中仍面临一些挑战与问题,亟待进一步探讨与解决。

4.6.1 两者对监理规定的不同

FIDIC 合同条件将"工程师"定义为雇主人员,并未对"工程师"的资质和任命作出任何限制性规定,雇主对"工程师"的任命享有完全的权利,承包商对替换工程师提出合理的反对意见和详细依据的情形除外。FIDIC 合同条件下,雇主可选任的"工程师"范围也远不限于"监理工程师",可以是雇主的员工、代理人、任何外部管理人等。在"银皮书"中,甚至用"雇主代表"替代了"工程师"的概念。在 FIDIC 合同条款中规定监理工程师享有较为广泛的全面的对合同进行监督、控制和管理的权力(包括质量否定权、计量确认权和支付签认权)。而在我国,对工程监理实施严格的资质准入和资质等级制度,监理单位须取得《工程监理企业资质证书》,监理工程师须取得《监理工程师注册证书》,否则不准予进入相应的工程监理市场承接监理业务。尤其对符合《建设工程监理范围和规模标准规定》的工程,我国更强制实施监理制度。对实施监理的项目,法律法规明确规定了监理范围和监理程序。我国的建筑法在对监理的职权规定上作了较大的限制,即由业主及其人员直接参与合同管理,行使合同批准、同意和决定权,监理单位行使这些权力时应当同业主协商并经其同意。因此,监理单位的监理工作常常受到业主的限制和干预。

4.6.2 工程竣工验收质量标准不同

FIDIC 合同条件在工程质量评定上,并未设立具体标准,而是侧重过程与程序的设定。具体而言，承包商在预判工程即将竣工并准备就绪后，需至少提前 14 天向工程师递交接收证书的申请。除非工程师判定工程未能通过竣工试验，否则应向承包商颁发接收证书。此证书的颁发不仅标志着工程照管责任从承包商转向雇主，也意味着承包商的工程投保责任终止、误期损害赔偿计算截止，以及缺陷通知期限的正式开启。在 FIDIC 合同条件下，质量评判简化为工程师的认可作为通过标准。

相比之下，我国现行法律对工程质量的要求更为严苛。首先，工程必须遵守《建筑工程施工质量验收统一标准 GB50300-2013》等国家和行业的质量评定标准。其次，即便工程通过了业主组织的验收，也还需向建筑主管部门进行竣工备案，之后才可交付使用。因此，当国内工程采用 FIDIC 合同条件时，必须特别约定工程需符合我国的质量评定标准，并确保能取得政府主管部门的竣工验收备案。

此外，FIDIC 合同条件中提到的"缺陷通知期限"，虽与我国的"质量保修期"在概念上相近，但二者在内涵上并不等同。值得注意的是，"质量保修期"是我国法律的直接规定，其具体内容不允许雇主与承包商通过协议进行变更。两者的区别表现在：

4.6.2.1　法律渊源不同

缺陷通知期限源于合同约定，而质量保修期是由《建设工程质量管理条例》《房屋建筑工程质量保修办法》等直接设定，除非法律另有规定，否则当事人不得通过协议来变更法定保修期限。

4.6.2.2　起算点不同

缺陷通知期限从接收证书颁发（包括视为颁发）日期起算，而质量保修期从工程竣工验收合格之日起计。

4.6.2.3　期限长度和延长不同

FIDIC 合同条件允许在某些情况下延长缺陷通知期限，但最长不得超过两年。我国法律对质量保修期有明确的最低期限规定，如给排水管道、电气管线、设备安装、装修工程等项目的最低保修期限为 2 年，防水工程等为 5 年，最长可达设计文件规定的该工程的合理使用年限。

4.6.2.4　费用承担方式不同

在 FIDIC 合同条件和中国法律框架下，费用承担方式存在差异。根据 FIDIC 合同，非承包商原因导致的缺陷或损害可能通过变更估价和索赔机制解决；而在中国法律框架下，质量保修期内的维修责任主要由施工单位承担，且不收取任何费用。而对于其他原因造成的工程缺陷或损坏，发包人应承担修复的费用，并向承包人支付合理的利润。

4.6.3　两者对争端解决的规定不同

在解决争端问题上，FIDIC 合同文本与国内的建设工程合同文本也有很大的不同。

其中最明显之处在于，FIDIC 合同要求双方发生争端后，必须先提交工程师予以解决；而国内的合同文本规定双方发生争端后，可以提交合同监理单位予以解决。表面上看，两种解决方式的表述虽然只有"必须"和"可以"的差别，但在实践中，前者规定了工程师的预决是必经程序，而后者把合同监理单位的预决规定为选择性程序。事实上，在具体的工程承包过程中，由工程师来对合同争端进行调解则是一种较为经济的手段，因为工程师对双方在工程中的合同行为都有较为清楚的了解，也能较为公正合理地解决问题。

FIDIC 合同条件在中国的应用遇到了一些挑战，这些挑战的原因是多方面的。FIDIC 合同条件最初是在较为成熟的市场经济环境下形成的，并且深受以英美为代表的普通法系的影响。然而，FIDIC 合同条款所依据的法律基础与中国的大陆法体系有所不同，后者更侧重于成文法。因此，中国建筑企业在采用 FIDIC 合同条款时需要特别注意这些差异。

4.7 其他相关合同

除了建设工程合同，还有一些工程项目合同也与建设工程相关，例如 PPP、BOT 和 DBO 合同。虽然这些合同与建设工程合同都包含了建设工程的内容，但与建设工程合同不同的是，由于其特别的投资建设模式，它们还包含了融资、运营等其他内容。

4.7.1 PPP 合同

PPP（Public-Private-Partnership）模式是政府和社会资本合作的一种模式，具体指政府通过特许经营权、合理定价、财政补贴等事先公开的收益约定规则，引入社会资本参与城市基础设施等公益性事业投资和运营，以利益共享和风险共担为特征，发挥双方优势，提高公共产品或服务的质量和供给效率。通常来说，PPP 模式是由社会资本承担设计、建设、运营、维护基础设施的大部分工作，政府部门负责基础设施及公共服务价格和质量监管，以保证公共利益最大化。

PPP 模式是在基础设施和公共服务领域中由政府和社会资本基于合同建立起来的一种合作关系。"按合同办事"不仅是 PPP 模式的精神实质，也是依法治国、依法执政的内在要求。加强对 PPP 合同的起草、谈判、履行、变更、解除、转让、终止直至失效的全过程管理，通过合同正确表达意愿、合理分配风险、妥善履行义务、有效主张权利，这些是政府和社会资本长期友好合作的重要基础，同时也是 PPP 项目顺利实施的重要保障。

2014 年 12 月 30 日，财政部制定并印发了《关于规范政府和社会资本合作合同管理工作的通知》（财金〔2014〕156 号），为规范 PPP 合同管理，将《PPP 项目合同指南（试行）》作为其附件一同公布。该指南旨在支持 PPP 的有效运作并加强合同体系管理，全文共 4 章、29 节，全面系统地介绍了 PPP 项目合同体系，说明了各主要参与方在 PPP 项目中的角色及订立相关合同的目的，阐述了 PPP 项目合同的主要内容和核心条款，具体分析了合同条款中的风险分配原则、基本内容和权利义务的具体安排。下面将以该指南为基础介绍 PPP 合同体系。

在 PPP 项目中，项目参与方围绕 PPP 项目合作，通过签订一系列合同来确立和调整彼此之间的权利义务关系，共同构成 PPP 项目的合同体系。这些合同通常包括 PPP 项目合同、股东协议、履约合同（包括工程承包合同、运营服务合同、原料供应合同、产品或服务购买合同等）、融资合同和保险合同等。

PPP 项目合同是政府与社会资本之间的合作协议。合同一方为政府或其授权机构，另一方为社会资本方。社会资本方可以是企业、组织或根据项目需要而成立的特殊目的公司。社会资本是 PPP 项目的实际投资人，但实践中，由于社会资本方一般不会是一家企业，而是多家企业组成的联合体，因此，社会资本一般不会直接作为 PPP 项目的实施主体，而会专门针对该项目成立项目公司，作为 PPP 项目合同及项目其他相关合同的签约主体，负责项目具体实施。PPP 项目合同是整个合同体系的基础和核心，政府方与社会资本方的权利义务关系以及 PPP 项目的交易结构、风险分配机制等均通过 PPP 项目合同确定，并以此作为各方主张权利、履行义务的依据和项目全生命周期顺利实施的保障。

根据项目行业、付费机制、运作方式等具体情况的不同，PPP 项目合同所包含的内容可能会千差万别，但通常会包括以下核心条款：引言、定义和解释；项目的范围和期限；前提条件；项目的融资；项目用地；项目的建设；项目的运营；项目的维护；股权变更限制；付费机制；履约担保；政府承诺；保险；守法义务及法律变更；不可抗力；政府方的监督和介入；违约、提前终止及终止后处理机制；项目的移交；适用法律及争议解决以及合同附件等。除上述核心条款外，PPP 项目合同通常还会包括其他一般合同中的常见条款，例如著作权和知识产权、环境保护、声明与保证、通知、合同可分割、合同修订等。

项目公司一般只作为融资主体和项目运营管理者而存在，本身不一定具备自行设计、采购、建设项目的条件，因此可能会将部分或全部设计、采购、建设工作委托给工程承包商，签订工程承包合同。项目公司可以与单一承包商签订总承包合同，也可以分别与不同承包商签订合同。承包商的选择要遵循相关法律法规的规定。

在履约合同中，工程承包合同是至关重要的，因为它的履行情况往往直接影响 PPP 项目合同的履行，进而影响项目的贷款偿还和收益情况。因此，为了有效转移项目建设期间的风险，项目公司通常会与承包商签订一个固定价格、固定工期的"交钥匙"合同，将工程费用超支、工期延误、工程质量不合格等风险全部转移给承包商。此外，工程承包合同中通常还会包括履约担保和违约金条款，进一步约束承包商严格履行合同义务。

4.7.2　BOT 合同

BOT 本质上属于广义 PPP 的一种。两者的主要区别在于政府与企业或项目公司的合作关系不同。BOT 中政府与企业更多是垂直关系，即政府授权企业独立建造和经营设施，而非直接与政府合作；PPP 则强调通过共同出资特殊目的公司，实现政府与私企利益共享和风险分担。

与 PPP 项目合同类似，BOT 模式中最核心的部分之一是政府与私营企业所签订的特许经营协议。发展改革委等部门发布的《基础设施和公用事业特许经营管理办法》[①]中规定，特许经营协议应当包含以下内容：

（1）项目名称、内容；
（2）特许经营方式、区域、范围和期限；
（3）如成立项目公司，明确项目公司的经营范围、注册资本、股东出资方式、出资比例、股权转让等；
（4）所提供产品或者服务的数量、质量和标准；
（5）特许经营项目建设、运营期间的资产权属，以及相应的维护和更新改造；
（6）监测评估；
（7）投融资期限和方式；
（8）收益取得方式，价格和收费标准的确定方法以及调整程序；
（9）履约担保；
（10）特许经营期内的风险分担；
（11）因法律法规、标准规范、国家政策等管理要求调整变化对特许经营者提出的相应要求，以及成本承担方式；
（12）政府承诺和保障；
（13）应急预案和临时接管预案；
（14）特许经营期限届满后，项目及资产移交方式、程序和要求等；
（15）设施环境变化、重大技术变化、市场价格重大变化等协议变更情形，提前终止及补偿；
（16）违约责任；
（17）争议解决方式；
（18）要明确的其他事项。

BOT 模式中的 B（Build）也是该模式中最核心的内容之一，B（Build）本身就可以包含很多建设方式。工程总承包中的 EPC/DB 是 BOT 模式中 B（Build）使用得最多的方式。

除了常见的 BOT 模式，我国还衍生出了许多类似的模式，例如 BOO（建设—拥有—运营）、BOOT（建设—拥有—经营—转让）、BTO 等（建设—转让—经营）。这些模式内，投资者都需要全部承担项目的设计、投资、建设和运营等部分，而政府所涉及的主要是对项目建设和经营提供特许协议，并负责监管责任。

4.7.3 DBO 合同

DBO 合同属于 NEC4 系列中的一种特定合同类型，为项目提供标准化文本支持；同

---

① 基础设施和公用事业特许经营管理办法，https://www.gov.cn/zhengce/202404/content_6944608.htm。

时，DBO 即设计—建造—运营模式，是一种将项目的设计、建造及长期运营维护整合于一体的综合性项目管理模式。这一模式起源于 FIDIC 在 2008 年推出的"金皮书"中的 DBO 合同条件，旨在通过私营部门的竞争机制提升基础设施项目的效率与质量。

4.7.3.1　DBO 模式的核心特点

一体化管理：DBO 模式将项目的设计、建造与运营三个阶段紧密结合，由同一承包商负责，从而实现了项目全生命周期的一体化管理。这种管理方式有助于减少设计、建造与运营之间的衔接问题，提高项目的整体协调性和效率。

专业运营：在 DBO 模式下，私营部门通常由设计单位、施工承包商和运营维护承包商组成的联合体承担项目。这些联合体具备丰富的专业知识和经验，能够确保项目在设计、建造和运营阶段均达到高标准。

风险分担：DBO 模式明确了政府方与私营部门之间的风险分担机制。政府方负责融资和设施所有权，而私营部门则承担项目的设计、建造和运营风险。这种风险分担机制有助于降低私营部门的融资压力，使其能够更专注于项目的实施和运营。

绩效付费：政府方根据项目的运营绩效向私营部门支付费用。这种付费方式激励私营部门不断优化项目设计、建造和运营方案，以提高项目的整体效益。

4.7.3.2　DBO 模式与其他模式的比较

与 PPP、BOT 模式的区别：DBO 模式并非出于融资需求，而是更强调公共服务的本质和项目的运营属性。与 PPP、BOT 等模式相比，DBO 模式在融资方面由政府方负责，私营部门无需承担融资风险，从而降低了其参与项目的门槛和复杂性。

与 DB、EPC 模式的区别：DBO 模式不仅涵盖了项目的设计和建造阶段，还包括了长期的运营和维护工作。这使得 DBO 模式下的承包商在设计和建造阶段就更会充分考虑项目的运营需求，以实现项目全生命周期的最优化。

4.7.3.3　DBO 模式在国内的应用

目前，国内 DBO 模式的试点项目主要集中在环保领域，如污水处理厂的新建及改造、雨水调蓄、管网运维和生活垃圾转运处理等。这些项目在运营方面需要较高的专业性和技术性，而 DBO 模式能够引入专业运营商来提升项目的运营效率和质量。

国内对于 DBO 模式尚未制定专用的合同范本。目前所采用的主流合同范本仍为 FIDIC 在 2008 年发布的"金皮书"。这在一定程度上限制了 DBO 模式在国内的推广和应用。因此，未来需要加强对 DBO 模式的研究和探索，制定符合国内实际情况的合同范本和操作指南，以推动 DBO 模式在国内的广泛应用和发展。

DBO 模式作为一种将项目设计、建造与运营深度融合的综合性项目管理模式，具有显著的优势和潜力。通过明确责任主体、缩短建设工期、提高可施工性及运营效率等方式，DBO 模式能够显著提升项目建设和运营的整体效率和质量。随着国内对 DBO 模式认识的不断加深和相关政策的不断完善，相信 DBO 模式将在未来得到更广泛的应用和发展。

4.7.4 案例分析

案例 4-3：YD 市人民政府、YD 市英红工业园管理委员会特许经营协议行政纠纷上诉案

案例来源：广东省高级人民法院，（2017）粤行终 559 号

案例背景：

2008 年 8 月 20 日，YD 市建设局与 Z 公司签订了《英德市管道燃气特许经营协议》，明确了 Z 公司在 YD 市场的管道燃气特许经营权，有效期至 2038 年 8 月 20 日。协议详细规定了项目名称、内容、特许经营方式、区域、范围、期限、资产权属、项目建设和运营期间的维护更新、投融资方式、收益取得及调整机制、履约担保、政府承诺、争议解决方式等核心条款，符合《基础设施和公用事业特许经营管理办法》的要求。

然而，2010 年 12 月 23 日，YD 市住建局单方面通知解除协议，但英红园管委会随后在 2010 年至 2013 年间与 Z 公司续签了天然气站项目协议，授权 Z 公司在英红工业园内的燃气特许经营权。2012 年，YD 市政府在未妥善解决与 Z 公司协议争议的情况下，通过招投标将同一区域的特许经营权授予 H 公司，引发纠纷。

裁判结果：

广东省高级人民法院二审维持了一审判决中关于 Z 公司与英红园管委会所签协议的有效性及 YD 市政府重复授权行为的违法性认定，但撤销了要求 H 公司停止在英红工业园内管道燃气建设及经营活动的判项。法院强调，行政机关应依法履行行政协议，对于因政府违约导致的特许经营者损失，应采取补救措施并明确双方经营地域范围，以维护行政协议的稳定性和企业的合法权益。

案例分析：

本案展示了特许经营协议中核心条款的重要性及行政机关在特许经营项目中应遵循的法治原则和诚信原则。特许经营协议应明确各方权利义务，包括项目范围、投融资、收益分配、风险分担等，以确保项目顺利实施。行政机关在解除或变更特许经营协议时，必须依法行事，避免重复授权，损害特许经营者的合法权益。

案例 4-4：衡阳市 X 公司与衡阳市 Z 公司、涟源市 H 项目公司建设工程分包合同纠纷案

案例来源：湖南省高级人民法院，（2015）湘高法民一终字第 198 号

案例背景：

2009 年 4 月 25 日，湖南省涟源市人民政府与深圳市 H 总公司签订《涟源市污水处理厂及污水收集系统特许经营合同》，通过 BOT 方式交由 H 总公司投资、建设、运营。H 总公司成立了 H 项目公司，并成立 H 分公司负责工程结算和管理。该工程由 H 总公司发包给 Z 公司承包建设，Z 公司随后成立工程项目部。而后廖某（H 分公司总经理）又作为 Z 公司项目部（甲方）委托代理人与 X 公司签订建筑工程施工劳务协作合同，并加盖 Z 公司项目部公章，约定工程范围、协作形式和工程款支付等事项。施工完成后，X 公司提出结算，但 H 总公司未审核。之后，双方协商形成了会议纪要，但工程款的重

新审核一直未完成。其间，X 公司提出多项赔偿和费用报销，得到 H 公司的同意。Z 公司和 H 总公司主张已支付、借支、抵扣工程款，但 X 公司对其中 3 笔有异议。

裁判结果：

一审法院认为，Z 公司项目部不具有独立承担民事法律责任的主体资格，其民事法律责任应由其设立机构 Z 公司承担；Z 公司项目部与 X 公司签订《建筑工程施工劳务协作合同》虽系双方真实意思表示，但该合同所涉工程系 Z 公司从 H 总公司处承包后转包给 X 公司，违反了法律法规的强制性规定，故该《建筑工程施工劳务协作合同》系无效合同；虽合同无效，但因该工程已经竣工验收合格，X 公司有权请求 Z 公司参照合同约定支付工程价款，并有权要求发包人即 H 总公司在欠付工程价款范围内承担支付责任。

三方当事人对于涉案工程的工程价款未进行有效结算，法院根据 X 公司的申请，依法委托了有资质的精算堂对涉案工程总价款进行了评估鉴定，根据该公司出具的《鉴定报告》，涟源市污水处理厂土建及水电安装工程鉴定造价为 11 952 973.82 元。该鉴定所依据的签证资料均有建设方、监理方、施工方的签字或盖章，Z 公司与 H 总公司对于该签字和盖章的真实性无异议，其又未提供充分证据证实这些签证资料内容不实，故鉴定所依据的签证资料应认定为真实、合法，该《鉴定报告》应当予以采信。

二审法院湖南省高级人民法院于 2015 年 8 月 3 日作出（2015）湘高法民一终字第 198 号民事判决：驳回上诉，维持原判。

案例分析：

在特许经营项目中，社会资本方的投资和投资回报是以项目的工程造价为基础的。但是如本案审理所揭示的，由于建设工程建设周期长，其间也可能会发生设计变更、不可抗力、工期延误等导致造价增加的情况，因此工程造价除合同约定的合同价款外，还会发生合同外的大量费用。

工程签证是建设工程领域的一个特殊文件，直接会影响到最终承包人所能够获得的工程价款。我们建议：根据合同价格形式不同，工程签证要求应做相应调整。其中，可调价合同至少要签到量和单价、固定单价合同至少要签到量、固定总价合同至少签到量费价。

社会资本方在工程建设过程中应特别重视会导致工程价款增加的情况，并及时以工程签证的形式固定下来。这样即便政府方最终不认可增加的工程价款，但一旦进入诉讼，也可以通过鉴定机构的鉴定取得增加的工程价款。

案例 4-5： 四川 Z 建设公司与成都 H 房地产公司建设工程施工合同纠纷案

案例来源： 最高人民法院，（2021）最高法民再 188 号

案例背景：

2010 年 10 月 27 日，成都 H 房地产公司（以下简称"H 公司"）与四川 Z 建设公司（以下简称"Z 公司"）签署《设计、施工合同》。合同规定中成 Z 公司完成海峡友谊大厦项目的基坑支护、降水、土石方挖运工程，包干价为 1 900 万元，包括设计、质量、工期、安全文明施工。支付约定按工程验收合格后办理结算。2013 年 4 月 18 日，双方签署《海峡友谊大厦项目基坑支护、降水、土石方挖运工程补充协议》（以下简称《补充协议》），将基坑护壁加固工程的补充部分交由中成煤建公司承担，协议包干总价为 378 万

元。支付约定在工程验收合格后支付余款。2013年7月18日，H公司与Z公司签署《海峡友谊大厦（暂定名）项目基坑支护、降水、土石方挖运工程补充协议（二）》（以下简称《补充协议（二）》）就土石方挖运、补贴、原合同调整等事宜达成协议。协议包括工程款结算、支付、工期约定和施工配合等。后因H公司资金困难，整个工程已停工，H公司拒不按合同支付工程款，致Z公司不能完成余下工程量，Z公司向法院提起诉讼，请求判令解除合同、支付拖欠工程款及违约金，并确认其对案涉工程的优先受偿权。

裁判结果：

当时根据《中华人民共和国合同法》第九十四条第四项、第九十七条、第二百八十六条[1]的规定，法院认定H公司违反了合同约定，解除了相关合同。根据鉴定结果，确定了案涉工程的造价。Z公司未完成工程，且未与H公司进行结算，因此对其逾期付款违约责任的主张不成立。一审法院判决：一、解除Z公司与H公司于2010年10月27日签订的《海峡友谊大厦（暂定名）项目基坑支护、降水、土石方挖运工程设计、施工合同》、2013年4月18日签订的《补充协议》和2013年7月18日签订的《补充协议（二）》；二、H公司于判决生效之日起十五日内，向Z公司支付工程款15 398 977.71元；三、驳回Z公司的其他诉讼请求。

二审法院对Z公司诉请的工程价款优先受偿权不予支持。因本案中，Z公司施工的相关工程实质是对拟修建的建筑物所依附的土地现状进行的改变，尚未形成单独的建筑物或者构筑物，不能进行拍卖和变卖。二审法院维持判决第一项、第三项；但变更判决第二项为"确认截至2020年11月11日，Z公司对H公司享有15 398 977.71元工程款债权"。

在再审程序中，再审法院认为本案的争议焦点为，Z公司施工的基坑支护、降水、土石方挖运工程是否属于建设工程，Z公司针对未支付工程价款15 398 977.71元是否就案涉海峡友谊大厦工程折价或者拍卖的价款享有优先受偿权。

一、二审法院认定Z公司施工内容实质是对拟修建建筑物所依附的土地现状进行的改变，尚未形成单独的建筑物或构筑物，客观上不具备行使建设工程价款优先受偿权的条件，系认定事实和适用法律错误，本院予以纠正。对于同一建设工程，由于工程技术内容不同、需要多方投资等原因，存在多个承包人是常见现象；只要承包人完成的工程属于建设工程，且共同完成的建设工程宜于折价、拍卖的，就应当依法保障承包人的优先受偿权。

再审法院判决如下：一、撤销四川省高级人民法院（2020）川民终1582号民事判决和四川省成都市中级人民法院（2020）川01民初340号民事判决；二、对Z公司与H公司签订的《海峡友谊大厦（暂定名）项目基坑支护、降水、土石方挖运工程设计、施工合同》及相关补充协议进行解除；三、确认截至2020年11月11日Z公司对H公司

---

[1] 对应《民法典》（合同编）第五百六十三条第四项"当事人一方迟延履行债务或者有其他违约行为致使不能实现合同目的，当事人可以解除合同"、第五百六十六条中的"合同解除后，尚未履行的，终止履行；已经履行的，根据履行情况和合同性质，当事人可以请求恢复原状或者采取其他补救措施，并有权请求赔偿损失"，以及第八百零七条"发包人未按照约定支付价款的，承包人可以催告发包人在合理期限内支付价款。发包人逾期不支付的，除根据建设工程的性质不宜折价、拍卖外，承包人可以与发包人协议将该工程折价，也可以请求人民法院将该工程依法拍卖。建设工程的价款就该工程折价或者拍卖的价款优先受偿"。

享有 15 398 977.71 元工程款债权,并且在上述工程款范围内就案涉海峡友谊大厦工程折价或者拍卖的价款享有优先受偿权;四、驳回 Z 公司的其他诉讼请求。

案例分析:

本案的争议焦点主要围绕 Z 公司施工的基坑支护、降水、土石方挖运工程是否属于建设工程,以及 Z 公司是否对未支付工程款享有优先受偿权;H 公司主张 Z 公司的工程不属于建设工程,且 Z 公司无权要求对未支付工程款享有优先受偿权。

一审法院认定 H 公司违反了合同约定,解除相关合同,并要求支付工程款。一审法院认为 Z 公司未完成工程,且未与 H 公司进行结算,故 Z 公司逾期付款违约责任的主张不成立。二审法院维持了一审的判决,但变更了关于 Z 公司工程价款优先受偿权的判决。二审法院认定 Z 公司的工程不属于建设工程,因此不能进行拍卖和变卖,也就无法享有优先受偿权。在再审程序中,再审法院认为一、二审法院在认定 Z 公司工程性质时存在错误,指出只要承包人完成的工程属于建设工程,就应当依法保障承包人的优先受偿权。

本案强调了在合同履行中,须明确工程性质和合同条款,避免争议的发生。合同中应准确定义建设工程范围,防范因工程性质不明确而引发的法律纠纷。法院强调了对承包人优先受偿权的保护,特别是对于涉及不同工程技术内容的建设工程,法院倾向于保障承包人在工程款中的优先受偿权,提醒企业在签订合同时务必考虑清楚相关权益。对于涉及合同解除和工程款支付的案件,法院在审理过程中注重实质履行,确保合同各方的合法权益,这为建筑行业提供了法律指导。总体而言,这个案例突出了在建筑工程合同纠纷中,对工程性质和合同条款的明确性要求,以及对承包人优先受偿权的法律保护。

4.8 本章总结

本章不仅从理论层面分析了建设工程的基本概念、分类及其复杂性,还从实践角度详细阐述了建设工程合同的类型、内容、计价方式及合同管理要点。

首先,建设工程作为一个综合性概念,涵盖了土木工程、建筑工程、线路管道和设备安装工程、装修工程等多个专业领域。本章明确了各类工程的定义与范畴,揭示了建设工程的多样性和复杂性。同时,强调了建设工程不仅关注具体工程类型的实施,还涉及项目全生命周期的管理活动,从规划、设计到施工、验收,每一个环节都紧密相连,共同确保项目的成功实施。

其次,建设工程合同作为工程建设的法律基石,其重要性不言而喻。本章分析了工程勘察、设计、施工、监理及供货等各类合同的具体内容,揭示了不同合同类型在工程建设中所扮演的角色。特别指出,合同计价方式的多样性(如总价合同、单价合同、成本加酬金合同)对工程建设成本控制和风险分担具有重要影响,合同双方应根据项目实际情况选择合适的计价方式。此外,还强调了合同管理在保障工程质量、进度和安全方面的关键作用。

再者，通过对比分析国内外建设工程合同范本（如 FIDIC、AIA、ICE 等）的异同点，揭示了国际工程合同范本的先进理念和成功经验。这些范本不仅融合了丰富的国际工程经验，还体现了先进的项目管理理念，为中国建设工程合同的编制和完善提供了宝贵的参考。同时，本章也指出了国内外合同范本在应用中的挑战与差异，强调了结合国内实际情况制定适应中国国情的建设工程合同范本的重要性。

最后，通过具体案例分析，展示了建设工程合同纠纷的处理原则与技巧。这些案例不仅涉及合同解释、工程价款结算等常见争议点，还涵盖了合同履行过程中的各种复杂情况。通过这些案例，读者可以更加直观地理解建设工程合同的实践应用，掌握合同纠纷处理的策略和技巧。

思考题

1. 简述建设工程与建设工程合同的定义。
2. 建设工程合同如何进行分类？
3. 建设工程施工合同应包括哪些主要内容？
4. 单价合同、总价合同和成本加酬金合同有哪些特点？应如何选择？
5. 为什么鼓励应根据标准示范文本编制招标文件和合同条件？
6. 建设工程合同的法律特征有哪些？
7. 发展改革委发布的标准文件与住建部发布的合同示范文本有何联系与区别？
8. 阐述新版 FIDIC 合同条件的构成体系。
9. 试述《简明合同格式》的适用范围。
10. 简述常见的 AIA 合同范本。
11. 简述 FIDIC 合同与中国法律的冲突与适用。

第 5 章 建设工程标准、规范和规程

工程项目的标准、规范和规程是项目实施和竣工验收的基础,同时也是项目管理与控制的基础,它们在工程质量、进度、计量与计价等方面发挥着重要的作用。因此,理解合同的技术条件,并满足工期要求,实现合理利润,必须掌握相关知识。同时,在工程争议解决领域,标准规范具有更为重要的作用。遵守这些文件的规定有助于减少争议,实现工程成本的合理估算和控制,并确保工程合同的执行和完成符合相关的技术和法律要求。

建设工程标准、规范和规程与法律法规有着密切的关系,但它们在法律层面上具有不同的地位和功能。建设工程标准、规范和规程是在法律法规的框架下制定的,以补充和细化法律法规对建设工程活动的具体要求。它们提供了更详细的指导和要求,帮助确保工程设计、施工和管理符合相关要求,并能够达到预期的质量和效果。然而,当标准、规范和规程与法律法规存在冲突时,法律法规通常具有优先权。

本章将简要介绍建设工程标准、规范和规程,并针对其中最重要的标准进行体系分类讨论。在对建设工程领域的标准规范有一定了解后,读者将能够把握它们与合同风险之间的联系以及如何根据已用的标准规范来对合同的效力进行分析。

5.1 标准、规范、规程以及规范性文件的概念、区别与联系

5.1.1 概念

5.1.1.1 标准

1934 年盖拉德在《工业标准化原理与应用》一书中对标准所作的定义是世界上最早给出的对标准的定义,即:"标准是对计量单位或基准、物体、动作、过程、方式、常用方法、容量、功能、性能、办法、配置、状态、义务权限、责任、行为、态度、概念或想法的某些特征,给出定义、做出规定和详细说明。它以语言、文件、图样等方式或利用模型、样本及其他具体表现方法,并在一定时期内适用。"

国际标准化组织(International Organization for Standardization,ISO)对标准的定义是:"标准是由各方根据科学技术成就与先进经验,共同合作起草、一致或基本上同意的技术规范或其他公开文件,其目的在于促进最佳的公众利益,并由标准化团体批准。"

目前，我国对标准的定义，根据《标准化工作指南 第 1 部分：标准化和相关活动的通用术语》（GB/T 20000.1-2014），即："通过标准化活动，按照规定的程序经协商一致制定，为各种活动或其结果提供规则、指南或特性，供共同使用和重复使用的文件。标准宜以科学、技术和经验的综合成果为基础。"

在建设工程领域，标准包括一系列规定、规范或准则，用于指导和规范工程的设计、施工、验收以及运营过程。这些标准通常涵盖各种技术要求、规范和指南，以确保建设工程的质量、安全、可持续性和符合法律法规的要求。标准的制定经常涉及行业协会、标准化机构以及其他相关利益相关者的合作。对建设工程标准的遵守有助于提高工程的可靠性、减少风险，并确保工程在设计、施工和运营方面达到预期的要求。

5.1.1.2 规范

《标准化工作指南 第 1 部分：标准化和相关活动的通用术语》（GB/T 20000.1-2014）将规范定义为"规定产品、过程或服务应满足的技术要求的文件"。根据前人的实践经历和行业惯例，可将工程建设中的规范按照其功能和应用领域划分为技术规范、验收规范、管理规范和标准规范。

技术规范是相对于管理规范而言的，指在工程设计、施工、验收等技术事项中所制定的规范性文件。技术规范根据工程所涉及的专业领域和具体要求，规定了各个环节的技术要求、设计参数、施工工艺、质量控制要求以及验收标准等内容。技术规范在工程建设过程中起到了指导和标准化的作用，确保工程按照一定的技术标准进行设计、施工和验收。

验收规范是技术规范的一种，特指在工程建设项目验收和交付阶段制定的规范性文件。验收规范规定了验收的程序、标准和要求，对工程的质量、安全、功能性等进行评价和确认。验收规范的制定旨在确保工程建设按照合同要求完成，达到预期的技术、质量和安全目标。

管理规范是指在工程建设项目管理和执行过程中所制定的规范性文件。管理规范包括项目组织管理、施工管理、质量管理、安全管理、合同管理等方面的要求和规定，如《建设工程项目管理规范》（GB/T 50326-2017）。这些规范旨在规范工程建设活动中的管理流程、组织结构、管理制度和操作程序，以确保项目按照规定的要求和方式进行。

标准规范是由国家、行业或地方标准制定机构所发布的具有强制性或推荐性的文件。在工程建设中，标准规范通常规定了工程建设各个方面的技术要求、设计规范、施工规范、验收标准等内容。标准规范的制定旨在统一工程建设的实施标准，提高工程质量和安全性。

技术规范和标准的区别在于技术规范是规定技术要求的文件，但没有经过标准制定的程序。技术规范和标准是有联系的。首先，标准中的一些技术要求可以引用技术规范，这样技术规范或技术规范中的某些内容就成为标准的一部分。其次，如果技术规范本身经过了标准制定程序，由一个公认机构批准，则这个技术规范就可以成为标准。

5.1.1.3 规程

规程是针对特定的技术要求和实施程序的统一规定，旨在确保作业、安装、鉴定、安全和管理等方面的标准和流程得以贯彻执行。

5.1.1.4 规范性文件

规范性文件是由各级机关、团体和组织在履行职责过程中形成的具有特定效力的文件。这类文件具备规范的格式，旨在约束和规范人们的行为。而且这类文件正因其内容的规范性、约束性和可反复适用性而得名。

1. 广义与狭义规范性文件

规范性文件可以根据其法律效力和制定主体的不同，分为广义和狭义两种。

1）广义上的规范性文件

立法性文件：包括宪法、法律、行政法规、地方性法规、自治条例、单行条例、国务院部门规章和地方政府规章等，这些文件属于法律范畴，具有最高的法律效力。

非立法性文件：除上述立法性文件外，由国家机关和其他团体、组织制定的，具有普遍约束力的非立法性文件也属于广义的规范性文件范畴。这些文件虽然不具有法律的直接效力，但在特定领域或范围内同样具有约束力和规范作用。

2）狭义上的规范性文件

狭义上的规范性文件通常被称为"红头文件"，主要指的是法律范畴以外的，由有权机关制定的其他具有普遍约束力、可以反复适用的非立法性文件。这类文件包括但不限于各级政府发布的通知、通告，以及各级党组织、人民政府及其所属工作部门、人民团体、社团组织、企事业单位、法院、检察院等发布的决议、决定、意见等。

2. 规范性文件的特征

（1）约束性。规范性文件的核心特征在于其内容的约束性，即文件所规定的具体规则、要求等对适用范围内的个人、组织或事项具有约束力。

（2）规范格式。规范性文件具有特定的格式和规范要求，以确保文件的严肃性和规范性。

（3）可反复适用性。与一次性使用的文件不同，规范性文件可以在一定时期内反复适用，为相关事务的处理提供持续性的指导和规范。

（4）普遍约束力。其规范性文件的约束力覆盖制定主体管辖范围内所有符合条件的不特定对象（如某类群体、某类事项），而非仅针对某一具体个人或单一事件。

（5）行政性。许多规范性文件是由行政机关或具有管理公共事务职能的组织制定的，体现了行政管理的需要和特点。

3. 规范性文件的制定与发布

规范性文件的制定必须遵循法定程序，确保文件的合法性、合理性和科学性。制定过程中应广泛征求相关利益方的意见和建议，确保文件的民主性和公正性。制定完成后，文件应依法公开发布，以便相关单位和个人知晓并遵守。

总之，规范性文件在行政管理、社会治理等方面发挥着重要作用，是维护社会秩序、保障公共利益的重要工具。

5.1.2 联系与区别

5.1.2.1 联系

标准、规范、规程都是标准的一种表现形式,习惯上统称为标准。

标准、规范和规程之间存在引用关系。规范和规程往往参照和引用相关的标准,以确保工作的质量和安全性。标准通常是在更广泛的范围内制定,而规范和规程是基于具体的需求和问题制定,可以更具体地规定实施的细节。

标准、规范和规程都致力于统一工程建设过程中的要求和规定,确保工程的质量、安全和可靠性。它们都为工程建设提供指导、约束和规范,以确保工程符合国家法律法规和行业标准,并满足相关的技术要求。

标准、规范和规程的制定通常是在行业内达成共识的结果,通过行业组织、标准制定机构、政府部门和专家委员会等来制定和发布。在实践中,它们在工程项目的设计、施工、验收和管理等方面具有重要的指导和规范作用。

5.1.2.2 区别（见表5-1）

表 5-1 标准、规范、规程之间的区别

	标准	规范	规程
适用范围	范围通常较广,涵盖整个行业或某个特定领域,提供了一系列的规范和指南。在建设工程领域内获得最佳秩序,对建设活动或其结果规定共同的和重复使用的规则、导则或特性的文件,该文件按照标准制定程序经协商一致制定,以科学、技术和实践经验的综合成果为基础,以促进最佳社会效益为目的	在工程建设中,对设计、施工、检验等技术事项所做的一系列规定,一般涵盖了特定产品、工艺、设计或施工过程等的详细说明和要求,旨在规定实施某项工程活动的具体规范和要求。它通常针对特定领域或项目,提供了具体的技术参数、规格、材料要求、施工方法等细节	对作业、安装、鉴定、安全、管理等方面的技术要求和实施程序所做的统一规定,它可以覆盖更广泛的范围,涵盖多个方面的要求和规定
强制性质	一般具有一定的强制性,特别是国家标准,需要在法律层面进行遵守和执行	具有推荐性或强制性要求。规范通常被认为是合同的一部分,具有一定的强制性,并需要在工程项目中遵守。它们可以作为行业规范或企业内部规范,进行参考和遵循	具有推荐性或强制性要求。规程在实施上可以具有不同的强制性质,有些规程是法定的,需要在法律层面进行遵守和执行,而有些规程是针对内部管理或行业自律,供参考和遵循

续表

	标准	规范	规程
制定机构	由国家标准化机构或国际标准化组织制定和发布，如ISO、ASTM[①]等。	一般由行业组织、企业或专业机构制定和发布，其制定过程通常包括行业专家和利益相关方的参与	由行业组织、机构、企业或政府进行，它们通常代表着特定领域或行业的共识和实践经验
内容和细节	标准通常包含了一般的原则、要求和指导	相较于标准，规范通常包含了具体的技术参数、规格、材料要求、施工方法等细节，以确保特定工程活动的符合标准	相较于标准，规程通常更加综合和细致，可以包含更广泛的技术要求和实施程序，涉及作业流程、安全管理、质量控制等方面的规定

标准、规范、规程都是标准的一种表现形式，只有针对具体对象才加以区别。表5-1介绍了标准、规范、规程之间的区别，但在具体区分时仍存在一定的难度，下面列举出一些具体标准、规范和规程的适用范围。

（1）针对产品、方法、符号、概念等时，一般采用标准，如《土工试验方法标准》《建筑抗震鉴定标准》《建筑施工质量验收统一标准》等。

（2）针对工程勘察、规划、设计、施工等技术事项做的规定时，通常采用规范，如《混凝土设计规范》《钢结构工程施工质量验收规范》《工程测量规范》等。

（3）针对操作、工艺、管理等技术要求时，采用规程，如《建筑机械使用安全操作规程》《水泥企业工艺管理规程》《钢筋气压焊接规程》等。

在工程建设标准化实践中，主管部门和行业协会常将多种标准文件命名为"规范"，如广泛使用的《清单计价规范》《建设工程造价鉴定规范》和《建设工程项目管理规范》等。这种命名习惯使"规范"成为一种行业内约定俗成的说法。

5.2 标准的体系分类

标准可以按不同的分类方式划分：
（1）按属性分：强制性标准、推荐性标准、自愿采用标准。

[①] ASTM，American Society for Testing and Materials，美国材料和试验协会国际组织，是国际标准化组织，它制定、发布自愿共识的有关材料、产品、系统和服务的技术标准。该组织的总部设在美国宾夕法尼亚州的西康舍霍肯。

（2）按层级分：国家标准、行业标准、地方标准、团体标准、企业标准。

（3）按体系层次分：基础标准、通用标准、专用标准。

（4）按工程建设阶段分：勘察标准、工程测量标准、规划标准、设计标准、施工及质量验收标准、试验鉴定标准、运行维护标准。

5.2.1 按属性分类

国际标准化组织（ISO）和国际电工委员会（International Electrotechnical Commission，IEC）在其指南 ISO/IEC Guide 2-2004（Standardization and related activities-General vocabulary）中详细阐述了标准的定义，并明确划分了强制性标准、推荐性标准和自愿采用标准三种类别。

5.2.1.1 强制性标准（Mandatory Standard）

强制性标准是由政府、国家标准化机构或其他相关机构制定的，具有法律效力，需要在规定的范围内强制执行和遵守。这些标准通常涉及产品质量、安全性、环境保护等方面的要求，对相关行业和企业具有强制约束力。

5.2.1.2 推荐性标准（Recommended Standard）

推荐性标准是由行业组织、专业协会或其他技术机构制定的，对特定行业或领域的技术、工艺、管理等提出了建议和指导性意见。这些标准并非强制性要求，但通常被广泛接受和采用，被视为行业最佳实践和共识。

5.2.1.3 自愿采用标准（Voluntary Adoption Standard）

自愿采用标准通常是由行业组织、企业或其他相关方自主制定的，其目的是规范自身内部工作或提高产品质量和服务水平。这些标准是自愿采用的，不具备法律约束力，但可以作为内部管理或市场竞争的参考依据。

强制性标准主要起到法律和监管的作用，强制企业和机构在特定领域内遵守标准要求。推荐性标准提供了行业的最佳实践和指导，帮助企业提高质量、效率和竞争力。自愿采用标准主要是为了自身管理和改进，提高企业的专业水平和信誉度。

5.2.2 按层级分类

在经历过标准化改革之后，我国构建了政府主导制定的标准和市场自主制定的标准协同发展、协调配套的新型标准体系。该体系由国家标准、行业标准、地方标准、团体标准和企业标准五个层级的标准构成。其中国家标准、行业标准和地方标准属于政府主导制定的标准，团体标准和企业标准属于市场自主制定的标准。国家标准分为强制性标准、推荐性标准，行业标准、地方标准属于推荐性标准。强制性标准必须执行，同时国家也鼓励采用推荐性标准。

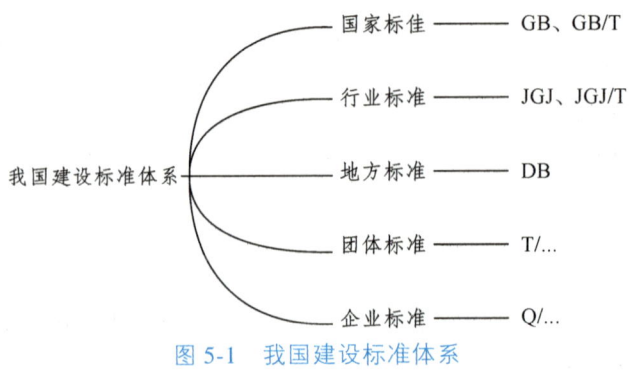

```
                        ┌── 国家标准 ──── GB、GB/T
                        │
                        ├── 行业标准 ──── JGJ、JGJ/T
                        │
我国建设标准体系 ────────┼── 地方标准 ──── DB
                        │
                        ├── 团体标准 ──── T/...
                        │
                        └── 企业标准 ──── Q/...
```

图 5-1　我国建设标准体系

5.2.2.1 国家标准

需要在全国范围内统一的技术要求，应制定为国家标准。国家标准由国务院标准化行政主管部门统一制定发布。根据其约束力，国家标准分为强制性标准和推荐性标准两种。强制性国家标准由政府主导制定，旨在保障人身健康和生命财产安全、国家安全、生态环境安全等。强制性国家标准一经发布，必须被严格执行。推荐性国家标准由政府组织制定，主要定位在基础通用，与强制性国家标准配套的标准，以及对行业发展起引领作用的标准。推荐性国家标准虽非强制执行，但鼓励社会各界广泛采用。

1. 强制性国家标准示例

《建设工程工程量清单计价规范》（GB 50500-2013）
《房屋建筑与装饰工程工程量计算规范》（GB 50854-2013）
《建设工程施工现场供用电安全规范》（GB 50194-2014）
《混凝土质量控制标准》（GB 50164-2011）
《建设工程施工现场消防安全技术规范》（GB 50720-2011）

2. 推荐性国家标准示例

《建设工程监理规范》（GB/T 50319-2013）
《建设工程文件归档规范》（GB/T 50328-2014）
《建设工程项目管理规范》（GB/T 50326-2017）
《建设工程造价咨询规范》（GB/T 51095-2015）
《建设工程计价设备材料划分标准》（GB/T 50531-2009）

5.2.2.2 行业标准

对没有国家标准、需要在全国某个行业范围内统一的技术要求，可以制定相应的行业标准。行业标准由国务院各部委制定发布，发布后需到国务院标准化行政主管部门备案。行业标准属于推荐性标准。

建设工程领域的行业标准示例如下：

《古建筑修建工程施工与质量验收规范》（JGJ 159-2008）
《房屋建筑与市政基础设施工程检测分类标准》（JGJ/T 181-2009）

《建筑工程资料管理规程》（JGJ/T 185-2009）

5.2.2.3　地方标准

地方标准是指在国家某个地区通过并公开发布的标准。如果没有国家标准和行业标准，而又需要满足地方自然条件、风俗习惯等特殊的技术要求，可以制定地方标准。地方标准由省、自治区、直辖市人民政府标准化行政主管部门编制计划，组织草拟，统一审批、编号、发布，并报国务院标准化行政主管部门和国务院有关行政主管部门备案。地方标准仅在本行政区域内适用，且在相应的国家标准或行业标准实施后自行废止。

建设工程领域的地方标准示例如下：

《黑龙江省建筑工程施工质量验收标准 统一标准》（DB 23/724-2017）

《天津市公共建筑能耗标准》（DB/T 29-249-2017）

《陕西省绿道规划设计标准》（DBJ61/T 127-2017）

5.2.2.4　团体标准

团体标准是由团体按照团体确立的标准制定程序自主制定发布、由社会自愿采用的标准。社会团体可在没有国家标准、行业标准和地方标准的情况下，制定团体标准，快速响应创新和市场对标准的需求，填补现有标准的空白。国家鼓励社会团体制定严于国家标准和行业标准的团体标准，引领产业和企业的发展，提升产品和服务的市场竞争力。

建设工程领域的团体标准示例如下：

《工程监理文件资料管理标准化指南（房屋建筑工程）》（TB 0101-201-2017）（北京市建设监理协会）

《建设工程造价鉴定规程》（CECA/GC 8-2012）（中国建设工程造价管理协会[①]）

5.2.2.5　企业标准

由单个企业根据其业务需求自行制定，或者与其他企业联合制定。国家鼓励企业制定高于推荐性标准相关技术要求的企业标准。企业标准在企业内部适用，但对外提供的产品或服务涉及的标准，则作为企业对市场和消费者的质量承诺。

建设工程领域的企业标准示例如下：

《中建二局西南分公司智慧工地应用实施与评价标准》（Q/500000-ZJEJXN-002-2020）

《地基工程地基换填法施工工艺和质量标准》（Q/350500ZJLT001-2022）

5.2.3　按体系层次分

ISO/IEC Guide 2-2004（Standardization and related activities-General vocabulary）对标准的定义和分类进行了详细的说明。该指南明确区分了三个层次的标准：基础标准、通用标准和专用标准，并详细描述了各类标准的特征及其适用范围。

[①] 中国建设工程造价管理协会，原 China Engineering Cost Associate（CECA），现改为 China Cost Engineering Associate（CCEA）。

5.2.3.1 基础标准（Fundamental Standards）

基础标准是一个体系中的核心标准，它所涵盖的范围极为广泛，对整个行业或领域具有普适性和基础性作用。基础标准通常包括基本术语、定义、通用原则和方法，它们为其他标准的制定和应用提供了基础框架和共同理解。例如，ISO 9000 系列标准是质量管理体系（QMS）的基础标准，提供了质量管理的通用原则和要求。

5.2.3.2 通用标准（General Standards）

通用标准是面向某个特定领域或行业的广泛适用的标准。这些标准提供了对产品、工艺、服务、管理系统等方面的基本要求和指导，为相关领域的设计、制造、施工、操作、管理等提供统一的准则。通用标准旨在确保产品的安全性、质量、可靠性和互换性，促进国际贸易和市场竞争。例如，ISO 14001 是一种通用的环境管理体系（EMS）标准，适用于各种组织和行业。

5.2.3.3 专用标准（Specific Standards）

专用标准是针对某个特定产品、工艺、设备、材料或领域的标准。这些标准更具体和详细，涵盖特定实施对象的技术要求、设计规范、测试方法、性能参数等。专用标准相对于通用标准更为具体化，因此在特定领域和行业中具有更高的适用性和约束力。例如，AWS D1.1 是美国焊接协会（AWS）发布的钢结构焊接专用标准，规定了钢结构焊接的技术要求和质量标准。

这种体系层次的划分旨在从整体到局部的组织和管理标准，确保标准体系的完整性和协调性。不同层次的标准相互关联、互为补充，帮助实现行业的一致性、互通性和规范化。这样的分类使得标准的制定、应用和认证更加系统化和有效。

5.2.4　按工程建设阶段分

在工程建设领域，标准通常根据建设过程中各个阶段的关键要素和具体工作内容进行划分。勘察、测量、规划、设计、施工、验收、试验和维护是工程建设的基本环节，因此将标准按照这些环节进行分类。

5.2.4.1　勘察标准

勘察标准涉及工程建设前的勘察和调查工作。这些标准指导着采集土地信息、地质勘察、水文勘测等活动，确保在设计和施工阶段能够充分了解工程所需的基础条件和环境特点。

5.2.4.2　工程测量标准

工程测量标准规定了工程建设过程中的测量方法和精度要求。这些标准包括测量设备的选择和使用、测量数据的处理和分析等，确保工程测量结果准确可靠，为设计和施工提供准确的数据支持。

5.2.4.3 规划标准

规划标准涉及工程项目的整体规划和布局，涵盖城市规划、土地利用规划、交通规划等内容。这些标准根据项目的具体性质、规模和需求，提供合理的规划指导，确保工程建设与城市发展之间的协调性与可持续性。

5.2.4.4 设计标准

设计标准是工程建设阶段最为重要的标准之一，包括结构设计、电气设计、给排水设计等。这些标准详细规定了工程各个部分的设计要求和技术规范，确保工程设计满足安全性、功能性、可靠性等方面要求。

5.2.4.5 施工及质量验收标准

施工及质量验收标准主要涉及工程施工过程中的施工方法、质量控制和验收标准。这些标准包括材料的选择和使用、施工工艺的控制、质量检测和验收等，确保工程施工符合标准要求并达到预期质量水平。

5.2.4.6 试验鉴定标准

试验鉴定标准规定了对工程建设过程中的材料、设备及结构进行试验和鉴定的方法与要求。这些标准指导着各种试验的进行，如材料强度测试、结构荷载试验等，以验证工程的可行性和符合性。

5.2.4.7 运行维护标准

运行维护标准涉及工程建成后的运行和维护管理。这些标准包括设备运行维护、安全管理、环境保护等方面的要求，确保工程在正常运行期间能够保持良好的状态和性能。

5.3　标准规范与合同条件

标准规范是合同条件的组成部分，它对建设项目实施、交付和投入使用提出了明确的要求，为建设项目提供指导和约束，确保产品和服务的质量、安全和合规性。合同应明确要求双方遵守相关标准规范，并对违约行为的后果进行约定，以减少合同纠纷和风险。

标准、规范和规程在合同管理中扮演着重要角色，它们不仅约定了工程质量要求，还规定了合理的工期及其他相关事项。违反这些文件可能导致合同风险的发生，如质量风险、工期风险和价款支付风险等，从而影响工程的顺利进行、双方利益的实现和合同的履行。因此，合同双方应遵守并执行相关标准、规范和规程，确保工程质量符合要求，工期按计划进行，并确保相应的价款支付条件得到履行。

此外，合同双方还应进行有效的合同管理和风险控制，监督和管理工程的实施，并及时解决产生的问题。在发现违规行为时，应及时采取纠正措施，以避免合同风险进一步扩大。通过规范执行合同和有效的风险管理，双方可降低合同风险，保障权益，并确保项目的成功实施。

5.3.1 规范标准是合同管理的重要依据

建设工程涉及复杂的技术和工艺，存在着各种潜在的风险，如质量风险、工期风险和价款支付风险等。为了有效管理和控制这些风险，需要依靠标准规范。

依据标准规范，工程参与方能够更好地理解和应用相关的技术要求，规避潜在的技术风险。按照标准规范的指导进行操作，可以减少质量问题和缺陷的发生。同时，标准规范明确了工期和验收标准，有助于确保工程按时完成并满足合同要求。此外，标准规范还为工程款项支付提供了依据和保障，确保支付过程的规范性和公正性。

因此，标准规范是建设工程中解决技术问题、管理风险的重要依据。遵循标准规范的要求，能够提高工程的可靠性、持久性和安全性，促进工程质量的改进和提升。

以下将用具体的案例说明标准规范在解决技术问题和管理风险方面的作用。

5.3.1.1 质量风险

标准规范提供了质量管理的指导原则和要求，如 ISO 9001 质量管理体系标准明确了工程项目的质量要求和技术标准，包括材料选用、施工工艺、验收标准等。承包商可以依据这些标准规范来建立质量管理体系，确保施工过程中符合质量要求，减少质量风险。例如，特定的标准规范可能要求使用特定质量等级的材料或进行特定的质量检验和测试，以确保工程质量符合要求。若未能遵循这些标准可能会导致工程质量问题，如结构不牢固、施工缺陷等，使用不达标材料也会增加工程安全风险、维修成本和纠纷的可能性。

5.3.1.2 工期风险

标准规范通常包含工期管理的指导原则和要求。例如,《全国统一建筑安装工程工期定额》是依据国家建筑安装工程施工及验收规范等有关规定，按正常施工条件、合理的劳动组织，以施工企业技术装备和管理的平均水平为基础，结合各地区工期定额修编而成。该定额是编制招标文件的依据，也是签订建筑安装工程施工合同、确定合理工期及施工索赔的基础。中国建设工程造价管理协会组织编制的《建设工程造价咨询工期标准（房屋建筑工程）》（CECA/GC 10-2014）旨在规范建设工程造价咨询委托人和咨询人的行为，提高工程造价咨询成果质量。广东省住建厅归口管理的《广东省建设工程施工工期定额》包括建筑安装、市政、城市轨道交通、园林和城市地下综合管廊工程的施工工期。这些标准和规范为不同地区和类型的建设工程提供了具体的工期参考和管理指导，确保工程能够按时完成并满足质量和安全要求。

5.3.1.3 价款支付风险

标准规范在合同管理和支付方面具有重要意义，特别是在工程合同的进度付款条款中。进度款支付条款通常依据标准规范中的阶段性验收标准确立，以确保工程符合质量和安全要求。例如，按照合同约定的工程进度计划完成各阶段工作，承包人（乙方）须提交进度报告和相关证明材料，甲方核实无误后按约定时间支付款项。如果工程质量不达标或工期延误，可能会引发支付问题，如延期支付、支付纠纷或索赔要求。因此，阶段性验收标准在规避价款支付风险中至关重要。阶段性验收有助于确保工程在不同阶段都能够达到一定的质量标准，并及时发现和解决问题，以确保整个工程项目成功完成。根据《建设工程价款结算暂行办法》的通知，工程进度款支付应根据确定的工程计量结果，承包人向发包人提出支付工程进度款申请，发包人应在规定时间内支付不低于工程价款的60%，不高于工程价款的90%的工程进度款。这表明标准规范中的阶段性验收要求为工程款的支付提供了依据，有助于有效控制支付风险，充分体现了标准规范在合同管理和支付方面的具体应用。

5.3.1.4 案例分析

案例5-1：广州市Y贸易有限公司、贵州省岑巩县L房地产开发有限责任公司建设工程施工合同纠纷

案例来源：贵州省黔东南苗族侗族自治州中级人民法院，（2017）黔26民终1110号

案例背景：

2014年11月4日，广州市Y贸易有限公司（承包人）与贵州省岑巩县L房地产开发有限责任公司（发包人）签订《工程承包合同》，合同约定承包人负责施工发包人开发的某小区工程，明确了挖运土石方、毛石护墙等项目单价，其中毛石护墙每立方米363.00元，并约定按实际工程量结算。合同签订后，承包人先后将所承接的工程转交给实际施工人杨某等人施工。2015年6月8日，承包人编制了《施工验收报表》，发包人于2015年7月22日在该报表上签字确认了完成的工程量。其中，毛石护墙工程量为7 829.96立方米，按每立方米363.00元的单价计算，工程价款为2 842 275.48元。2015年9月18日，承包人通过快递向发包人送达了《催收函》，要求支付工程款，发包人回函提出毛石护墙单价为每立方米280.00元，双方出现争议。发包人之后多次向承包人发出工作联系函并附现场照片，提出工程质量问题，要求整改修复，双方沟通无果，承包人遂向法院提起诉讼，亦未进行修复施工。2016年11月26日，经法院委托，司法鉴定机构对《工程承包合同》中约定修建的毛石护墙（挡墙）进行鉴定。

裁判结果：

根据当事人的申请，法院委托司法鉴定机构对《工程承包合同》中约定修建的毛石护墙（挡墙）进行鉴定，鉴定意见认为挡墙的砌筑石材满足规范要求，结构尺寸局部不满足设计要求，施工砌筑质量不足设计及规范要求。

承包人提出毛石护墙工程已向发包人提出验收。发包人怠于验收并已实际使用。且派发包双方没有就挡墙的质量作出量化可检测性的约定，所以承包人施工中出现与设计和规范存在误差的情形，不是质量问题。因无客观的检测结果证实挡墙的砂浆强度及抗压强度不符合国家标准，根据建筑行业的惯例，未按施工规范施工属于行政部门的行政监察职能，不能以此来鉴定承包人的施工工程质量，而且鉴定意见所采用依据标准中部分不属于强制性条款，因此应推定工程质量为合格，发包人应按约定支付工程款。

发包人提出原告施工的工程属于附属工程，挡墙从开始修建就起到挡土护坡作用，不存在发包人使用的问题；对于鉴定意见，认为鉴定符合相关法律规定，可以作为认定客观事实的依据，承包人提出没有约定质量标准的理由不成立，建设工程必须执行国家强制性标准和相关规范要求，通过司法鉴定已经得出结论，工程不满足规范要求即为不合格工程。

法院认为，根据挡墙工程的性质，挡墙修建就会发挥挡土护坡的作用，承包人提出被告已经使用该工程的理由不能成立。法院依当事人申请，委托有资质的鉴定机构对挡墙工程质量进行了司法鉴定，承包人提出的事实和理由又不足以否认司法鉴定意见的结论，应当认定挡墙质量不满足设计及规定要求。

案例分析：

本案中，标准规范在工程质量认定中的关键作用得到了体现。尽管承包人主张工程已投入使用并经过发包人验收，法院仍依据司法鉴定结果认定工程未达到标准规范要求，导致工程质量被判定为不合格。标准规范在此作为判断工程是否符合质量要求的技术依据，发挥了至关重要的作用。

标准体系涵盖了建设工程领域中的勘察、规划、设计、施工、安装、验收、运营维护及管理等全部活动，对工程建设获得最佳秩序、实现最佳效率，具有直接作用和重要意义。

5.3.2 强制性标准和强制性条文

强制性标准和强制性条文在确保公共利益、保护消费者权益以及维护社会秩序方面发挥着至关重要的作用。强制性标准是通过法律、行政法规等手段实施的，具有法律属性，必须贯彻执行。如果合同中包含违反强制性法规或标准的条款，这些条款可能会被视为无效，甚至影响整个合同的合法性。遵守强制性标准和条文有助于降低法律风险。

5.3.2.1 强制性标准

强制性标准，是指那些旨在保障人体健康、人身安全和财产安全的标准，以及法律、行政法规规定必须强制执行的标准。如药品标准强制性条文、食品卫生标准。这些标准通过法律、行政法规等强制性手段在特定范围内实施，因而具有法律效力。

工程建设强制性标准是工程建设活动应遵守的基本技术要求，同时也是工程质量安全监督检查和建设市场监管的技术依据，对保证工程质量安全、规范建设市场、维护人民群众生命财产安全和人身健康具有至关重要的作用。

1. 强制性标准分类

（1）《关于强制性标准实行条文强制的若干规定》规定，强制性标准可分为全文强制和条文强制两种形式。

第一类，当标准的全部技术内容需要被强制执行时，采用全文强制形式。对于全文强制形式的标准需在"前言"第一段以黑体字写明："本标准的全部技术内容为强制性。"

第二类，当标准中部分技术内容需要被强制执行时，采用条文强制形式。对于条文强制形式的标准应根据具体情况，在标准"前言"第一段以黑体字并采用下列方式之一写明：

当标准中强制性条文比推荐性条文多时，写明："本标准的第×章、第×条、第×条……为推荐性的，其余为强制性的"；

当标准中强制性条文比推荐性条文少时，写明："本标准的第×章、第×条、第×条……为强制性的，其余为推荐性的"；

当标准中强制性条文与推荐性条文在数量上大致相同时，写明："本标准的第×章、第×条、第×条……为强制性的，其余为推荐性的"。

（2）根据标准化对象的不同，强制性标准可以分为两类，一类以整个工程项目为规范对象，另一类则以特定专业或行业领域为规范对象。

第一类，以工程项目整体为规范对象，提出"目标"（预期达到的目的）和"功能性能要求"，称为综合强制性标准，如《住宅建筑规范》；

第二类，以专业或行业为规范对象，覆盖专业或行业领域内工程建设全过程或主要阶段，提出"子目标或分目标""功能性能要求""方法性条款"（符合目标条款和功能条款要求的技术方法或措施）以及"验证性条款"（满足目标条款和功能条款要求的验证条款，指在不同阶段对是否符合目标条款和功能条款提出的验证、评估、测试方法或标准），称为专业强制性标准，如《建筑地基基础技术规范》。

值得注意的是，自2020年6月1日《强制性国家标准管理办法》[①]实施后，新发布的强制性国家标准均为全文强制标准。该管理办法实施前，发布的"条文强制"标准，仍然是强制性条款强制执行，推荐性条款鼓励执行。

2. 强制性标准体系构建

强制性标准体系可以按对象和专业两个维度构建。

（1）对象维度上，以房屋建筑工程项目整体为规范对象，设置综合强制性标准，如《房屋建筑规范》《住宅建筑规范》等。这些标准提出房屋建筑工程的总目标、子目标和功能性能要求，通过综合平衡实现房屋建筑工程整体功能性能优化。

（2）专业维度上，以专业任务为规范对象，设置专业强制性标准，提出子目标、本专业（规划、勘察）设计、施工、检（监）测、质量验收中必须满足的性能要求或具体规定，为实现功能性能目标提供方法和途径，以及目标条款和功能条款要求符合性判定的验证、评估、测试方法或标准。

工程建设强制性标准除具有一般意义的标准所体现的综合性强、技术性强、政策性强以及受自然、环境影响大的特征之外，还有着其独有的特点。区别于一般的社会规范，工程建设强制性标准影响力度大，在标准化界多被认为是"法"，具有法律规范的实质特征，具备法的功能与作用，对相对人具有约束力，强制性规范各相关主体，其推行方式是规范性的影响方式。法律强制力是它的后盾，即在一定范围内，通过法律、行政法规等手段强制执行。法律规范是否有效力，取决于其授予的权利（力）是否被尊重且当被侵犯时是否得到相应的保护，以及其限定的义务是否由被限定的对象去遵守、履行。强制性标准作为一种法律规范，就体现出法的效力。

[①] 国家市场监督管理总局令第25号，https://www.gov.cn/gongbao/content/2020/content_5512561.htm。

5.3.2.2 强制性条文

强制性条文指的是建设工程合同中具有法律效力、不可撤销、合同双方必须遵守和履行的条款。这些条文通常基于国家法律法规和建设工程相关法规，规定了参与方在履行合同过程中的权利、义务和责任。违反强制性条文会导致合同纠纷和法律纠纷的产生。

具体来说，强制性条文通常基于国家法律法规、建筑法规以及相关的建设工程管理规定。它们规定了参与方在合同履行过程中的权利、义务、责任和约束，并明确了各方在合同中的权益和责任范围。

强制性条文可根据内容和性质进行分类。以下是常见的强制性条文分类。

（1）总则和基本条款。这些条款涉及合同的基本框架和基本原则，包括合同的订立、生效、履行的基本规定，以及各方的权利和义务等。

（2）价格与支付条款。这些条款规定了合同的价格、付款方式、支付时间以及相关的索赔、扣款规定等。

（3）工期与履约条款。这些条款涉及工程的起止时间、工期的延长和推迟、履约保证金、工程进度的控制等内容。

（4）质量与验收条款。这些条款规定了工程质量的标准、验收程序、不合格工程的处理方式、质量保证责任等。

（5）变更与索赔条款。这些条款规定了合同变更的程序和条件，以及索赔的规定和争议解决的程序等。

（6）违约与责任条款。这些条款明确了各方违约情形及相应责任，包括违约赔偿的计算和索赔的方式、继续履行合同或解除合同的条件等。

（7）保证与责任条款。这些条款规定了各方的履约保证和责任范围，包括履约保证金、违约责任保险等。

（8）解除与终止条款。这些条款说明了合同解除或终止的条件和程序等。

5.3.2.3 强制性标准和强制性条文的区别（见表5-2）

表5-2 强制性标准和强制性条文的区别

	强制性标准	强制性条文
制定机构	通常由标准制定机构或相关行业组织制定，如国家标准化管理委员会、国际标准化组织等	由法律法规、规章制度或合同等具有法律效力的主体制定
适用范围	通常适用于一个更广泛的范围，覆盖多个相关领域或行业，以提供行业最佳实践和规范	通常适用于具体的合同、规章制度或项目等，其适用范围更为具体和局限
约束力程度	对于强制性标准中的强制性条文要求必须强制执行，但推荐行条文通常是建议性的，鼓励执行，但并非强制要求	强制性条文具有法律强制力，违反条文可能导致法律责任或纠纷
规范性程度	通常是指导性和规范性的，旨在为行业提供统一的规范，并推荐最佳实践	强制性条文则更具体和明确，要求各方按照条文的要求执行特定的行为、程序或结果

5.3.2.4 强制性标准和强制性条文的重要性

强制性标准和强制性条文在建设工程中起到了规范各方行为、保障工程质量安全、维护各方权益的重要作用。参与方应严格遵守和执行相关的强制性标准和强制性条文，以确保建设工程的顺利进行和合同的有效履行。

强制性标准的重要性：

（1）统一标准。强制性标准为建设工程领域制定了统一的技术规范和要求，维护了市场的公平竞争环境，促进了工程质量的提高和规范发展。

（2）保障工程质量。强制性标准规定了建设工程设计、施工和验收过程中的技术要求和质量标准，确保了工程建设的合理性、安全性和可靠性。

（3）风险防控。强制性标准对于建设工程在设计、施工和验收过程中的风险进行了识别和管控，减少了工程事故和质量问题的发生可能性，保护了参与方的合法权益。

强制性条文的重要性：

（1）约束力和法律效力。强制性条文是建设工程合同中具有法律约束力的重要条款，明确参与方在合同履行过程中的权利和义务，确保合同的有效履行和合作关系的稳定。

（2）专业规范。强制性条文规定了在建设工程过程中需要遵守和执行的技术规范和管理要求，保证施工单位按照相关规定进行操作，确保工程质量和安全。

（3）纠纷解决与争议处理。强制性条文明确了当合同出现纠纷和争议时的解决程序和方式，为参与方提供了明确的法律依据，确保纠纷能够得到公正、合理、有效的解决。

5.3.3 规范应用实例

5.3.3.1 质量规范实例

以《公路工程标准施工招标文件》（2018 年版）为例，该文件由中华人民共和国交通运输部发布，旨在统一和规范公路工程施工招标的技术要求，保障工程的质量、安全和环保，同时提高招投标的效率和公正性。

在质量管理方面，文件中强制性条文规定了承包人应制定完善的工程质量管理制度，严格执行公路工程强制性技术标准和各类技术规范及规程，全面履行合同义务，并提供必要的检测和试验资料。例如：

条文 101.05 规定："如规范要求某项作业需由某种施工机械来完成，则必须使用该种施工机械，除非监理人批准使用其他机械。"

条文 102.06 规定："用于永久工程的材料（含半成品、成品），都必须是符合本规范规定的合格材料，并经监理人批准。承包人在材料的订购或自采加工之前，应取得监理人的同意，必要时应附有材料的样品及其材质和使用的有关说明。"

此外，文件详细规定了施工安全技术措施，包括施工安全保障体系、安全生产责任制、安全生产管理规章制度等，这些措施有助于预防和控制施工现场的安全风险。例如：

条文 105.02 规定："选址应安全，严禁设置在泥石流、滑坡体、洪水位下等危险区域，避开取土、弃土场、塌方、落石、危岩等地段，距离集中爆破区 500 m 以外。"

条文 105.03 规定："加强对隐蔽工程、关键工序的过程控制和验收，确保工程各项指标抽检合格率达到规范要求。"

5.3.3.2 价款支付规范实例

关于价款支付，《建设工程工程量清单计价规范》（GB 50500-2013）规定了建设工程造价计价的原则、方法、术语，以及工程量清单的编制原则和内容。该规范适用于建设工程发承包及实施阶段的计价活动。

在《建设工程工程量清单计价规范》中，强制性条文共 15 条，涵盖了建设工程造价计价的多个方面，例如：

条文 3.1.1 规定，使用国有资金投资的建设工程发承包，必须采用工程量清单计价。

国有资金投资的建设工程发承包必须采用工程量清单计价。全部或者部分使用国有资金投资或者国家融资的项目包括：使用预算资金 200 万元人民币以上，并且该资金占投资额 10%以上的项目；使用国有企业事业单位资金，并且该资金占控股或者主导地位的项目。

条文 3.1.4 规定，工程量清单应采用综合单价计价。

采用综合单价法进行工程量清单计价时，综合单价包括除规费和税金以外的全部费用。

条文 3.1.5 规定，措施项目中的安全文明施工费必须按国家或省级、行业建设主管部门的规定计算，不得作为竞争性费用。

此条响应了"将安全文明施工费纳入国家强制性管理范围"的相关规定，安全文明施工费包括环境保护费、文明施工费、安全施工费、临时设施费。

此外，规范中的强制性条文还规定了招标文件和合同的计价要求，例如：

条文 4.1.2 规定，招标工程量清单必须作为招标文件的组成部分，其准确性和完整性由招标人负责。

招标人负责编制工程量清单，原则上投标人依此进行投标报价，并不负有核实的义务，更不具有修改和调整的权利，清单准确性（计算准确无误）和完整性（无缺项漏项）均应由招标人负责。而现实情况是，大多数项目都会要求承包人报价应考虑完成项目所需的全部支出，这也是发包人转嫁风险的常见方法。

条文 6.1.3 规定，投标报价不得低于工程成本。

本条体现了《建筑法》《建设工程质量管理条例》中不得以低于成本的报价竞标的要求。其中"低于工程成本"是指低于投标人为完成投标项目所需支出的个别成本。但在实践中这是一个比较复杂的问题，需要根据每个投标人的不同情况加以确定。

条文 8.1.1 规定，工程量必须按照相关工程现行国家计量规范规定的工程量计量规则计算。

正确计量是支付合同价款的前提和依据，统一工程量计算规则有助于规范各方的计量计价行为、有效减少争议。住建部发布了多个专业工程的工程量计算规范，但仍不是很完善。对于没有国家计量标准的专业工程，可以选用行业标准或者地方标准。

条文 8.2.1 规定，工程量必须以承包人完成合同工程应予计量的工程量确定。

招标工程量清单所列的工程量是一个预计工程量，作为报价的共同基础，竣工结算的工程量应以承包人实际完成的应予计量的工程量确定，计量必须遵守国家规定的计量规范。

另外，根据"住房城乡建设部关于发布国家标准《建设工程工程量清单计价标准》的公告[①]，新版标准即《建设工程工程量清单计价标准》（GB/T 50500-2024）将于2025年9月1日起实施，原文件同步废止。此次修订标准属性由强制性国家标准调整为推荐性国家标准，不再包含强制性条文。

5.4 违反标准、规范强制性条文的合同效力

5.4.1 建设工程合同的效力

《民法典》第一百四十三条指出，工程建设合同当事人有民事行为能力，且合同是当事人真实意思表示，不违反法律、行政法规的强制性规定，不违背公序良俗，就具有法律效力。下面介绍在建设工程合同领域，对于有效合同的认定、无效合同的处理以及效力待定建设工程合同的相关规定。

5.4.1.1 有效的建设工程合同

在建设工程中，有效的建设工程合同应符合以下条件：

1. 主体合格

建设工程合同的当事人必须符合法律规定的要求。发包人必须具备法人资格，不具备法人资格的单位和个人不能作为发包人。承包人必须具备法人资格，并持有相关承包行业的资质等级证书，不具备法人资格和相关单位的单位不得作为承包人。

2. 内容合法

建设工程合同中约定的当事人权利义务必须合法。凡是涉及法律法规有强制性规定的，必须符合有关规定，不得利用建设工程合同进行违法活动，扰乱社会经济秩序，损害国家利益和社会公共利益。

3. 意思表示真实

建设工程合同当事人任何一方不得把自己的意志强加给对方，双方在协商一致的基础上达成合意。

对附有生效条件的建设工程合同，除应当符合以上有效条件外，还需符合所附生效条件的要求，合同才能完全产生预期的法律约束力。例如，依法律规定或依建设工程合同约定应当采用公证、登记、批准等形式后才生效的，合同双方当事人就建设工程合同

[①] 住房城乡建设部关于发布国家标准《建设工程工程量清单计价标准》的公告，https://www.mohurd.gov.cn/gongkai/zc/wjk/art/2024/art_6186304e164c4c4982904f8734983235.html。

的主要条款达成合意后，还需要依法或依约经过公证、登记、批准等特别程序，该建设工程合同才能生效。

5.4.1.2 无效的建设工程合同

无效的建设工程合同是指尽管合同已经订立，但不具备法律约束力且不受法律保护的建设工程合同。无效建设工程合同不能产生设立、变更和终止当事人之间权利义务关系的效力，无法实现合同订立时的预期。无效合同即从合同成立之时起就不具有法律的约束力，并且以后也不能转化为有效合同。无论当事人已经履行或已经履行完毕，都不能改变合同无效的状态。

根据《民法典》第七百九十三条规定，建设工程施工合同无效，但是建设工程经验收合格的，可以参照合同关于工程价款的约定折价补偿承包人。建设工程施工合同无效，且建设工程经验收不合格的，按照以下情形处理：

（1）修复后建设工程经验收合格的，发包人可以请求承包人承担修复费用；

（2）修复后建设工程经验收不合格的，承包人无权请求参照合同关于工程价款的约定折价补偿。

发包人对因建设工程不合格造成的损失有过错的，应当承担相应的责任。

5.4.1.3 效力待定的建设工程合同

效力待定的建设工程合同是指建设工程合同成立后，其效力仍处于不确定状态，尚待第三人同意（追认）或拒绝来确定。建设工程合同之所以出现效力不确定的状态是因为合同订立主体不合格，包括合同主体无行为能力或无权处分或合同主体为限制行为能力人，在超出其能力范围或未取得法定代理人同意的情况下签订合同。

对效力待定的建设工程合同，经权利人（第三人）追认的，其效力溯及于合同成立时；追认权人拒绝追认的，该合同自始无效。为平衡相对人的利益，法律也赋予相对人催告权和撤销权。在得知合同存在效力待定事由后，相对人应告知追认权人，并催告其在法定期限内确认。经催告后，追认权人未在法定期限内确认的，视为拒绝追认。另外，相对人在得知其与对方订立的建设工程合同存在效力待定的事由后，有权撤销其意思表示。相对人撤销其意思表示后，效力待定的建设工程合同视为未成立。

5.4.2 管理性强制性规定和效力性强制性规定

强制性条文本身直接规定违法行为的效力，但其没有规定违法行为的合同效力，只有当其运用于合同中时，才会具有合同效力。而这种合同效力又可以从两方面来解释，分别是管理性强制性规定和效力性强制性规定。

5.4.2.1 管理性强制性规定和效力性强制性规定的概念

《民法典》第一百五十三条规定："违反法律、行政法规的强制性规定的民事法律行为无效。但是，该强制性规定不导致该民事法律行为无效的除外。违背公序良俗的民事法律行为无效。"此条文出现两个"强制性规定",前者是指效力性强制性规定,后者是指管理性强制性规定。

其中前半句的强制性规定,违反的后果是合同无效,因而其性质上属于效力性规定。所谓效力性强制性规定,是指法律及行政法规明确规定违反了这些禁止性规定将导致合同无效的规范,或者虽然法律及行政法规没有明确规定违反之后将导致合同无效,但是违反了这些禁止性规范后如果使合同继续有效将损害国家利益和社会公共利益的规范。

至于该条后半句的强制性规定,则指的是管理性强制性规定。管理性强制性规定,是指法律及行政法规没有明确规定违反此类规范将导致合同无效,违反此类规范继续履行合同,将会受到国家行政制裁,但合同本身并不损害国家、社会公共利益以及第三人的利益,而只是破坏了国家对交易秩序的管理规范。

5.4.2.2 管理性强制性规定和效力性强制性规定的区别

《全国法院民商事审判工作会议纪要》(法〔2019〕254 号)(简称《九民纪要》)第 30 条"强制性规定的识别"规定,下列强制性规定应当认定为"效力性强制性规定":

(1)强制性规定涉及金融安全、市场秩序、国家宏观政策等公序良俗的;

(2)交易标的禁止买卖的,如禁止人体器官、毒品、枪支等买卖;

(3)违反特许经营规定的,如场外配资合同;

(4)交易方式严重违法的,如违反招投标等竞争性缔约方式订立的合同;

(5)交易场所违法的,如在批准的交易场所之外进行期货交易。

关于经营范围、交易时间、交易数量等行政管理性质的强制性规定,一般应当认定为"管理性强制性规定"。

5.4.2.3 案例分析

案例 5-2:江苏 JS 有限公司、大庆 JL 房地产开发有限公司建设工程施工合同纠纷

案例来源:中华人民共和国最高人民法院,(2020)最高法民终 398 号

案例背景:

江苏 JS 有限公司与大庆 JL 房地产开发有限公司于 2012 年 6 月 15 日签订《工程总承包意向书》。案涉工程于 2013 年 5 月 1 日开工建设,于 2013 年 7 月开始招投标程序,2013 年 8 月 21 日确定江苏 JS 有限公司中标,同日签订《工程施工合同》。双方认可案涉工程于 2013 年 5 月开始施工,2016 年 8 月 31 日实际使用,现尚未办理竣工验收手续。双方就工程款结算、违约损失赔偿问题产生纠纷,诉至法院。

裁判结果:

结合江苏 JS 有限公司在中标和签订《工程施工合同》之前即进场施工的事实,以及大庆 JL 房地产开发有限公司、江苏 JS 有限公司、杭州 DJ 项目管理公司三方召开"部署、落实工程招投标的各项工作"会议纪要中的内容,应认定双方当事人的一系列行为违反《招标投标法》规定的招投标程序。据此双方所签订的《工程施工合同》,虽系双方的真实意思表示,但因违反《招标投标法》的效力性强制性规定而无效。

根据《最高人民法院关于审理建设工程施工合同纠纷案件适用法律问题的解释（二）》[①]第三条第一款关于"建设工程施工合同无效，一方当事人请求对方赔偿损失的，应当就对方过错、损失大小、过错与损失之间的因果关系承担举证责任"的规定，应认定大庆 JL 房地产开发有限公司负有主要责任，江苏 JS 有限公司负有次要责任。

案例分析：

本案是典型的违反效力性强制性规定导致建设工程施工合同无效的案例。

首先，本案建设工程项目属于商品房开发项目，依据当时施行的《工程建设项目招标范围和规模标准规定》的规定，属于必须招标的项目。但是，招标人和投标人存在串通投标的违法行为，投标人在未依法完成招标程序的情况下便提前开始施工，这违反了《招标投标法》的规定，也即违反了效力性强制性规定。因此中标无效，所签订的建设工程施工合同也无效。（依据 2018 年 6 月 6 日施行的《必须招标的基础设施和公用事业项目范围规定》，本案民营企业投资开发的商品房项目不再属于必须招标的项目。）

另外，在合同无效的责任认定中，一审、二审法院均认定发包人承担主要责任，承包人承担次要责任，因为本案是发包人和承包人串通投标，发包人作为招标人，主动与投标人串通，应负主要责任。但是承包人作为独立的法律主体，明知串通投标违法，却配合招标人串通投标，也应承担一定的责任。建设工程合同无效责任的承担要根据当事人的过错程度以及合同无效的原因进行综合判断，比如未取得建筑业企业资质的或者借用资质的承包人与发包人签订的建设工程合同，承包人存在主要过错，应承担主要责任，发包人未进行审查的，应承担次要责任。

5.4.3 违反强制性规定的合同效力

5.4.3.1 法院对违反强制性规定的合同效力的判定

最高院在《关于当前形势下审理民商事合同纠纷案件若干问题的指导意见》（以下简称《指导意见》）第 15 条中提出："认为违反管理性强制性规定的，人民法院应当根据具体情况认定合同效力，并没有明确表示不导致合同无效。"因此，如果违反的强制性标准不符合《九民纪要》中列明的效力性强制性标准，依然可以结合实际情况主张有关合同约定无效。

《指导意见》第 16 条指出："如果强制性规范规制的是合同行为本身即只要该合同行为发生即绝对地损害国家利益或者社会公共利益的，人民法院应当认定合同无效。如果强制性规定规制的是当事人的'市场准入'资格而非某种类型的合同行为，或者规制的是某种合同的履行行为而非某类合同行为，人民法院对于此类合同效力的认定，应当慎重把握，必要时应当征求相关立法部门的意见或者请示上级人民法院。"

所以，人民法院应当综合法律法规的意旨，权衡相互冲突的权益，诸如权益的种类、交易安全以及其所规制的对象等，综合认定强制性规定的类型。

[①] 该文件已废止，此处对应 2020 年 12 月 25 日最高人民法院审判委员会第 1825 次会议通过、2021 年 1 月 1 日起施行的《最高人民法院关于审理建设工程施工合同纠纷案件适用法律问题的解释（一）》（以下简称"新《施工合同解释（一）》"）第六条。。

一般而言，效力性规定是合同法中的一个核心概念，它们直接决定了合同的法律效力。这些规定通常被视为公法对私法领域的一种介入，具有引致条款的功能，并且通常指公法上的强制性规范。然而，若将私法上的强制性规定完全排除在效力性规定之外，可能会在认定合同效力时造成困难。例如，《民法典》"合同编"第六百八十三条第二款明确规定，以公益为目的的非营利法人或非法人组织不得担任保证人。若这类组织违反此规定而订立保证合同，该合同可能被认定为无效。这一规定为判断合同无效提供了明确的法律依据。因此，效力性规定不仅包括公法上的强制性规范，也包括私法上的强制性规范，它们共同构成了评估合同效力的重要法律标准。

鉴于私法中一般不存在管理性规定问题，因而这里的强制性规定主要是指公法上的强制性规定。需要特别注意的是，随着"管理性强制性规定"这一概念的提出，审判实践中又出现了另一种倾向，有的法院认为凡是行政管理性质的强制性规定都属于管理性规定，不影响合同效力，这是对管理性规定望文生义的理解，应予纠正。

关于违反强制性标准是否必然导致合同有关内容无效，在实践中存在争议。对于大部分涉及技术、质量的强制性标准，由于其直接关系到工程质量，违反这些标准往往会导致严重的质量问题，危及公共人身安全和公共利益，所以，许多地方高级法院的指导意见均认为，合同中约定的质量标准低于强制性标准的有关内容应当视为无效。

对于其他非技术、质量类的强制性标准，违反此类标准是否导致有关内容无效存在不同观点。

5.4.3.2 违反强制性规定的合同处理

根据《建设工程质量管理条例》，任何单位和个人均有权向建设行政主管部门或相关部门举报违反工程建设强制性标准的行为。具体规定如下：

建设单位违法行为及处罚。建设单位若明示或暗示施工单位使用不合格材料、构配件或设备，或违反工程建设强制性标准降低工程质量，将被责令改正，并处以 20 万元至 50 万元的罚款。若因此造成工程质量事故，建设单位将面临停业整顿、资质等级降低的处罚，情节严重者，还将被吊销资质证书。除此以外，建设单位还需依法承担相应的赔偿责任。

勘察、设计单位违法行为及处罚。勘察、设计单位若违反工程建设强制性标准进行勘察或设计，将被责令改正，并处以 10 万元至 30 万元的罚款。若因此造成工程质量事故，这些单位同样将面临停业整顿、资质等级降低或资质证书被吊销的处罚，并依法承担赔偿责任。

施工单位违法行为及处罚。施工单位若违反工程建设强制性标准，将被责令改正，并处以工程合同价款 2%至 4%的罚款。若因此导致工程质量不符合规定标准，施工单位需负责返工、修理，并赔偿损失。情节严重者，将面临停业整顿、资质等级降低或资质证书被吊销的处罚。

工程监理单位违法行为及处罚。工程监理单位若违反强制性标准规定，将不合格的工程或材料、构配件、设备按合格签字，将被责令改正，并处以 50 万元至 100 万元的罚款。情节严重者,资质等级将被降低或资质证书将被吊销。若有违法所得,将被没收,并承担连带赔偿责任。

因此,在合同订立和执行过程中,存在以上行为将受到处罚。

5.4.4 案例分析

案例 5-3: 承包人四川 C 建筑工程有限责任公司与发包人 X 大学建设工程合同纠纷
案例来源: 四川省南充市中级人民法院,(2017)川 13 民终 1593 号
案例背景:

2014 年 6 月 16 日,X 大学经南充市发展改革委批准发布比选招标公告,将华凤校区学生公寓 1 号、9 号、10 号楼的线路改造和墙面粉刷工程进行公开招标,拟建工期 30 天,按政府采购实施,估算总投资 188 万元,资金来源为学校自筹。2014 年 6 月 26 日,四川 C 建筑工程有限责任公司(以下简称 C 公司)通过固定价比选方式,被随机抽取为中标人,《中标通知书》载明发包价(发包价即竣工结算价)1 713 000 元。2014 年 7 月 12 日,双方签订《建设工程施工合同》,并在合同专用条款中明确约定采用固定综合单价合同,明确工程竣工结算价为审计结论确定的金额。2014 年 8 月 13 日,C 公司申请工程验收,并于 2014 年 9 月 16 日完成验收,验收结论为合格。2015 年 4 月 29 日,X 大学委托四川某工程造价管理公司对项目进行鉴定,2015 年 5 月 17 日鉴定人形成初稿,但某 C 公司拒绝接受初审结论,双方在是否扣减安全文明规费及人工费、机械费是否调整等问题无法达成一致协议,直至 2016 年 4 月 5 日法院立案后,双方仍无定论。

裁判结果:

一审法院认为,本案主要争议的焦点是案涉工程应以中标价还是审计价进行结算。诉讼中,C 公司要求按中标价 1 713 000 元结算,依据是《中标通知书》上载明的"发包价即竣工结算价"之约定。X 大学要求按审计价 1 477 276 元结算,依据是《建设工程工程量清单计价规范》(GB 50500-2013)总则 1.0.3 条:"全部使用国有资金投资或国有资金投资为主的工程建设项目,必须采用工程量清单计价"(该条是《建设工程工程量清单计价规范》中必须严格执行的 15 个强制性条文之一)及《建设工程施工合同》专用合同条款"以审计结论为准"的约定。

关于《建设工程工程量清单计价规范》(GB 50500-2013)是否是导致中标协议无效的强制性规范的问题,《中华人民共和国标准化法》(以下简称《标准化法》)第十四条规定"强制性标准,必须执行",但该条款是管理性规定,不是《合同法》第五十二条第(五)项规定的"强制性规定"[①]。首先,《标准化法》规定的法律责任是行政责任,没有规定违反第十四条的民事责任,也没有规定合同无效的法律后果。其次,若违反强制性标准都判定合同无效,将导致颁布国标的部门具有制定法律、行政法规强制性规范的权限。故 C 公司主张中标合同无效的抗辩,于法无据,一审法院不予采信。

[①] 该条文对应《民法典(合同编)》第一百五十三条规定的"违反法律、行政法规的强制性规定的民事法律行为无效"。

二审法院认为，即使双方在合同中约定采用审计结果确定工程造价，但合同不能对中标通知书的内容作实质性变更。《四川省高级人民法院关于审理建设工程施工合同纠纷案件若干疑难问题的解答》第九条第三款虽然有当事人通过签订补充协议等形式对工程价款、计价方式等合同内容进行合理变更或补充的，不应认定为与经过备案的中标合同"实质性内容不一致"的内容，但该条适用的前提是"建设工程施工合同履行过程中，因设计变更、建设工程规划调整等非双方当事人原因，且无需重新进行招投标并备案的"，而本案合同的履行过程中并未出现设计变更和建设工程规划调整等情况，也不属于无需重新招投标备案的情形，故一审法院参照该条精神，认为《建设工程施工合同》第二节专用条款第 47.4 条、第 47.5 条的审计条款系双方重新协商一致对招投标文件内容和中标通知书内容进行了变更不当，本院予以纠正。

案例分析：

本案涉及《建设工程工程量清单计价规范》（GB 50500-2013）第 1.0.3 条和中标通知书约定内容之间的冲突问题。首先，根据该强制性条文，使用国有资金投资的建设工程项目必须采用工程量清单计价方式，而中标通知书中的审计结算条款与该条文的要求产生了冲突。值得注意的是，《标准化法》第十四条明确指出，强制性标准必须执行，但它是管理性规定，并未明确规定违反此类标准将导致合同无效，应根据实际情况认定合同效力。据此，法院认为违反该规范并不会自动导致合同无效，这也是法院不采纳 X 大学抗辩的理由。

在二审中，法院进一步分析了合同内容的实质性变更问题。根据《四川省高级人民法院关于审理建设工程施工合同纠纷案件若干疑难问题的解答》的相关条款，法院认为，即使合同条款中有关于审计结算的约定，该约定依然不能改变中标通知书中的结算方式。因为本案没有发生设计变更或规划调整等需要重新招投标的情况，故二审法院最终判定合同应按照中标通知书约定的中标价结算。

5.5　本章总结

本章主要围绕建设工程标准、规范和规程进行了全面而深入的探讨，这些内容在工程项目的实施、竣工验收以及合同管理中扮演着至关重要的角色。下面将概括本章的核心要点。

1. 标准、规范、规程的定义

标准：是对特定对象（如计量单位、产品、过程等）的特征给出定义、规定和详细说明的文件，旨在确保活动或其结果的一致性。在建设工程领域，标准涉及设计、施工、验收等多个环节，有助于提高工程质量、安全性和可持续性。

规范：是对设计、施工、检验等技术事项的具体规定，包括技术规范、验收规范和管理规范等。技术规范针对具体的技术要求，验收规范关注工程质量的评价和确认，而管理规范则涵盖项目管理流程、组织结构等其他管理方面的要求。

规程：针对特定技术要求和实施程序的规定，旨在确保作业、安装、鉴定、安全和管理等方面的标准和流程得到有效执行。

规范性文件：具有特定效力和规范格式，旨在约束和规范人们行为的文件，包括立法性文件和非立法性文件，后者通常被称为"红头文件"。

2. 标准、规范、规程的联系与区别

三者均为标准的不同表现形式，相互之间存在引用关系，共同致力于统一工程建设过程中的要求和规定。然而，它们在适用范围、强制性质、制定机构以及内容和细节上存在一定差异。

3. 标准的体系分类

按属性分：强制性标准、推荐性标准和自愿采用标准。

按层级分：国家标准、行业标准、地方标准、团体标准和企业标准。

按体系层次分：基础标准、通用标准和专用标准。

按工程建设阶段分：勘察标准、工程测量标准、规划标准、设计标准、施工及质量验收标准、试验鉴定标准和运行维护标准。

4. 标准规范与合同条件

标准规范是合同管理的重要依据，对工程质量、工期和价款支付等具有直接影响。违反标准规范可能引发合同风险，包括质量风险、工期风险和价款支付风险等。

合同双方应明确约定遵守的标准规范，并在合同中明确违约后果，以有效减少合同纠纷和潜在风险。

5. 强制性标准和强制性条文

强制性标准通过法律、行政法规等手段实施，具有法律属性，必须强制执行。违反强制性标准可能导致合同无效或产生法律责任。

强制性条文是具有法律效力的合同条款，必须遵守和履行。违反强制性条文将引发法律纠纷和合同风险。

6. 案例分析与实际应用

本章通过具体案例分析（如广州市某贸易有限公司与贵州省岑巩县某房地产开发有限责任公司建设工程施工合同纠纷），展示了标准规范在解决工程质量和合同纠纷中的重要作用。

此外，还介绍了《公路工程标准施工招标文件》和《建设工程工程量清单计价规范》等具体标准规范的应用实例，阐明了其在质量管理、价款支付等方面的具体要求和实践操作。

本章内容不仅有助于加深读者对建设工程标准、规范和规程的理解，还通过实际案例和具体应用实例展示了相关文件在项目管理中的重要作用。掌握和运用这些知识对于确保工程质量和合同执行具有重要意义。

思考题

1. 标准、规范、规程的定义是什么？三者之间的区别是什么？
2. 强制性标准和推荐性标准是什么？请举例说明。
3. 标准按层级如何分类？
4. 请谈谈你对"规范标准是合同管理的重要依据"的理解。
5. 强制性标准和强制性条文是什么？有什么特点？
6. 有效合同是如何认定的？
7. 违反强制性规定会对合同效力产生怎样的影响？请举例说明。

第 6 章 建设工程发承包

建设工程的发承包是指建设单位（或总承包单位）通过法定程序，将建设工程任务委托给具有相应资质的承包单位来完成的交易行为。在工程项目的建设过程中，发包与承包扮演着至关重要的角色，它们是项目组织和管理的重要组成部分。这种机制不仅促进了建设工程领域内的公平竞争，还有助于预防垄断和腐败现象，使业主能够基于资质和条件选择最合适的承包单位。

建设工程的发包与承包是相互关联的概念。发包是指建设单位依法通过招标或直接委托等方式，将工程任务交给有资质的承包商，并按照合同约定支付报酬的行为。而承包则是指具备法定资质的单位，通过签订合同，承担工程建设任务，并根据合同约定获得报酬和完成工程建设的行为。

在工程项目建设实践中，存在多种工程项目采购管理模式，每种模式都有其独特的优势和局限性。通常，业主的选择决定了项目的发承包方式。尽管建设工程的发承包模式主要由业主确定，但考虑到不同建设工程的投资主体，我国法律法规对发承包的方式和程序有一定的规定和约束。特别是当工程涉及政府资金时，必须遵守《中华人民共和国政府采购法》（以下简称《政府采购法》）的规定。该法律涵盖了使用财政性资金进行的采购行为，适用于国家机关、事业单位和团体组织采购集中采购目录内或达到一定限额以上的货物、工程和服务。

对于涉及政府财政性资金的工程建设项目，其发承包模式选择必须遵循《政府采购法》的规定。该法律明确了多种采购方式，包括公开招标、竞争性谈判、单一来源采购和询价采购等，并规定公开招标应作为主要的采购方式。

鉴于政府财政性资金是我国建设工程投资主体的重要组成部分，政府采购在此类项目中非常普遍，本章将首先介绍政府采购的组织形式、采购方式及其适用情况，然后重点讨论招标投标采购方式，深入探讨建设工程招标投标过程中的各项内容和要求。

6.1 政府采购

根据《政府采购法》规定，政府采购是指各级国家机关、事业单位和团体组织，使用财政性资金采购依法制定的集中采购目录以内的或者采购限额标准以上的货物、工程和服务的行为。这里所说的采购行为，是指以合同方式有偿取得货物、工程和服务的行为，包括购买、租赁、委托、雇用等。"货物"，是指各种形态和种类的物品，包括原材料、燃料、设备、产品等。"工程"，是指建设工程，包括建筑物和构筑物的新建、改建、扩建、装修、拆除、修缮等。"服务"，是指除货物和工程以外的其他政府采购对象，包括政府自身需要的服务和政府向社会公众提供的公共服务。其中所指的财政性资金，是指纳入预算管理的资金，且以财政性资金作为还款来源的借贷资金，也被视为财政性资金。

我国为了规范政府采购行为，制定了一系列法律法规，包括法律行政法规，如《政府采购法》《中华人民共和国政府采购法实施条例》（以下简称《政府采购法实施条例》）等，以及相关的规章及规范性文件，如《政府采购货物和服务招标投标管理办法》《政府采购非招标采购方式管理办法》《政府采购竞争性磋商采购方式管理暂行办法》《政府和社会资本合作项目政府采购管理办法》等。其中，《政府采购法》和《政府采购法实施条例》适用于我国的所有政府采购行为，其他部门所制定的用于规范管理不同项目、采购方式的规章或规范性文件，也都是依据这两部法律进行编制的。因此，本小节主要围绕这两部法律对政府采购进行阐述。

6.1.1 政府采购的组织形式

政府采购的组织形式分为集中采购和分散采购两种采购模式。集中采购是指采购人将列入集中采购目录的项目委托集中采购机构代理采购或者进行部门集中采购的行为。分散采购是指采购人将采购限额标准以上的未列入集中采购目录的项目自行采购或者委托采购代理机构代理采购的行为。其中所指的"集中采购目录"包括集中采购机构采购项目和部门集中采购项目。其中，技术、服务等标准统一，采购人普遍使用的项目，列为集中采购机构采购项目；采购人本部门、本系统基于业务需要有特殊要求且可以统一采购的项目，列为部门集中采购项目。

根据《政府采购法》相关规定，集中采购的范围由省级以上人民政府公布的集中采购目录确定。属于中央预算的政府采购项目，其集中采购目录由国务院确定并公布；属于地方预算的政府采购项目，其集中采购目录由省、自治区、直辖市人民政府或者其授权的机构确定并公布。纳入集中采购目录的政府采购项目应当实行集中采购。中国的政府采购中集中采购占了很大的比重。

分散采购的范围则是集中采购目录以外和经省以上人民政府批准，即凡是未纳入集中采购目录的政府采购项目或本部门（单位）有特殊要求且经省以上人民政府批准项目，都可以实行分散采购。

集中采购和分散采购的主要区别在于其实施主体不一样，集中采购的实施主体仅为集中采购机构，它是非营利的事业法人，不收服务费用；分散采购的主体按照法律法规的规定，可以是采购人、集中采购机构或是集中采购机构以外的采购代理机构，除集采机构外的其他主体可以按市场化收取服务费用。

6.1.2 政府采购的方式

按照是否具有招标性质，可将政府采购方式分为招标性采购和非招标性采购，招标采购包括公开招标和邀请招标，非招标采购包括竞争性谈判、单一来源采购以及询价等三种采购方式。采购方式在分散采购和集中采购下都是通用的，具体操作要求上也没有差别。

6.1.2.1 非招标采购

非招标采购包括竞争性谈判、单一来源采购、询价以及国务院政府采购监督管理部门认定的其他采购方式。2014年，为了深化政府采购制度改革，适应推进政府购买服务、推广政府和社会资本合作（PPP）模式等工作需要，财政部制定了《政府采购竞争性磋商采购方式管理暂行办法》。该法详细规定了竞争性磋商的适用范围和流程，竞争性磋商是首个"国务院政府采购监督管理部门认定的其他采购方式"。

《政府采购非招标采购方式管理办法》规定，采购人、采购代理机构采购以下货物、工程和服务之一的，可以采用竞争性谈判、单一来源采购方式采购：

（1）依法制定的集中采购目录以内，且未达到公开招标数额标准的货物、服务；

（2）依法制定的集中采购目录以外、采购限额标准以上，且未达到公开招标数额标准的货物、服务；

（3）达到公开招标数额标准、经批准采用非公开招标方式的货物、服务；

（4）按照招标投标法及其实施条例必须进行招标的工程建设项目以外的政府采购工程。

另外，采购货物还可以采用询价采购方式。

竞争性谈判，是指谈判小组与符合资格条件的供应商（至少三家）就采购货物、工程和服务事宜进行谈判，供应商按照谈判文件的要求提交响应文件和最后报价，采购人从谈判小组提出的成交候选人中确定成交供应商的采购方式。竞争性谈判适用于"先提供或获得采购需求，后竞争报价"的交易机制，同时也适用于公开招标的货物、服务采购项目，招标过程中提交投标文件或者经评审实质性响应招标文件要求的供应商只有两家，经本级财政部门批准进行竞争性谈判采购的情形。根据《政府采购法》相关规定，符合以下四种情形的货物或服务，可以使用竞争性谈判：

（1）招标后没有供应商投标或者没有合格标的或者重新招标未能成立的；

（2）技术复杂或者性质特殊，不能确定详细规格或者具体要求的；

（3）采用招标所需时间不能满足用户紧急需要的；

（4）不能事先计算出价格总额的。

单一来源采购，是指采购人从某一特定供应商处采购货物、工程和服务的采购方式。根据《政府采购法》相关规定，符合下列情形之一的货物或者服务，可以采用单一来源采购方式采购：

（1）只能从唯一供应商处采购的；

（2）发生了不可预见的紧急情况不能从其他供应商处采购的；

（3）必须保证原有采购项目一致性或者服务配套的要求，需要继续从原供应商处添购，且添购资金总额不超过原合同采购金额百分之十的。

询价，是指询价小组向符合资格条件的供应商（至少三家）发出采购货物询价通知书，要求供应商一次报出不得更改的价格，采购人从询价小组提出的成交候选人中确定成交供应商的采购方式。跟竞争性谈判允许二次报价不同，询价方式是不可以二次更改的。询价适用于采购的货物规格和标准统一、现货货源充足且价格变化幅度小的政府采购项目。

竞争性磋商，是指采购人、政府采购代理机构通过组建竞争性磋商小组与符合条件的供应商就采购货物、工程和服务事宜进行磋商，供应商按照磋商文件的要求提交响应文件和报价，采购人从磋商小组评审后提出的候选供应商名单中确定成交供应商的采购方式。竞争性磋商仍然遵循"先提供或获得采购需求，后竞争报价"的交易机制。《政府采购竞争性磋商采购方式管理暂行办法》第三条规定，符合下列情形的项目可以采用竞争性磋商方式开展采购：

（1）政府购买服务项目；

（2）技术复杂或者性质特殊，不能确定详细规格或者具体要求的；

（3）因艺术品采购、专利、专有技术或者服务的时间、数量事先不能确定等原因不能事先计算出价格总额的；

（4）市场竞争不充分的科研项目，以及需要扶持的科技成果转化项目；

（5）按照招标投标法及其实施条例必须进行招标的工程建设项目以外的工程建设项目。

根据《政府采购竞争性磋商采购方式管理暂行办法》规定，符合"市场竞争不充分的科研项目，以及需要扶持的科技成果转化项目"情形的，提交最后报价的供应商可以为两家。《财政部关于政府采购竞争性磋商采购方式管理暂行办法有关问题的补充通知》规定，采用竞争性磋商采购方式采购的政府购买服务项目（含政府和社会资本合作项目），在采购过程中符合要求的供应商（社会资本）只有两家的，竞争性磋商采购活动可以继续进行。这里的采购过程是指磋商开始时符合资格条件的供应商有三家以上，磋商过程中符合条件的供应商在只有两家的情况下，磋商活动可以继续进行。

竞争性磋商是为了解决竞争性谈判最低价成交的问题，可以理解为竞争性谈判和公开招标的结合。竞争性磋商与竞争性谈判最本质的区别是评审方法：在详细评审阶段中，前者依据得分从高到低确定成交供应商的排序，后者依据报价从低到高确定成交供应商的排序。

6.1.2.2 招标采购

招标采购包括公开招标和邀请招标，其中公开招标为政府采购的主要采购方式，与其他采购方式不是并行的关系。政府采购工程以及与工程建设有关的货物、服务，采用招标方式采购的，适用《招标投标法》及其实施条例。在《招标投标法》中，有对公开招标和邀请招标行为更完整的约束规范，后续内容将会针对这部法律对其进行阐述，这里仅简要说明《政府采购法》中对公开招标和邀请招标的适用范围等要求。

对于公开招标的适用范围，采购人采购货物或者服务应当采用公开招标方式，其具体数额标准由相关部门规定。具体来说，对于中央预算的政府采购项目，由国务院规定；对于地方预算的政府采购项目，由省、自治区、直辖市人民政府规定。另外，因特殊情况需要采用公开招标以外的采购方式的，应当在采购活动开始前获得设区的市、自治州以上人民政府采购监督管理部门的批准。

对于邀请招标的适用范围，符合下列情形之一的货物或者服务，可以依照本法采用邀请招标方式采购：

（1）具有特殊性，只能从有限范围的供应商处采购的；

（2）采用公开招标方式的费用占政府采购项目总价值的比例过大的。

《政府采购货物和服务招标投标管理办法》中规定，邀请招标的供应商名单需要通过以下方式产生：

（1）发布资格预审公告征集；

（2）从省级以上人民政府财政部门建立的供应商库中选取；

（3）采购人书面推荐。

采用第一种方式产生符合资格条件供应商名单的，采购人或者采购代理机构应当按照资格预审文件载明的标准和方法，对潜在投标人进行资格预审。采用第二种或第三种方式产生符合资格条件供应商名单的，备选的符合资格条件供应商总数不得少于拟随机抽取供应商总数的两倍。

6.1.3 政府采购工程项目与PPP的适用

政府采购项目包含货物、工程和服务三种类别，其中属于工程的（含与建设工程有关的货物、服务）政府采购项目，也被称为政府采购工程项目，这类项目被要求优先采用招标投标的方式。对于我国大多数政府采购工程项目，仍然以公开招标采购为主要采购方式。但是，也存在特殊的政府采购工程项目不适用招标采购方式，如PPP项目。

PPP模式是政府同社会资本的合作，就是政府采购到合适的社会资本，双方对PPP项目进行合作。PPP项目属于广义的政府采购服务，但不同于一般的政府采购服务，一般的政府采购服务比较单一，如政府采购律师事务所提供法律服务等。PPP项目政府采购社会资本，是让社会资本提供基础设施和公用事业项目的服务，该服务包含了项目的建设和运营。因此，PPP项目中，政府采购社会资本方不是单一的政府采购服务，而是一种复杂的，包含工程、货物和服务的全方面的政府采购。

《政府采购法》第四条规定，政府采购工程进行招标投标的，适用招标投标法。因为大量PPP项目都涉及工程，所以PPP项目采购又要适用《招标投标法》及其相关规定。也正因如此，《招标投标法实施条例》第九条第三项规定，对于已经通过招标方式选定的特许经营项目投资人，若其具备依法自行建设、生产或提供服务的能力，可以不再进行招标。

PPP 项目[①]中，实施机构通过招标方式选择社会资本方的，中标的社会资本方同时具备自行建设工程、生产设备或提供服务的资质、能力的，该社会资本方可以直接承接 PPP 项目的施工任务，不必再进行二次招标。对于实施机构通过非招标的政府采购方式选择社会资本方的情况，财政部发布的《关于在公共服务领域深入推进政府和社会资本合作工作的通知》中第九条规定："对于涉及工程建设、设备采购或服务外包的 PPP 项目，已经依据政府采购法选定社会资本合作方的，合作方依法能够自行建设、生产或者提供服务的，按照《招标投标法实施条例》第九条的规定，合作方可以不再进行招标。"

实践中，PPP 项目经常使用的采购方式为公开招标和竞争性磋商。财政部颁布的《政府和社会资本合作项目政府采购管理办法》中针对 PPP 项目的采购规定了几种采购方式，包括公开招标、邀请招标、竞争性谈判、竞争性磋商和单一来源采购。该办法删除了《政府采购法》中关于询价采购方式的规定，因为询价适用于额度较小的货物和服务项目的政府采购中，而 PPP 项目数额都比较大，所以 PPP 项目不适合采用询价方式采购。PPP 项目中符合单一来源采购及邀请招标的情况比较少，也很少使用。竞争性谈判采用的是最低价评标法，而 PPP 项目比较复杂，一般采用综合评标法，因此竞争性谈判方式在 PPP 项目采购中也很少使用。公开招标方式是政府采购中是最规范的一种采购方式，能够做到公开、公平、公正，达到充分竞争，为政府节约成本，同时起到预防腐败的效果，公开招标是对政府和社会资本方最好的一种保护方式，所以 PPP 项目应优先选择公开招标。

由于许多项目实施机构在执行 PPP 项目时往往是首次接触此类项目，因此，许多 PPP 项目的采购需求、项目评审和技术指标等方面具有较高的复杂性。这些需求和标准通常没有明确和清晰的边界，往往需要在项目实施阶段逐步完善。但是，根据《招标投标法》相关规定，在招标人与中标人达成协议后，必须根据招标文件和投标文件订立书面合同，并且不能再订立与合同实质性内容相背离的其他协议。因此，大部分 PPP 项目并不适用于公开招标。社会资本方大多做过类似项目或者从事过相关领域的研究，具有更多的经验和优势，因此，就需要为政企双方提供合作之后的协商空间，方便双方更快地理解项目需求，进行有针对性的磋商。由此，具有两阶段采购模式的竞争性磋商采购方式成为许多 PPP 项目实施机构的选择。竞争性磋商是政府采购的一种方式，同竞争性谈判的条件相似，唯一的不同是竞争性谈判采用的是最低价评标法，竞争性磋商采用的是综合评标法。竞争性磋商采购方式核心是"先明确采购需求、后竞争报价"的两阶段采购模式，自始至终倡导"物有所值"。

6.2 招标投标

为了规范招标投标活动，保护国家利益、社会公共利益和招标投标活动当事人的合

[①] 根据《关于规范实施政府和社会资本合作新机制的指导意见》规定，所有 PPP 项目应聚焦使用者付费，并全面采用特许经营模式。

法权益，提高经济效益，保证项目质量，全国人大常委会制定了用于指导招标投标活动的《招标投标法》。《招标投标法》规定，在中华人民共和国境内进行招标投标活动的均适用本法。本小节主要依据《招标投标法》及其实施条例对招标投标行为进行阐述。

6.2.1 招投标的含义

招投标是招标和投标的合称。招标是指在一定范围内公开货物、工程或服务采购的条件和要求，邀请众多投标人参加投标，并按照规定程序从中选择交易对象的一种市场交易行为；而投标是指投标人应招标人的邀请，根据招标公告或招标单所规定的条件，在规定的期限内向招标人填报投标函的行为。从招标投标的定义可以看出，与发包与承包类似，招标与投标也是一种相对的概念，招标发生之后往往就产生了投标行为。

招标和投标是一种商品交易的行为，是交易过程的两个方面。招标投标作为一种国际惯例，是商品经济高度发展的产物，是应用技术、经济的方法和市场经济的竞争机制的作用，有组织开展的一种择优成交的方式。这种方式是在货物、工程和服务的采购行为中，招标人通过事先公布的采购和要求，吸引众多的投标人按照同等条件进行平等竞争，然后按照规定程序并组织技术、经济和法律等方面专家对众多的投标人进行综合评审，从中择优选定项目的中标人的行为过程。其实质是以较低的价格获得最优的货物、工程和服务。

建设工程招标是指招标人通过招标文件将委托的工作内容和要求告知有兴趣参与竞争的投标人，让他们按规定条件提出实施方案和价格，然后通过评审、比较选出信誉可靠、技术能力强、管理水平高、报价合理的可信赖单位，以合同形式委托其完成工作任务的过程。建设工程投标是指各投标人依据自身能力和管理水平，按照招标文件规定的统一要求编制并提交投标文件，争取获得实施资格的过程。

6.2.2 招投标的方式

1999年，为了解决投融资领域的反腐败和公平竞争问题，全国人大常委会制定了用于指导招标投标活动的《招标投标法》，并在2017年进行了最新一次修正。

《招标投标法》第十条规定，我国招标方式分为公开招标和邀请招标。公开招标是指招标人以招标公告的方式邀请不特定的法人或者其他组织投标；邀请招标是指招标人以投标邀请书的方式邀请特定的法人或者其他组织投标。

公开招标属于无限竞争性招标方式，招标人依法在指定的媒介上发布招标公告，愿意参加投标的潜在投标人都可以参与。其优点是公开，不限竞争，可以提供一个公平竞争的机会，能够广泛吸引潜在投标人，站在招标人角度看，可以较大范围内选择承包人或供应商，更容易获得最佳招标效果。但是，由于投标人过多，且公开透明程度较高，也存在采购费用较高、手续繁琐、工作量大等问题。

邀请招标属于有限竞争性招标方式，招标人可以根据自己的经验和供应商或承包商的资信和业绩资料选择并邀请一定数量的投标人来投标（不少于 3 家，一般不超过 10 家），相比于公开招标，邀请招标的竞争范围较为有限。其优点是所需时间短，工作量小、目标集中，招标费用较低，其缺点是投标单位的数量少，竞争性差，不利于招标单位获得最优报价，取得最佳投资效益。

公开招标和邀请招标存在一些差别，主要包括信息发布方式不同、选择范围不同、竞争范围不同、公开程度不同以及时间和费用不同等。

6.2.2.1 发布信息的方式不同

公开招标采用公告的形式发布，邀请招标采用投标邀请书的形式发布。并且公开招标需要招标人发布招标公告，并通过国家指定的报刊、信息网络或者其他媒介发布，从而保证其公开性。

6.2.2.2 选择的范围不同

公开招标由于其使用的是招标公告的形式，针对的是一切潜在的对招标项目感兴趣的法人或其他组织，并且招标人事先不知道投标人的数量；邀请招标针对已经了解的法人或其他组织，而且事先已经知道投标人的数量。

6.2.2.3 竞争的范围不同

公开招标允许所有符合条件的法人或其他组织参与投标，因此竞争的范围较广，竞争性也得到了充分的体现。这种广泛的竞争有助于招标人从众多参与者中选择最优的投标方案。相比之下，邀请招标只对有限数量的潜在投标人开放，限制了竞争的范围，有可能遗漏那些在技术上或报价上更有竞争力的供应商或承包商，这可能会影响最终的采购质量和成本效益。

6.2.2.4 公开的程度不同

公开招标是一种高度透明的采购方式，所有活动都必须严格遵循预先指定的程序标准，并且这些标准是公开的，为所有潜在的参与者所熟知。这种透明度有助于确保公平竞争，减少不正当行为的机会。

相比之下，邀请招标的透明度和公开程度可能较低，因为它只邀请有限数量的潜在投标人参与。虽然这并不意味着邀请招标更容易产生不法行为，但较低的透明度确实可能增加了不正当行为的风险。因此，邀请招标需要更加严格的管理和监督，以确保公平性和公正性。

6.2.2.5 时间和费用不同

由于邀请招标不发公告，招标文件只送几家，使整个招投标的时间大大缩短，招标费用也相应减少；公开招标的程序则比较复杂，从发布公告，投标人做出反应，评标，到签订合同，有许多时间上的要求，要准备许多文件，因而耗时较长，费用也比较高。

招投标法的目的之一是保护招标投标相关当事人的合法权益，根据公开招标和邀请招标的区别可知，显然公开招标能够更为符合招标投标法的立法初心，也能够实现公平竞争最大化。因此，为了防止和减少招标过程中的不正当交易和腐败现象的发生，《招标投标法》和《招标投标法实施条例》对公开招标和邀请招标的项目范围进行了限定。

根据相关法律规定，国有资产投资占控股或者主导地位的项目，必须使用公开招标。但若有以下几种情形之一的，可以使用邀请招标：

（1）国家重点或者省级重点项目不适宜公开招标的项目，须经批准；

（2）项目技术复杂或有特殊要求，只有少量几家潜在投标人可供选择的项目；

（3）采用公开招标方式的费用占项目合同金额的比例过大的项目。

另外，根据《招标投标法》第十二条，我国招标工作的组织形式有两种，一种是业主（或建设单位）自行选择招标代理机构，由代理机构负责招标文件的编制、招标过程的组织等工作；另一种是业主自行办理招标事宜。对于第二种，要求招标人具有编制招标文件和组织评标能力，同时需要向有关行政监督部门备案。招标的两种组织形式中都提到了"自行"，即招标人在符合法律规定下，可以自行决定招标的组织形式，任何单位和个人不得强制招标人委托招标代理机构，也不得为招标人指定招标代理机构。

6.2.3 《招标投标法》与《政府采购法》的区别及其在建设工程采购的适用性

6.2.3.1 《招标投标法》与《政府采购法》的区别

1999年，全国人大常委会制定了用于指导招标投标活动的一部程序法——《招标投标法》，并在2017年进行了最新一次修正。《招标投标法》规定，在中华人民共和国境内进行招标投标活动，适用本法。

2002年，为了提高政府采购资金的使用效益，加强财政资金管理，促进廉政建设，全国人大制定了用于规范政府采购行为的一部实体法——《政府采购法》，并在2014年进行了最新一次修正。

之所以要在颁布实施《招标投标法》3年之后，还要出台《政府采购法》，其根本原因是两部法律的主要内容和调整范围不同。《招标投标法》主要是对招标的程序、内容进行规范，尽管该法也涉及政府采购，但仅限于通过招标投标方式所进行的采购，并未涵盖其他类型的政府采购。因此，《招标投标法》只是一部有关招标方面的基本性法律，而非一部全面的政府采购法律。在处理两法关系时，应按"后法优于前法"和"特别法优于一般法"的法律适用原则，当政府采购法的规定与招标投标法不一致，或政府采购法另有特别规定时，应遵行政府采购法。所以说，招投标与政府采购制度有联系，但两者不能画等号；《政府采购法》与《招标投标法》之间存在交叉，然而两者并不矛盾，而是相互协调、彼此补充的关系。

具体来说，二者的区别主要体现在立法目的、规范主体、规范的行为、适用范围、实施程序、法律责任和监督管理主体等方面。

1. 立法目的不同

《招标投标法》是为了规范招标投标活动，保护国家利益、社会公共利益和招标投标活动当事人的合法权益，提高经济效益和保证项目质量；《政府采购法》是为了规范政府采购行为、提高政府采购资金的使用效益、维护国家利益和社会公共利益、保护政府采购当事人的合法权益和促进廉政建设。

2. 规范主体不同

《招标投标法》规范的采购主体没有限制，适用于在我国境内进行招标投标活动的任何主体，包括国家机关、事业单位、企业和其他非法人组织。该法律主要规定招标投标活动的程序和规则，属于程序法；而《政府采购法》规范的采购人是各级国家机关、事业单位和团体组织，主要涉及政府采购的实体内容和要求，属于实体法。从规范主体的范围来看，《招标投标法》的适用范围大于《政府采购法》。

3. 规范的行为不同

《招标投标法》规范的是招标投标行为，包括公开招标和邀请招标；《政府采购法》规范的是政府采购行为，这种行为不仅包括招标采购，还包括竞争性谈判、单一来源采购、询价采购等采购方式。

4. 适用范围不同

《招标投标法》原则上适用于所有的招投标活动，但实践中多用于工程建设项目的招标投标活动。《政府采购法》适用于所有使用财政性资金的采购活动，包括货物、服务和工程。其中财政性资金是指纳入预算管理的资金。

5. 实施程序不同

招投标活动从招标文件制作开始到投标结束后中标人确定并签订合同结束；政府采购程序包括项目实施之前的政府采购预算编制、计划审批、采购文件制作发售、报价、合同备案管理供应商的质疑投诉受理、项目完工后检查验收、采购资金的支付等环节。由此可以看出，《招标投标法》只能规范从招标文件制作到投标结束后供应商的确定部分采购程序，它不能规范其余的政府采购环节。从二者所规范的行为流程来说，政府采购行为要比招标投标行为流程长而复杂。

6. 法律责任不同

《招标投标法》属于民法、经济法的范畴，招标投标行为是一种民事行为，强调的是民事责任；《政府采购法》属于行政法的范畴，规范的是采购人的政府采购行为，强调的是行政责任。

7. 监督管理主体不同

《招标投标法》规定国家发展和改革委员会是招标投标活动的监管主体；《政府采购法》规定各级人民政府财政部门是采购活动的监管主体。

除此之外，这两部法律在政策导向、营利性质等其他方面也存在一定差别。

从政策导向来看，《招标投标法》强调的是确保招标投标过程的公开、公平、公正和透明度，以促进市场竞争和防止腐败。这一法律通过规范招标投标程序和内容，保障了市场竞争的公平性和透明度。具体而言，《招标投标法》要求所有招标信息、程序、投标人资格条件、评标标准等必须公开，使每个潜在的投标人都能及时获得相关信息，从而实现高度的透明度。此外，该法还提出了诚实信用原则，进一步维护了市场秩序。

从营利性质来看，《政府采购法》则更侧重于提高政府资金的使用效率，确保政府采购的经济效益和社会效益。《政府采购法》旨在规范政府采购行为，维护国家利益和社会公共利益，保护政府采购当事人的合法权益，并促进廉政建设。其立法目的包括实现资源的合理配置，支持国家经济和社会发展的特定目标，如环境保护、扶持不发达地区和民族地区以及促进中小企业发展。

6.2.3.2 建设工程项目发承包的适用法律

判断建设工程项目适用于《招标投标法》还是《政府采购法》，需要确定工程项目是否包含财政性资金，以及是否采用招标采购方式。

建设工程项目的投资主体可以分为政府财政性资金和私营企业资金，对于投资主体只有私营企业资金的建设工程项目，适用于《招标投标法》；对于投资主体包含政府财政性资金的政府采购建设工程项目（包含与建设工程有关的货物、服务），并且采用非招标采购的，适用于《政府采购法》，而采用招标采购的，适用《政府采购法》和《招标投标法》，如表6-1所示。对于采购项目既使用财政性资金又使用非财政性资金的，使用财政性资金采购的部分，适用《政府采购法》及其实施条例；财政性资金与非财政性资金无法分割采购的，统一适用《政府采购法》及其实施条例。

表6-1 不同建设工程项目适用法律

项目投资主体	政府财政性资金		私营企业资金	
采购方式	招标采购	非招标采购	招标采购	非招标采购
适用法律	《政府采购法》《招标投标法》	《政府采购法》	《招标投标法》	不限

6.3 必须招标的工程范围

对于建设工程项目，无论是企业还是政府采购项目，大部分都采用的是招投标采购方式。这是因为招标投标能够充分体现"公开、公平、公正"的市场竞争原则，同时，能够在保护各方利益的条件下，让招标人以最低或较低的价格获得最优的货物、工程或服务，从而提高经济和社会效益。同时，招标还有利于保护国家和社会公共利益，保障合理、有效使用国有资金和其他公共资金，防止其浪费和流失，构建从源头预防腐败交易的社会监督制约体系。因此，我国对必须招标的工程建设项目范围进行了规定。

根据《招标投标法》第三条规定，在中华人民共和国境内进行下列工程建设项目包括项目的勘察、设计、施工、监理以及与工程建设有关的重要设备、材料等的采购，必须进行招标：

（1）大型基础设施、公用事业等关系社会公共利益、公众安全的项目；

（2）全部或者部分使用国有资金投资或者国家融资的项目；

（3）使用国际组织或者外国政府贷款、援助资金的项目。

同时，依法必须进行招标的工程建设项目的具体范围和规模标准，由国务院发展改革部门会同国务院有关部门制订，报国务院批准后公布施行。任何单位和个人不得将依法必须进行招标的项目化整为零或者以其他任何方式规避招标。依法必须进行招标的项目，其招标投标活动不受地区或者部门的限制。任何单位和个人不得违法限制或者排斥本地区、本系统以外的法人或者其他组织参加投标，不得以任何方式非法干涉招标投标活动。

《招标投标法》从"必须进行招标的范围"和"必须进行招标的规模标准"两个维度来规定必须招标的项目，即属于必须进行招标的范围并且达到必须进行招标的规模标准的项目，就必须招标。两个维度只满足其中一个的，不属于依法必须进行招标的工程建设项目。根据《必须招标的工程项目规定》（国家发展和改革委员会令第16号，简称"16号令"）[①]、《必须招标的基础设施和公用事业项目范围规定》（发改法规规〔2018〕843号，简称"843号文"）以及《关于进一步做好〈必须招标的工程项目规定〉和〈必须招标的基础设施和公用事业项目范围规定〉实施工作的通知》（发改办法规〔2020〕770号，简称"770号文"），"必须进行招标的范围"和"必须进行招标的规模标准"分别如下。

6.3.1　依法必须招标的项目范围

6.3.1.1　大型基础设施、公用事业等关系社会公共利益、公众安全的项目

根据发展改革委843号文第二条，大型基础设施、公用事业等关系社会公共利益、公众安全的项目，必须招标的具体范围包括：

（1）煤炭、石油、天然气、电力、新能源等能源基础设施项目；

（2）铁路、公路、管道、水运，以及公共航空和A1级通用机场等交通运输基础设施项目；

（3）电信枢纽、通信信息网络等通信基础设施项目；

（4）防洪、灌溉、排涝、引（供）水等水利基础设施项目；

（5）城市轨道交通等城建项目。

6.3.1.2　全部或者部分使用国有资金投资或者国家融资的项目

根据发展改革委16号令第二条，全部或者部分使用国有资金投资或者国家融资的项目包括：

（1）使用预算资金200万元人民币以上，并且该资金占投资额10%以上的项目；

其中，"预算资金"是指《预算法》规定的预算资金，包括一般公共预算资金、政府性基金预算资金、国有资本经营预算资金、社会保险基金预算资金。

[①]《必须招标的工程项目规定》，自2018年6月1日起施行。

（2）使用国有企业事业单位资金，并且该资金占控股或者主导地位的项目：

其中，"国有企业"并不包括国有参股的公司。根据全国人大常委会法制工作委员会组织编辑出版的《中华人民共和国招标投标法释义》（以下简称《释义》），"控股股东，是指其出资额占有限责任公司资本总额超过百分之五十或者其持有的股份占股份有限公司股本总额超过百分之五十的股东；出资额或者持有股份的比例虽然低于百分之五十，但依其出资额或者持有的股份所享有的表决权已足以对股东会的决议产生重大影响的股东。实际控制人，是指通过投资关系、协议或者其他安排，能够实际支配公司行为的人"。全国人大常委会法制工作委员会从立法宗旨和法律条款内容角度认为，"国有参股企业"并不包括在国有企业范围之内。另外，根据该释义，国有资金包括国有企业的自有资金与借贷资金。

而"占控股或者主导地位"，参照《中华人民共和国公司法》（2023年修订版）第二百六十五条关于控股股东和实际控制人的理解执行，即"控股股东，是指其出资额占有限责任公司资本总额超过百分之五十或者其持有的股份占股份有限公司股本总额超过百分之五十的股东；出资额或者持有股份的比例虽然低于百分之五十，但依其出资额或者持有的股份所享有的表决权已足以对股东会的决议产生重大影响的股东。实际控制人，是指通过投资关系、协议或者其他安排，能够实际支配公司行为的人"。另外，项目中国有资金的比例，应当按照项目资金来源中所有国有资金之和计算。

6.3.1.3 使用国际组织或者外国政府贷款、援助资金的项目

根据发展改革委16号令第三条规定，使用国际组织或者外国政府贷款、援助资金的项目包括：

（1）使用世界银行、亚洲开发银行等国际组织贷款、援助资金的项目；

（2）使用外国政府及其机构贷款、援助资金的项目。

6.3.2 依法必须招标的项目规模标准

根据发展改革委16号令第五条规定，依法必须招标的项目，其勘察、设计、施工、监理以及与工程建设有关的重要设备、材料等的单项采购达到下列标准之一的，该单项采购必须招标。

（1）施工单项合同估算价在400万元人民币以上；

（2）重要设备、材料等货物的采购，单项合同估算价在200万元人民币以上；

（3）勘察、设计、监理等服务的采购，单项合同估算价在100万元人民币以上。

同一项目中可以合并进行的勘察、设计、施工、监理以及与工程建设有关的重要设备、材料等的采购，合同估算价合计达到前款规定标准的，必须招标。

根据发展改革委770号文相关规定，"同一项目中可以合并进行"，是指根据项目实际，以及行业标准或行业惯例，符合科学性、经济性、可操作性要求，同一项目中适宜放在一起进行采购的同类采购项目。

特别地,《水利工程建设项目招标投标管理规定》(水利部令第 14 号)第三条规定的规模标准为:

(1)施工单项合同估算价在 200 万元人民币以上;

(2)重要设备、材料等货物的采购,单项合同估算价在 100 万元人民币以上;

(3)勘察设计、监理等服务的采购,单项合同估算价在 50 万元人民币以上;

(4)项目总投资额在 3 000 万元人民币以上,但分标单项合同估算价低于本项第 1、2、3 目规定的标准的项目,原则上也必须进行招标。

关于总承包招标的规模标准。发展改革委 770 号文规定,对于 16 号令和 843 号文规定的必须招标的项目,若发包人依法对工程以及与工程建设有关的货物、服务全部或者部分实行总承包发包,只要总承包中施工、货物、服务等各部分的估算价中有一项达到 16 号令第五条规定相应标准,即施工部分估算价达到 400 万元以上,或者货物部分达到 200 万元以上,或者服务部分达到 100 万元以上,则整个总承包发包应当招标。

对于规范规模标准以下工程建设项目的采购,770 号文规定,16 号令第二条至第四条及 843 号文第二条规定范围的项目,其施工、货物、服务采购的单项合同估算价未达到 16 号令第五条规定规模标准的,该单项采购由采购人依法自主选择采购方式,任何单位和个人不得违法干涉;其中,涉及政府采购的,按照政府采购法律法规规定执行。国有企业可以结合实际,建立健全规模标准以下工程建设项目采购制度,推进采购活动公开透明。

6.3.3 案例分析

案例 6-1:承包人某环境建设集团有限公司与发包人某实业有限公司建设工程施工合同纠纷

案例来源:浙江省开化县人民法院,(2021)浙 0824 民初 682 号

案例背景:

2019 年 4 月 26 日,原告承包人某环境建设集团有限公司与被告发包人某实业有限公司于签订《开化体育小镇项目合作协议书》,约定被告根据原告的相关资质条件与原告进行合作,拟定原告为开化朝阳健康城国家公园体育小镇(项目公司名称以核定为准)项目工程的承建单位,被告在原告按时支付合作保证金及履行相关商务条款的条件下,确保项目公司通过招投标方式与原告签订项目工程施工总承包合同,项目工程暂定为两个标段,具体以招标文件签订的《建设工程施工合同》为准,并约定了违约责任。然而,由于被告未履行协议约定,体育小镇项目无法落实,原告遂诉至法院。经法院查明,案涉体育小镇项目为"全部或者部分使用国有资金投资或者国家融资的项目",属于必须进行招标的项目。

裁判结果:

关于《开化体育小镇项目合作协议书》的效力。法院认为,根据《最高人民法院关于审理建设工程施工合同纠纷案件适用法律问题的解释》(法释〔2004〕14 号)第一条

规定，建设工程必须进行招标而未招标的，建设工程施工合同应认定无效。该协议书中约定"拟定原告为开化朝阳健康城国家公园体育小镇（项目公司名称以核定为准）项目工程的承建单位"，而经查明案涉项目应为必须进行招标的项目，故《开化体育小镇项目合作协议书》为无效合同。

案例分析：

法院认定该协议书无效，主要因为案涉项目属于必须进行招标的国有资金投资项目，而协议书未明确进行招标程序，违反了相关法律规定。合同中关于原告为项目承建单位的约定因项目性质需要招标而不成立。这一判决强调了在国有资金投资项目中，必须遵循招标程序，否则合同将被认定无效。这对于建设工程领域的合同签订提供了明确的法律指引，也提醒企业在签署合同时需特别注意遵循相关法规，确保合同的法律效力。

6.4 无需招标的例外情形

根据《招标投标法》《招标投标法实施条例》相关法律规定，以下情形可以不进行招标：

（1）需要采用不可替代的专利或者专有技术；

（2）采购人依法能够自行建设、生产或者提供；

（3）已通过招标方式选定的特许经营项目投资人依法能够自行建设、生产或者提供；

（4）需要向原中标人采购工程、货物或者服务，否则将影响施工或者功能配套要求；

（5）国家规定的其他特殊情形。

（6）涉及国家安全、国家秘密、抢险救灾或者属于利用扶贫资金实行以工代赈、需要使用农民工等特殊情况，不适宜进行招标的项目，按照国家有关规定可以不进行招标。

针对工程建设项目施工招投标活动，《工程建设项目施工招标投标办法》第十二条规定，依法必须进行施工招标的工程建设项目有下列情形之一的，可以不进行施工招标：

（1）涉及国家安全、国家秘密、抢险救灾或者属于利用扶贫资金实行以工代赈需要使用农民工等特殊情况，不适宜进行招标；

（2）施工主要技术采用不可替代的专利或者专有技术；

（3）已通过招标方式选定的特许经营项目投资人依法能够自行建设；

（4）采购人依法能够自行建设；

（5）在建工程追加的附属小型工程或者主体加层工程，原中标人仍具备承包能力，并且其他人承担将影响施工或者功能配套要求；

（6）国家规定的其他情形。

针对勘察设计招投标，《工程建设项目勘察设计招标投标办法》第四条规定，按照国家规定需要履行项目审批、核准手续的依法必须进行招标的项目，有下列情形之一的，经项目审批、核准部门审批、核准，项目的勘察设计可以不进行招标：

（1）涉及国家安全、国家秘密、抢险救灾或者属于利用扶贫资金实行以工代赈、需要使用农民工等特殊情况，不适宜进行招标；

（2）主要工艺、技术采用不可替代的专利或者专有技术，或者其建筑艺术造型有特殊要求；

（3）采购人依法能够自行勘察、设计；

（4）已通过招标方式选定的特许经营项目投资人依法能够自行勘察、设计；

（5）技术复杂或专业性强，能够满足条件的勘察设计单位少于三家，不能形成有效竞争；

（6）已建成项目需要改、扩建或者技术改造，由其他单位进行设计影响项目功能配套性；

（7）国家规定的其他特殊情形。

对于房屋建筑和市政基础设施工程施工招标，根据《房屋建筑和市政基础设施工程施工招标投标管理办法》第九条规定，工程有下列情形之一的，经县级以上地方人民政府建设行政主管部门批准，可以不进行施工招标：

（1）停建或者缓建后恢复建设的单位工程，且承包人未发生变更；

（2）施工企业自建自用的工程，且该施工企业资质等级符合工程要求；

（3）在建工程追加的附属小型工程或者主体加层工程，且承包人未发生变更；

（4）法律、法规、规章规定的其他情形。

这里所称的房屋建筑工程，是指各类房屋建筑及其附属设施和与其配套的线路、管道、设备安装工程及室内外装修工程。市政基础设施工程，是指城市道路、公共交通、供水、排水、燃气、热力、园林、环卫、污水处理、垃圾处理、防洪、地下公共设施及附属设施的土建、管道、设备安装工程。

《公路工程建设项目招标投标管理办法》规定，有下列情形之一的公路工程建设项目，可以不进行招标：

（1）涉及国家安全、国家秘密、抢险救灾或者属于利用扶贫资金实行以工代赈、需要使用农民工等特殊情况；

（2）需要采用不可替代的专利或者专有技术；

（3）采购人自身具有工程施工或者提供服务的资格和能力，且符合法定要求；

（4）已通过招标方式选定的特许经营项目投资人依法能够自行施工或者提供服务；

（5）需要向原中标人采购工程或者服务，否则将影响施工或者功能配套要求；

（6）国家规定的其他特殊情形。

招标人不得为适用前款规定弄虚作假，规避招标。

另外，《铁路工程建设项目招标投标管理办法》规定，重新招标后投标人仍少于3个，属于按照国家规定需要政府审批、核准的铁路工程建设项目的，报经原审批、核准部门审批、核准后可以不再进行招标；其他铁路工程建设项目，招标人可以自行决定不再进行招标。

《水运工程建设项目招标投标管理办法》规定，有下列情形之一的水运工程建设项目，可以不进行招标：

（1）涉及国家安全、国家秘密、抢险救灾或者属于利用扶贫资金实行以工代赈、需要使用农民工等特殊情况，不适宜进行招标的；

（2）需要采用不可替代的专利或者专有技术的；

（3）采购人自身具有工程建设、货物生产或者服务提供的资格和能力，且符合法定要求的；

（4）已通过招标方式选定的特许经营项目投资人依法能够自行建设、生产或者提供的；

（5）需要向原中标人采购工程、货物或者服务，否则将影响施工或者功能配套要求的；

（6）国家规定的其他特殊情形。

《水利工程建设项目招标投标管理规定》规定，下列项目可不进行招标，但须经项目主管部门批准：

（1）涉及国家安全、国家秘密的项目；

（2）应急防汛、抗旱、抢险、救灾等项目；

（3）项目中经批准使用农民投工、投劳施工的部分（不包括该部分中勘察设计、监理和重要设备、材料采购）；

（4）不具备招标条件的公益性水利工程建设项目的项目建议书和可行性研究报告；

（5）采用特定专利技术或特有技术的；

（6）其它特殊项目。

除此之外，《政府采购法》中规定了符合一定条件的政府采购情形可以采用竞争性谈判、单一来源、询价等采购方式。

案例分析

案例 6-2：江苏通州 J 建设工程有限公司与江苏 Z 置业有限公司建设工程施工合同纠纷案

案例来源：淮安市中级人民法院，（2016）苏 08 民终 1702 号，《施工合同法律实务与裁判规则精解》

案例背景：

2014 年 3 月 5 日江苏 Z 置业有限公司（以下简称 Z 公司）与江苏通州 J 建设工程有限公司（以下简称 J 公司）签订建设工程施工合同，约定 Z 公司将"盱眙钢贸城永正国际广场 16 号楼、18 号楼"项目的土建、安装施工发包给 J 公司总承包。

合同签订后，J 公司于 2014 年 4 月 1 日进场施工，2014 年 5 月 12 日地基与基础分部工程验收合格，2014 年 12 月 10 日主体分部工程验收合格。合同履行过程中，因 Z 公司多次未履行支付工程款进度款的义务，J 公司提起诉讼，请求解除 2014 年 3 月 5 日签订的建设工程施工合同。

裁判结果：

一审法院认为，案涉建设工程施工合同是双方真实意思表示，合同内容符合法律规定，合同有效，J公司已按约完成主体工程并通过质量验收，但Z公司未按合同约定支付工程款，J公司的合同目的至今未能实现，对其解除合同的主张予以准许。

Z公司提起上诉，认为本案工程未经招投标，故案涉建筑工程施工合同无效。J公司辩称，根据《江苏省工程建设项目招标范围和规模标准规定》的规定，只有经济适用房和职工集资房工程项目才属于强制招投标范围，本案不属于此范围，且涉案工程实际完成了招投标程序，故案涉建筑工程施工合同合法有效。

二审法院认为，根据《招标投标法》和《工程建设项目招标范围和规模标准规定》，国家为了保证涉及社会公共利益、公众安全项目安全，对于大型基础设施公用事业项目、全部或部分使用国有资金投资或者国家融资的项目、使用国际组织或外国政府贷款、援助资金的项目要求必须招投标，而本案属于一般住宅工程，非上述必须进行招投标的工程范围，Z公司以工程未经招投标为由主张合同无效，无事实和法律依据。

案例分析：

一审法院认定合同有效，但Z公司未按时支付工程款，导致J公司的合同目的未能实现，故允许其解除合同。在二审中Z公司以工程未经招投标为由主张合同无效，但法院指出该工程属于一般住宅工程，非必须进行招投标的工程范围。因此，法院维持了一审判决，强调了招投标法规对于社会公共利益和国有资金投资项目的要求，同时明确了不同工程类别在招投标方面的差异。这一判决为建设工程施工合同的法律有效性提供了明确的指引，强调了在特定情况下的招投标要求，有助于规范建设工程合同的签署和履行。

6.5 建设工程招标基本流程及相关法律规定

6.5.1 建设工程项目招标基本流程

根据《招标投标法》《工程建设施工招标投标管理办法》《建筑工程设计招标投标管理办法》等相关法律规定，建设工程的招标流程一般分为招标前准备、招标投标、评标定标三个阶段。

6.5.1.1 招标前准备

1. 招标项目应具备的条件

在启动招标流程前，需确保招标项目与招标人（单位）满足下列条件。

（1）招标人合法成立：招标人已依法注册成立。

（2）项目审批完备：按国家规定完成项目审批、核准或备案手续。

（3）资金落实：项目所需资金或资金来源已明确并落实。

（4）技术资料齐全：拥有满足招标需求的设计文件及其他必要技术资料。

（5）其他法定条件：符合法律、法规及规章规定的其他招标前置条件。

2. 招标单位应具备的条件

招标单位有权自主决定是否通过招标方式选择承包单位。若招标单位具备以下条件，可自行办理招标事宜。

（1）专业人员配备：拥有与招标工作相适应的经济、法律咨询和技术管理人员。
（2）编制招标文件能力：具备组织编制招标文件的能力。
（3）资质审查能力：能够审查投标单位的资质。
（4）评标定标能力：有组织开标、评标、定标的能力。

若不满足上述条件，招标单位应委托具有相应资质的招标代理机构代为办理。

3. 项目立项

招标人需完成以下步骤以申请项目立项：
（1）编制报告：包括项目建议书、预可行性研究及可行性研究报告。
（2）提交申请：向当地发展改革部门提交上述报告文件，申请立项。
（3）立项审批：根据项目性质和特征，立项可能涉及审批、核准或备案程序。

项目建议书内容要点：投资必要性；拟建规模与地点设想；资源、建设条件及协作关系分析；投资估算与资金筹措；项目进度安排；经济社会效益初步评价；

预可行性研究与可行性研究报告内容要点：政策法规依据；现有建设条件与需求；项目实施的可行性及必要性；市场发展前景；技术可行性；财务可行性；效益分析（经济、社会、环境）。

4. 工程项目报建

招标人需携带项目建议书、可行性研究报告等立项批文，向工程交易中心的建设行政主管部门进行工程项目登记报建。

5. 资质审查

对于选择自行招标的招标人，需审查其是否具备编制招标文件、组织评标的专业力量及相应条件。若不具备，可选择并委托招标代理机构办理招标事宜。

6. 办理交易证

招标人需携带报建登记表至工程交易中心办理交易登记，同时填写并提交招标申请表至上级主管部门以获得批准。

6.5.1.2 招标投标

1. 编制资格预审文件、招标文件

1）资格审查

资格审查作为招标过程中的重要环节，分为资格预审和资格后审两种形式。资格预审主要适用于公开招标项目，旨在投标前对潜在投标人的资格进行审查；而资格后审则针对邀请招标项目，在开标后由评标委员会进行审查。两者不同时使用，但审查内容相同，时间节点有所区别。

2）资格预审流程与文件编制

资格预审是招标人在投标前，按照法定程序和要求，公布资格预审公告并编制资格预审文件，对提交申请的潜在投标人进行资格审查，以确定合格投标人的方法。经资格预审后，招标人应当向资格预审合格的潜在投标人发出资格预审合格通知书，告知获取招标文件的时间、地点和方法，并同时向资格预审不合格的潜在投标人告知资格预审结果，资格预审不合格的潜在投标人不得参加投标。

招标人需依据《招标投标法实施条例》等法规，编制资格预审文件，明确资格预审的条件、标准和方法。

3）资格后审特点与应用

对于邀请招标的项目，采用资格后审方式。即开标后，由评标委员会根据招标文件中规定的资格审查方法、因素和标准，对投标人的资格进行审查，确保满足投标资格条件的投标人进入评标环节。经资格后审不合格的投标人，其投标应予否决。

这种方式适用于潜在投标人数量不多的通用性、标准化项目。

4）招标文件的编制

招标文件是招标工程建设的重要指导性文件，其编制质量和深度直接影响招标工作的成败。招标单位需根据项目的特点和需求，编制包含招标公告（或投标邀请书）、投标人须知、评标办法、合同条件及格式、工程量清单、设计图纸、技术标准和要求、投标文件格式等内容的招标文件。同时，需遵循《招标投标法》等法律法规的规定，确保招标文件中包含所有实质性要求和条件以及拟签订合同的主要条款。

编制资格预审文件和招标文件是招标过程中不可或缺的环节，其规范化、标准化操作对于保障招标活动的公开、公平、公正具有重要意义。

2. 发布资格预审公告、招标公告

1）预审公告

预审公告是招标过程中向潜在投标人发布的重要信息文件，其主要内容通常包括以下几个方面：

（1）招标条件。明确招标项目的资金来源、审批情况等基本要求，确保项目符合相关法律法规和政策规定。

（2）项目概况与招标范围。简要介绍项目的背景、目的、规模、建设内容、技术要求以及招标的具体范围，帮助潜在投标人了解项目整体情况。

（3）资格预审要求。详细说明资格预审的条件、标准、方法和流程，包括资格预审文件的获取方式、提交时间、地点及要求等，确保资格预审工作的透明度和公正性。

2）招标公告与投标邀请书

（1）招标公告。

招标人采用公开招标方式的，应当发布招标公告。这是为了吸引更广泛的潜在投标人参与竞争，提高招标的透明度。依法必须进行招标的项目，其招标公告应通过国家指定的报刊、信息网络或其他媒介发布，以确保公告的权威性和广泛传播。招标公告在媒体或网站发布的有效时间通常为 5 个工作日，这是为了给潜在投标人留出足够的时间了解项目信息、准备投标文件。招标公告应包含下列内容：招标项目基本信息、招标范围与项目概况、投标文件的递交、招标文件的获取、投标人资格要求、联系方式等。

（2）投标邀请书。

投标邀请书的内容与招标公告类似，但更为具体和详细，需要明确告知被邀请单位的名称、招标项目的性质、数量、实施地点和时间以及获取招标文件的办法等事项。

招标公告与投标邀请书在招标过程中扮演着不同的角色，但共同的目标都是确保招标活动的公正、公平和透明。

3. 资格预审

在招标人出售资格预审文件（资格预审文件的发售期不得少于 5 日），并接受投标单位资格预审申请（依法必须进行招标的项目提交资格预审申请文件的时间，自资格预审文件停止发售之日起不得少于 5 日）之后，需要组建资格预审委员会，由招标人组建评审小组，包括财务和技术方面的专门人员，对申请人进行资格预审，其主要流程包括初步审查、详细审查、澄清、提交审查报告和确定通过评审的申请人名单。

1）初步审查

依据资格预审文件进行完整性、有效性及正确性的资格预审。

2）详细审查

详细审查是招标过程中对投标人资质、能力、经验等方面进行深入评估的重要环节。主要的审查内容包括：

（1）营业执照。审查投标人是否具有有效的营业执照，以证明其合法经营的资格。

（2）企业资质等级。根据工程的性质和规模，审查投标人是否具备相应等级的资质证书，以确保其具备承接工程的能力。

（3）财务状况。评估投标人的财务报表，判断其是否拥有足够的资金实力来承担本项目。

（4）项目经验。考察投标人以往承担的工程项目，特别是与本工程类似的项目，以及其工程数量和规模，评估其项目经验和能力。

（5）人员配置。审查投标人拥有的工程技术和管理人员的数量、工作经验和专业能力，确保其团队能够满足项目的技术和管理需求。

（6）设备。根据项目的具体要求，评估投标人所拥有的设备是否先进、充足，能否满足项目的要求。

（7）业绩记录。考察投标人过往项目的完成情况，包括项目质量、安全记录、按时交付等，以评估其履约能力。

（8）信誉评价。了解投标人在行业内的信誉和评价，包括是否有不良记录或法律纠纷。

3）澄清

审查委员会有权要求申请人以书面形式对资格预审文件中的不明确之处进行解释

说明，但这些澄清或说明必须采用书面形式，并且不得改变申请文件的实质性内容。

4）提交审查报告

审查委员会完成审查后，确定通过资格预审的申请人名单，并向招标人提交书面审查报告。如果通过详细审查的申请人数量不足 3 个，招标人应重新组织资格预审或不再组织资格预审而采用资格后审方式直接招标。

5）通过评审的申请人名单确定

通过评审的申请人名单一般由招标人根据审查报告和资格评审文件的规定确定。

4. 发售招标文件及答疑、补遗

1）出售招标文件

向资格审查合格的投标人出售招标文件、图纸、工程量清单等材料。自出售招标文件、图纸、工程量清单等资料之日起到停止出售之日为止，不得少于五个工作日。招标人应当给予投标人编制投标文件所需的合理时间，最短不得少于二十日，一般为了保险，自招标文件发出之日起至投标文件提交截止之日止为二十五日。

2）开标前工程项目勘察和标前会议。

招标人可以根据招标项目的具体情况，在投标须知规定的时间内组织投标人自费进行现场考察，向其介绍工程场地和相关环境的有关情况。招标人不得单独或者分别组织任何一个投标人进行现场踏勘。对于潜在投标人在阅读招标文件和现场踏勘过程中提出的疑问，招标人可以以书面形式或召开标前会议（又称为投标预备会，是投标截止日期以前，招标人按投标须知规定的时间及地点召开的会议）的方式解答，但需同时将解答以书面方式通知所有购买招标文件的潜在投标人，该解答的内容为招标文件的组成部分。

5. 投标人编制投标文件

通过资格预审的投标人在购买招标文件之后，需要按照招标文件内要求进行报名、保证金缴纳等，并完全按照招标文件内的格式和内容要求编写投标文件（标书）。投标文件的编制应针对招标文件提出的实质性要求和条件做出响应，一般投标文件的结构分为综合部分、商务部分、技术部分（招标文件特殊要求格式除外）。

投标人应该按照招标文件的要求进行密封和递交。比如有时执行机构要求投标人将所有的文件包括"价格文件""技术和服务文件"和"商务和资质证明文件"密封在一起，有时则根据需要分别单独密封自行递交，这根据实际情况而定，但招标人必须在招标文件中明确。投标人应保证密封完好并加盖投标人单位印章及法人代表印章，以便开标前对文件密封情况进行检查。投标人应当在招标文件要求提交投标文件的截止时间以前，将投标文件送达投标地点，并提交投标保证金。投标人在招标文件要求提交投标文件的截止时间前，可以补充、修改或者撤回已提交的投标文件，并书面通知招标人。补充、修改的内容将作为投标文件的组成部分。

投标人在递交投标文件的同时，应按投标人须知前附表规定的金额、形式和规定的投标保证金格式递交投标保证金，并作为其投标文件的组成部分。境内投标人以现金或者支票形式提交的投标保证金，应当从其基本账户转出并在投标文件中附上基本账户开户证明。联合体投标的，其投标保证金可以由牵头人递交，并应符合投标人须知前附表的规定。

投标人不按要求提交投标保证金的，评标委员会将否决其投标。招标人最迟应在与中标人签订合同后五日内向未中标的投标人和中标人退还投标保证金。投标保证金以现金或者支票形式递交的，应退还银行同期存款利息。

有下列情形之一的，投标保证金将不予退还：

（1）投标人在投标有效期内撤销投标文件；

（2）中标人在收到中标通知书后，无正当理由不与招标人订立合同；在签订合同时向招标人提出附加条件，或者不按照招标文件要求提交履约保证金；

（3）发生投标人须知前附表规定的其他可以不予退还投标保证金的情形。

《招标投标法实施条例》规定，招标文件要求投标人提交投标保证金的，保证金数额一般不超过招标项目估算价的2%。投标保证金有效期应当与投标有效期一致。招标人接收投标人的投标文件及投标保证金，保证投标文件的密封性。招标人收到投标文件后，应当签收保存，不得开启。

6.5.1.3 开标、评标、定标

1. 开标

开标是指在投标人提交投标文件后，招标人依据招标文件规定的时间和地点，开启投标人提交的投标文件，公开宣布投标人的名称、投标价格及其他主要内容的行为。开标由招标人主持，邀请所有投标人参加，除此之外，还需要公证处、监督单位、纪检部门等相关人员参会。

开标应当在招标文件确定的提交投标文件截止时间的同一时间公开进行；开标地点应当为招标文件中预先确定的地点。开标时，由投标人或者其推选的代表检查投标文件的密封情况，也可以由招标人委托的公证机构检查并公证；经确认无误后，由工作人员当众拆封，宣读投标人名称、投标价格和投标文件的其他主要内容。招标人在招标文件要求的提交截止时间前收到的所有投标文件，应在开标时当众拆封并宣读。且开标过程应当记录，并存档备查。

2. 评标

评标是指评标委员会和招标人依据招标文件规定的评标标准和方法对投标文件进行审查、评审和比较的行为。评标的质量决定着能否从众多投标竞争者中选出最能满足招标项目各项要求的中标者。

1）评标委员会组建

在开标前两个小时内，招标人在相应专业专家库随机抽取评标专家（一般招标项目可以采取随机抽取方式，特殊招标项目可以由招标人直接确定），另招标人派出代表（具有中级以上相应的专业职称）参与评标。评标委员会成员的名单在中标结果确定前应当

保密。评标由招标人依法组建的评标委员会负责，评标委员会由招标人的代表和有关技术、经济等方面的专家组成，成员人数为五人以上单数，其中技术、经济等方面的专家不得少于成员总数的三分之二。

2）评标准备

（1）工作人员及评委准备。工作人员向评委发放招标文件和评标有关表格，评委需熟悉招标项目概况、招标文件主要内容和评标办法及标准等内容并明确招标目的、项目范围和性质以及招标文件中的主要技术要求、标准和商务条款等。

（2）根据招标文件对投标文件做系统的评审和比较。

3）初步评审

初步评审主要是根据招标文件规定的评审标准和方法，对投标文件的符合性进行鉴定，具体包括投标文件的有效性、完整性以及与招标文件的一致性。

对于投标文件中含义不明确、表述不清楚或有明显错误的地方需要以书面的方式要求投标人给予解释、澄清。

4）详细评审

只有在初评中确定为基本合格的投标，才有资格进入详细评定和比较阶段。评标辅助工作人员协助评委完成对各投标文件评标得分的计算、复核和汇总工作。经初步评审合格的投标文件，评标委员按招标文件规定的量化因素和标准对其技术部分和商务部分进行进一步的评审比较。

评标委员会应当根据招标文件，审查并逐项列出投标文件的全部投标偏差。委员会可以约见投标人对其投标文件进行澄清，以口头或书面形式提出问题，要求投标人回答，随后投标人需在规定的时间内以书面形式正式答复，澄清和确认的问题必须由授权代表正式签字，并作为投标文件的组成部分。

对于投标文件有下述情形之一的，应当判定为无效投标文件：

（1）投标人资格条件不符合国家有关规定和招标文件要求的，或者拒不按照要求对投标文件进行澄清、说明或者补正。

（2）未能对招标文件做出实质性响应。评标委员会应当审查每一份投标文件是否对招标文件提出的所有实质性要求和条件一一做出响应。

（3）投标文件载明的技术方案、技术规格、技术标准和方法等明显不符合招标文件的要求。

（4）投标文件附有招标人不能接受的条件。

（5）在评标过程中，评标委员会发现投标人的报价明显低于其他投标报价或者在设有标底时明显低于标底，使得其投标报价可能低于其个别成本的，应当要求该投标人做出书面说明并提供相关证明材料。投标人不能合理说明或者不能提供相关证明材料的，由评标委员会认定该投标人以低于成本报价竞标。

（6）在评标过程中，评标委员会发现投标人以他人的名义投标、串通投标、以行贿手段谋取中标或者以其他弄虚作假方式投标。

5）评标报告

评标委员会完成评标后，应当向招标人提出书面评标报告，并抄送有关行政监督部门。评标报告是评标委员会根据全体评标成员签字的原始评标记录和评标结果编写的报告。报告内容主要有基本情况和数据表、评标委员会成员名单、开标记录、符合要求的投标一览表、废标情况说明、评标标准、评标方法或者评标因素一览表、评分比较一览表、经评审的投标人排序以及澄清说明补正事项纪要等。

6）举荐中标候选人

评标委员会推荐的中标候选人应当限定在1~3人，并标明排序。

3. 定标并发出中标通知书

招标人根据评标委员会提出的书面评标报告和推荐的中标候选人确定中标人，也可以授权评标委员会直接确定中标人。

中标人的投标应当符合下列条件之一：

（1）能够最大限度地满足招标文件中规定的各项综合评价标准；

（2）能够满足招标文件的实质性要求，并且经评审的投标价格最低；但是投标价格低于成本的除外。

中标人确定后，招标人应当向中标人发出中标通知书，并同时将中标结果通知所有未中标的投标人。

4. 签约前合同谈判及签约

在合同正式签订之前，招标人与中标人之间不得就合同标的、价款、质量、履行期限等实质性内容进行谈判或签订背离合同实质性内容的其他协议。然而，双方可就合同非实质性内容进行协商，如合同的具体履行细节、工期安排、维修服务期限、违约责任的明确（包括违约罚金的具体数额或计算方式）以及工期提前可能涉及的奖励机制等，但这些协商内容不得与招标文件和中标人的投标文件所确定的基本原则相悖。

招标人应在中标通知书发出之日起30日内，依据招标文件和中标人的投标文件与中标人签订合同，并提交履约担保。此外，招标人应当自确定中标人之日起十五日内，向有关行政监督部门提交招标投标情况的书面报告。招标人与中标人签订合同后5个工作日内，应当向中标人和未中标的投标人退还投标保证金。

6.5.2 招标与备案

在工程建设项目前期工作中，准确把握项目投资属性，采取适用的管理规范，监督管理招投标过程，是项目依法合规建设的重要内容。目前，我国工程建设项目依据不同的投资属性、项目内容，主要分为审批制、核准制、备案制。

6.5.2.1 审批制

审批制适用于政府投资项目。根据《政府投资条例》(中华人民共和国国务院令第712号)第九条规定，政府采取直接投资方式、资本金注入方式投资的项目（即政府投资项目），项目单位应当编制项目建议书、可行性研究报告、初步设计，按照政府投资管理权限和规定的程序，报投资主管部门或者其他有关部门审批。

审批制项目的审查要求和范围相较于核准制和备案制是最高最全的，需要对其从国民经济和社会发展规划、相关领域专项规划、产业政策等各个方面进行审查。根据《政府投资条例》第十一条规定，投资主管部门或者其他有关部门从下列方面对政府投资项目进行审查，作出是否批准的决定：

（1）项目建议书提出的项目建设的必要性；

（2）可行性研究报告分析的项目的技术经济可行性、社会效益以及项目资金等主要建设条件的落实情况；

（3）初步设计及其提出的投资概算是否符合可行性研究报告批复以及国家有关标准和规范的要求；

（4）依照法律、行政法规和国家有关规定应当审查的其他事项。

6.5.2.2 核准制

企业投资《政府核准的投资项目目录》中所列重大项目和限制类项目的，均应当向当地政府有关部门（一般为投资主管部门）请求核准。进行核准的项目，应当向核准机关提交申请报告。根据《企业投资项目核准和备案管理条例》（中华人民共和国国务院令第673号）第三条规定，对关系国家安全、涉及全国重大生产力布局、战略性资源开发和重大公共利益等项目，实行核准管理。具体项目范围以及核准机关、核准权限依照政府核准的投资项目目录执行。《企业投资项目核准和备案管理条例》第八条规定，由国务院核准的项目，企业通过地方人民政府有关部门转送项目申请书的，地方人民政府有关部门应当在前款规定的期限内将项目申请书转送国务院投资主管部门，由国务院投资主管部门审核后报国务院核准。

核准制项目所需要提交的材料主要为项目申请书。《企业投资项目核准和备案管理条例》第六条规定，企业办理项目核准手续，应当向核准机关提交项目申请书；由国务院核准的项目，向国务院投资主管部门提交项目申请书。项目申请书应当包括下列内容：

（1）企业基本情况；

（2）项目情况，包括项目名称、建设地点、建设规模、建设内容等；

（3）项目利用资源情况分析以及对生态环境的影响分析；

（4）项目对经济和社会的影响分析。

项目申请书可以由企业自主组织编制，也可以选择委托中介服务机构编制，编制要求可以参考核准机关制定的项目申请书示范文本。

核准制项目重点审核项目对社会安全以及公共利益的影响，不负责考虑项目本身的市场前景、经济效益等因素。依据《企业投资项目核准和备案管理条例》，核准制主要考察以下几个方面：

（1）是否危害经济安全、社会安全、生态安全等国家安全；

（2）是否符合相关发展建设规划、技术标准和产业政策；

（3）是否合理开发并有效利用资源；

（4）是否对重大公共利益产生不利影响。

6.5.2.3 备案制

招标备案是招标投标活动过程中，为确保活动的合规性和透明度，由行政主管部门实施的一种监督管理制度。该制度要求招标人（或招标代理机构）在特定阶段向相关行政监督部门提交相关信息和文件，以便行政主管部门对招标投标活动进行必要的监督和管理。

《招标投标法》及其配套法规，对依法必须进行招标的项目在招标备案方面作出了明确规定。这些规定通常要求招标人在招标活动开始前或进行过程中，向有关行政监督部门提交招标文件、资格预审文件、评标报告等关键材料，以进行事前或事中的备案。

事前备案。《招标投标法》规定，依法必须进行招标的项目，招标人自行办理招标事宜的，应当向有关行政监督部门备案。《房屋建筑和市政基础设施工程施工招标投标管理办法》规定，招标人自行办理施工招标事宜的，应当在发布招标公告或者发出投标邀请书的5日前，向工程所在地县级以上地方人民政府建设行政主管部门备案，并报送下列材料：

（1）按照国家有关规定办理审批手续的各项批准文件；

（2）本办法第十条所列条件的证明材料，包括专业技术人员的名单、职称证书或者执业资格证书及其工作经历的证明材料；

（3）法律、法规、规章规定的其他材料。

事中备案。《房屋建筑和市政基础设施工程施工招标投标管理办法》第十八条规定，依法必须进行施工招标的工程，招标人应当在招标文件发出的同时，将招标文件报工程所在地的县级以上地方人民政府建设行政主管部门备案，但实施电子招标投标的项目除外。建设行政主管部门发现招标文件有违反法律、法规内容的，应当责令招标人改正。

事后备案。《招标投标法》第四十七条规定，依法必须进行招标的项目，招标人应在确定中标人之日起15日内，向有关行政监督部门提交招标投标情况的书面报告。《房屋建筑和市政基础设施工程施工招标投标管理办法》规定，依法必须进行施工招标的工程，招标人应在确定中标人之日起15日内，向工程所在地的县级以上地方人民政府建设主管部门提交施工招标投标情况的书面报告。

除招标备案之外，还会涉及建设工程合同备案、竣工验收备案以及备案与工程结算的问题。

建设工程合同备案。住建部于2019年3月18日发布《住房和城乡建设部关于修改有关文件的通知》（建法规〔2019〕3号），修改了《住房城乡建设部关于进一步加强建筑市场监管工作的意见》（建市〔2011〕86号）部分内容，删除了"（八）推行合同备案制度。合同双方要按照有关规定，将合同报项目所在地建设主管部门备案。工程项目的规模标准、使用功能、结构形式、基础处理等方面发生重大变更的，合同双方要及时签订变更协议并报送原备案机关备案。在解决合同争议时，应当以备案合同为依据"。因此，建设工程合同备案制度已被取消，合同双方无需再进行备案。

竣工验收备案。根据《建设工程质量管理条例》第四十九条，建设单位应当自建设工程竣工验收合格之日起 15 日内，将建设工程竣工验收报告和规划、公安消防、环保等部门出具的认可文件或者准许使用文件报建设行政主管部门或者其他有关部门备案。

备案与工程结算。在 2018 年《最高人民法院关于审理建设工程施工合同纠纷案件适用法律问题的解释（二）》施行之前，合同备案与否关系到工程结算采用哪份合同，在实质性内容不一致的情况下，应当以"备案的中标合同"作为结算依据。2018 年《施工合同解释（二）》和新《施工合同解释（一）》[①]均删除了"备案"二字，直接规定以中标合同作为依据，合同备案不再作为工程结算的影响因素。

招标备案是行政监督部门针对招标投标活动的一种监督管理制度。根据相关法律法规、规章文件，招标备案属于非行政许可的监管措施，不办理招标备案不会导致招标活动无效，同样也并不会影响合同的效力。但是，根据住建部门办理施工许可证的相关流程，必须招标的工程，在办理施工许可证时需要提交施工、监理等招标备案材料，如果不办理招标备案，将会影响施工许可证的办理。

6.5.2.4 审批、核准和备案的区别

备案制、核准制与审批制的区别主要体现在适用范围、审核内容和审查程序三个方面。

1. 适用的范围不同

（1）审批制。只适用于政府投资项目，以及使用政府性资金的企业投资项目。

（2）核准制。适用于企业不使用政府资金投资建设的重大项目和限制类项目。

（3）备案制。适用于企业投资的中小项目。

2. 审核的内容不同

（1）审批制。从社会管理者和投资者的角度对投资项目的全方位进行审批，包括市场前景、资金来源、经济效益等。

（2）核准制。仅从社会和经济公共管理的角度进行审核，不考虑企业的市场前景、资金来源和经济效益等因素。

（3）备案制。重点审核是否属于产业政策禁止的投资建设项目。

3. 程序环节不同

（1）审批制。一般要经过项目建议书、可行性研究报告、初步设计等多个环节。

（2）核准制和备案制。通常只需提交项目申请报告或备案材料即可。

这些区别体现了三种制度在管理方式上的不同特点和适用场景，为政府部门和企业提供了灵活多样的管理手段。

6.5.3 异议、质疑与投诉

6.5.3.1 异议

异议是投标人或其他利害关系人对于建设工程招投标活动中相关对象提出要求解

---

① 最高人民法院关于审理建设工程施工合同纠纷案件适用法律问题的解释（一），法释〔2020〕25 号。

释、说明或纠正的程序。异议可以向招标人提出，也可以向招标代理机构提出。根据《招标投标法》及相关实施条例的规定，投标人和其他利害关系人在认为招标投标活动不符合法律规定时，有权向招标人提出异议。具体来说，有三种情况可以提出异议和投诉。

1. 因招标文件、资格预审文件违法违规使权益受损

如果投标人认为招标文件或资格预审文件存在违法违规行为，导致其合法权益受到损害，应当首先向招标人提出书面异议。例如，如果发现招标文件中的某些条款违反了法律、法规或规章，或者这些文件的内容不公正、不合理，都可以通过异议程序进行质疑。

2. 因招标过程（包括招标、投标、开标、评标、定标和签订合同）违法违规使权益受损

在整个招标过程中，如果投标人发现任何环节存在违法违规行为，如评标过程不公平、开标程序不透明等，都可以向招标人提出异议。例如，如果在开标过程中发现有串标、围标等违法行为，或者评标结果明显不符合规定标准，都可以通过异议程序进行投诉。

3. 因评标结果或中标结果违法违规使权益受损

如果投标人对评标结果或中标结果不满，并且认为其合法权益受到损害，也应先向招标人提出异议。例如，在工程建设项目中，如果发现评标结果因违规操作而被篡改，或者政府采购项目中中标结果因不正当手段而受到影响，都可以通过异议程序进行投诉。

此外，根据《招标投标法实施条例》第六十条第二款的规定，对于上述三种情形的投诉，必须先向招标人提出异议，只有在对招标人的答复不满意或招标人未在规定期限内作出答复的情况下，才能向行政监督部门提出投诉。

招投标的异议与投诉流程如图 6-1 所示。

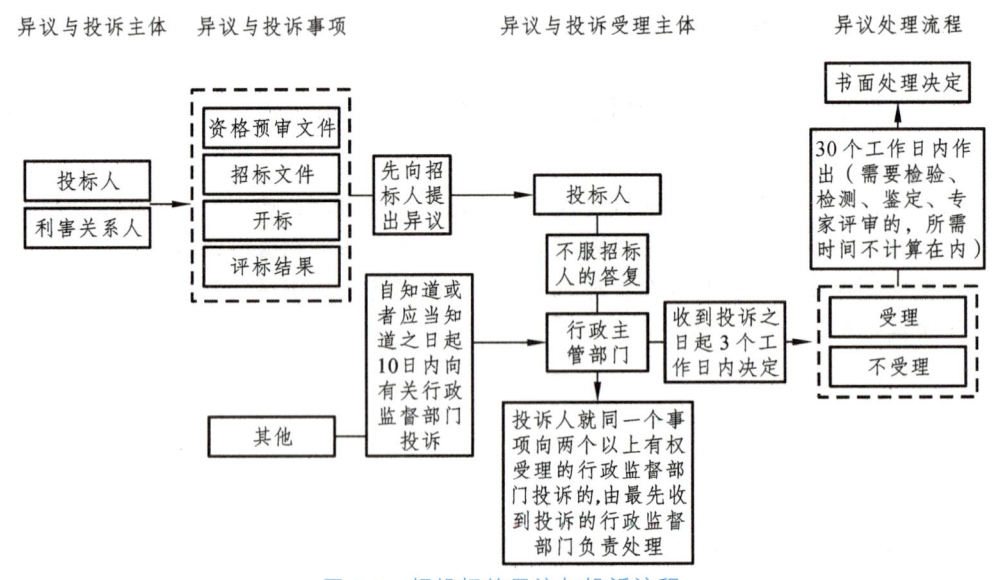

图 6-1 招投标的异议与投诉流程

6.5.3.2 质疑

质疑是政府采购活动中的一项重要程序,旨在保护供应商的合法权益,确保政府采购活动的公平、公正和透明。根据《政府采购质疑和投诉办法》(财政部令第94号)的相关规定,供应商在参与政府采购活动时,如果认为采购文件、采购过程、中标和成交结果使自身的权益受到损害,可以通过质疑的方式向采购人或采购代理机构提出质疑。

供应商可以在知道或者应知其权益受到损害之日起7个工作日内,以书面形式向采购人、采购代理机构提出质疑。质疑的提出应当坚持依法依规、诚实信用原则。质疑的内容包括但不限于对采购文件、采购过程、中标或者成交结果的质疑。应当在法定质疑期内一次性提出针对同一采购程序环节的质疑。

采购人在接收到质疑函之后,应当作出相应答复,并根据质疑对中标、成交结果的影响决定如何开展采购活动。采购人、采购代理机构不得拒收供应商在法定质疑期内发出的质疑函,应当在收到质疑函后7个工作日内作出答复,并以书面形式通知质疑供应商和其他有关供应商。并且,质疑答复应包括对质疑内容的回应和处理意见。

政府采购的质疑与投诉流程如图6-2所示。

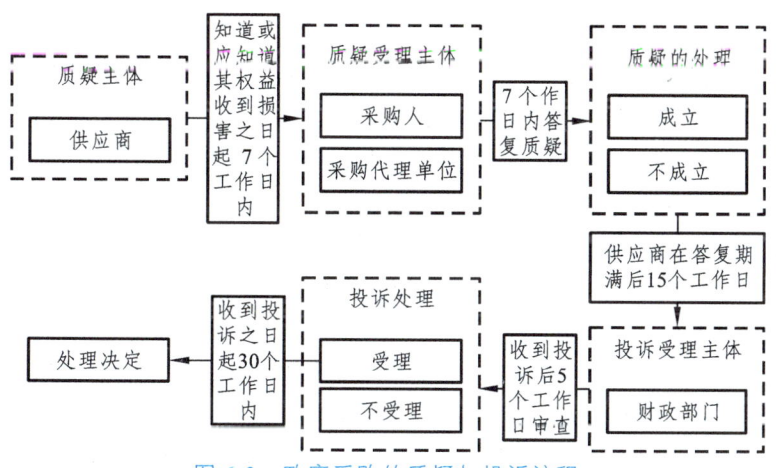

图6-2 政府采购的质疑与投诉流程

6.5.3.3 异议、质疑和投诉的区别

质疑和异议在本质上是相似的,都是为了保护投标方或相关利益方的权益而对招标采购过程提出问题和意见。然而,由于适用的法律体系不同,它们在以下方面存在差异:

(1)主体差异。政府采购中,只有参与项目的供应商或潜在供应商可以提出质疑;而招标投标中,异议的主体可以是投标人、潜在投标人或其他证明有利益关系的人士。

(2)时限差异。政府采购中,质疑应在知道或应知权益受损后的7个工作日内提出;招标投标中,异议的提出时限根据异议对象不同而有所区别,如对资格预审文件的异议应在提交截止时间前2日提出,而对评标结果的异议应在公示期间提出。

(3)提出方式差异。政府采购要求质疑和投诉必须以书面形式;招标投标中通常也采用书面形式,但对此没有明确限制。

（4）事项差异。政府采购中，质疑可以针对采购文件、过程和结果；招标投标中，异议主要针对不符合法律规定的招标投标活动。

（5）答复期限差异。政府采购中，答复期限为收到质疑后的7个工作日；招标投标中，对资格预审文件的异议答复期限为3日，对评标结果的异议答复期限也是3日，且在答复前需暂停相关活动。

此外，政府采购法体系中的期限以工作日计算，而招标投标法律体系中通常以日计算，投诉相关的期限则以工作日计算。

6.5.4 案例分析

案例6-3：承包人B公司、发包人天津L公司建设工程施工合同纠纷案
案例来源：最高人民法院，（2013）民一终字第67号
案例背景：

2007年7月23日，承包人B公司经招投标成为发包人天津L公司"天津北方国际水产物流中心工程总承包项目"（一期工程）的中标单位。同年7月24日，双方签订了《天津市建设工程施工合同》，7月31日在天津市建设工程合同管理站备案。2007年7月，L公司（甲方）与B公司（乙方）还就一期工程签订了一份《施工补充合同》，调整了部分条款内容，包括付款方式和验收流程。

2009年11月，B公司经招投标成为"天津某水产食品物流有限公司冷库项目工程"（即G4冷库工程）的中标单位。2009年11月25日，双方签订《天津市建设工程施工合同》，2010年5月5日在天津市北辰区建设工程合同管理站备案。2009年11月，L公司（甲方）与B公司（乙方）还就G4冷库工程签订一份《施工合同书》，对部分条款进行了调整，内容与备案合同不符。

2010年7月15日，L公司约定由宝业公司承建"天津某水产食品物流有限公司大门"（即大门工程），并与其签订《工程施工合同》，约定发包人于主体工程完工后15天内支付总工程款的60%，工程竣工验收合格后15天内支付总工程款的40%。

项目施工过程中，L公司未按约定支付工程款，导致B公司面临资金压力。B公司多次催款无果后，于2012年1月9日向法院提起诉讼。

裁判结果：

L公司与B公司就一期工程签订的经备案的《天津市建设工程施工合同》、就G4冷库工程签订的经备案的《天津市建设工程施工合同》、就大门工程签订的《工程施工合同》，不违反法律、行政法规的强制性规定，合法有效。双方就一期工程订立的《施工补充合同》，虽然对中标合同进行了部分变更，但在合同的实质性内容，即工程价款、工程质量、工程期限等三个方面并不存在与中标合同相背离的情形，因此，该补充合同不违反法律、行政法规的强制性规定，亦为有效。双方就G4冷库工程另行订立的《施工合同书》，对中标合同的工程价款进行了重大变更，属于背离中标合同实质性内容的协议，违反《招标投标法》第四十六条之强制性规定，应认定无效。

案例分析：

B 公司与 L 公司就多个工程项目签订了施工合同。其中，就一期工程和 G4 冷库工程签订的合同经过了备案。一期工程的补充合同和中标合同在实质性内容上没有背离，被认为是有效的。然而，G4 冷库工程的施工合同书对中标合同的工程价款进行了重大变更，被认为是背离中标合同实质性内容的协议，因此被认定为无效。最终，法院依据备案合同判决，责令 L 公司按照备案合同的约定支付 B 公司所欠的工程款及相应的违约金。

对于一期工程和 G4 冷库工程的合同，法院重点强调了合同内容的备案和实质性内容的一致性，使其合法有效。然而，在 G4 冷库工程中，由于存在违反《招标投标法》规定的重大变更，法院做出了无效的判决。这提醒各方在签署合同时要遵循相关法规，尤其是在招投标项目中，确保合同的变更符合法定规定，以免引发后续法律争议。

案例 6-4： 广东 S 生态农业有限公司与中国海洋石油南海西部有限公司 X 分公司缔约过失责任纠纷

案例来源： 湛江市中级人民法院，（2019）粤 08 民终 2920 号

案情背景：

2018 年 9 月 13 日，中国海洋石油南海西部有限公司 X 分公司（以下简称 X 分公司）通过《湛江日报》发出《招标公告》，对 X 分公司南三培训中心十四年经营权项目公开招标，投标截止时间为 2018 年 10 月 9 日下午 5 时前。广东 S 生态农业有限公司（以下简称 S 公司）于 2018 年 9 月 17 日领取了 X 分公司发放的招标文件，于 2018 年 10 月 8 日向信安分公司交纳 20 000 元保证金并参与投标。2018 年 10 月 9 日，S 公司提交投标书。同时，另有湛江市一建筑装饰工程有限公司、广东一网络科技有限公司参与上述投标。2018 年 10 月 10 日，S 公司及上述两投标人参与了 X 分公司组织的开标会，会上没有拟定第一中标人。2018 年 12 月 19 日，S 公司通过律师采用挂号信的方式向 X 分公司寄出《法律意见书》，表示招标人应当依法宣布投标开标结果，不能在没有法律事实与理由的情况下擅自终止本次招标行为，故意损害拟推荐 S 公司为第一中标候选人的合法权益，要求 X 分公司依法依规公平公正宣布上述招投标结果。X 分公司收到上述函件后，于 2018 年 12 月 25 日向 S 公司发出《关于终止〈中国海洋石油南海西部有限公司培训中心出租项目招租〉的通知》。S 公司遂上诉至法院，请求继续履行 2018 年 9 月《中国海洋石油南海西部有限公司培训中心出租项目招标文件》。

裁判结果：

法院认为，本案属于缔约过失责任纠纷。根据《招标投标法实施条例》第三十四条第二款"单位负责人为同一人或者存在控股、管理关系的不同单位，不得参加同一标段投标或者未划分标段的同一招标项目投标"、第三款"违反前两款规定的，相关投标均无效"的规定，X 分公司终止该次投标，符合法律规定。且 X 分公司已经根据《招标投标法实施条例》第三十一条"招标人终止招标的，应当及时发布公告，或者以书面形式通知被邀请的或者已经获取资格预审文件、招标文件的潜在投标人。已经发售资格预审文件、招标文件或者已经收取投标保证金的，招标人应当及时退还所收取的资格预审文件、招标文件的费用，以及所收取的投标保证金及银行同期存款利息"的规定，向 S 公司发

出了《关于终止〈中国海洋石油南海西部有限公司培训中心出租项目招租〉的通知》，履行了通知义务，并向 S 公司退还了投标保证金，故 S 公司请求确认 X 分公司作出的《关于终止〈中国海洋石油南海西部有限公司培训中心出租项目招租〉的通知》违法，没有法律依据，本院不予支持。

案例分析：

终止招标，是招标人的权利，但权利不得滥用，招标人应当遵循《民法典》第七条、第八条确立的诚信、守法和公序良俗等原则终止招标。《工程建设项目勘察设计招标投标办法》第二十条、《工程建设项目施工招标投标办法》第十五条等法条补充规定，除不可抗力原因外，招标人在发布招标公告或者发出投标邀请书后不得终止招标。违背这些规定的，将承担相应法律责任。因此，终止招标理由需要合法。

案例 6-5：投标人安徽 S 公司与招标人怀远县 C 公司缔约过失责任纠纷

案例来源：安徽省高级人民法院，（2014）皖民二终字第 00659 号

案例背景：

2012 年 7 月 16 日，安徽 S 公司向怀远县 C 公司交纳了 5 000 万元投标保证金，同年 7 月 25 日，怀远县 C 公司向安徽 S 公司发出《安徽省建设工程招标投标中标通知书》，经评标组综合评定，确定安徽 S 公司为怀远县涡北新城区基础设施市政路网工程 BT 项目的中标单位。

后由于怀远县 C 公司方面原因，项目合同未签，安徽 S 公司也一直未能进场施工，对其生产经营产生了实质性的影响。怀远县 C 公司致函安徽 S 公司，告知安徽 S 公司：一、按照上级相关规定，我公司实施的涡北新区市政路网工程 BT 项目与贵公司终止合作，对你公司的生产经营产生了实质性的影响，我公司表示最诚挚的歉意。二、十日内退还你公司交纳的 5 000 万元保证金。三、对由于合作终止给贵司产生的相关费用，由双方协商解决。

因双方未能就上述事宜协商一致，安徽 S 公司遂提起诉讼，请求法院依法判令怀远县 C 公司承担违约责任。怀远县 C 公司辩称其应承担缔约过失责任，承担赔偿责任，不应承担违约责任。

裁判结果：

怀远县 C 公司与安徽 S 公司之间存在招投标法律关系，依据我国合同法有关规定，怀远县 C 公司发出招标公告的行为属要约邀请，安徽 S 公司的投标行为属要约，而怀远县 C 公司向安徽 S 公司发出中标通知书属承诺。《招标投标法》第四十六条规定："招标人和中标人应当自中标通知书发出之日起三十日内，按照招标文件和中标人的投标文件订立书面合同。招标人和中标人不得再行订立背离合同实质性内容的其他协议。"《中华人民共和国合同法》第三十二条①同时规定："当事人采用合同书形式订立合同的，自双方当事人签字或者盖章时合同成立。"由上述法律规定分析，安徽 S 公司收到中标通知

---

① 对应《民法典》（合同编）第四百九十条规定的"当事人采用合同书形式订立合同的，自当事人均签名、盖章或者按指印时合同成立。在签名、盖章或者按指印之前，当事人一方已经履行主要义务，对方接受时，该合同成立"。

书时，其与怀远县 C 公司之间的合同尚未成立，怀远县 C 公司拒绝签订承包合同，违背了诚实信用原则，应属于违反先合同义务而造成对方信赖利益损失的缔约过失责任。

案例分析：

安徽 S 公司中标了怀远县 C 公司的基础设施市政路网工程 BT 项目，但由于怀远县 C 公司未能按照法定程序签署项目合同，安徽 S 公司一直未能展开实质性的施工，对其生产经营产生了实质性的不良影响。法院判决认定怀远县 C 公司应向安徽 S 公司承担缔约过失责任。这一判决有助于维护招标合同的合法性和信用原则，对招标方和中标方的权益保护具有重要意义。案例提醒各方在招标项目中要严格遵循法定程序，及时签署正式合同，以防范因未履行合同义务而导致的法律责任。

6.6　建设工程招标投标的分类

依据当前主要的发承包模式，工程项目招标可以分为工程勘察设计招标、工程施工招标、工程总承包招标。在我国境内进行招标投标活动的，均须遵守《招标投标法》的规定。但是由于不同类型的工程招标所对应的招标人、招标单位、招标标的物等不同，其招标流程和要求不完全相同。

6.6.1　工程勘察设计招标

工程勘察和工程设计是项目规划建设过程中十分重要的环节。"工程勘察"是根据建设项目的要求，查明、分析、评价建设场地的地质地理环境特征和岩土工程条件，编制建设工程勘察文件的活动。"工程设计"是根据建设项目的要求，对建设工程所需的技术、经济、资源、环境等条件进行综合分析、论证，编制建设工程设计文件的活动。

工程勘察设计招标，是指在市场经济条件下进行工程勘察设计服务采购时采用的一种交易方式。在这种交易方式下，通常由工程勘察设计服务的采购方作为招标人，通过发布招标公告或投标邀请书等方式发出招标采购信息，提出所采购工程勘察设计服务的条件和要求，表明将选择最能够满足采购方要求的工程勘察设计服务提供方并与之签订合同。接着，由有意向提供工程勘察设计服务的各方书面提出拟提供的工作方案、报价、人员及其他响应招标要求的条件，参加投标竞争。最后，经招标人对各投标人的方案、报价及其他条件进行审查比较后，从中择优选定中标人，并与其签订工程勘察设计服务合同。

6.6.1.1　工程勘察设计招标的特点

与施工招标、材料设备采购招标比较而言，工程勘察设计招标主要具有如下特征：
（1）在招标标的物特征上，勘察设计是工程建设项目前期最为重要的工作内容，设计阶段是决定建设项目性能，优化和控制工程质量及工程造价最关键、最有利的阶段，设计成果将对工程建设和项目交付使用后的综合效益起重要作用。与施工和材料设备投标报价相比，虽然设计投标报价占项目总投资额的比例不大，但设计方案对工程项目往往更具全局性、长效性和创新性影响。

（2）在招标工作性质上，与材料设备采购招标相比，一方面，勘察设计招标是专业服务性质的招标，设计工作对技术要求高，常常只有数量有限的单位满足要求；另一方面，工程设计从前期准备到后续服务跨越的周期长，成果的内容和质量具有较大的不确定性，设计方案的优劣往往需要经过较长时间的检验，不易在短期内准确地量化评判。

（3）在招标条件上，勘察设计招标通常仅向潜在投标人提供项目概况、功能要求等工程前期的初步性基础资料，更多时候需要依赖投标单位的专业设计人员发挥技术专长和创造力，贡献其独特的智力成果。此外，由于设计工作的特性，往往难以有具体量化的工作量，这赋予了投标过程较大的灵活性。相比之下，施工招标则通常具有明确而具体的要求，投标人能够依据招标文件中提供的设计图纸和工程量清单，编制出详尽且明确的投标方案，其灵活性相对较小。

（4）在招标阶段划分上，与施工和材料设备招标不同，工程建设项目的设计可以按设计工作深度的不同，分期进行招标，例如对建设项目的方案设计、初步设计、施工图设计分阶段招标，逐步细化落实设计成果，并强调设计进度计划需要满足总体投资计划及配合施工安装和采购工作的要求。

（5）在投标书编制要求上，设计投标首先提出设计构思和初步方案，然后论述该方案的优点和实施计划，在此基础上进一步提出报价。而不像施工招标，是按规定的工程量清单填报报价后算出总价。

（6）在开标形式上，设计招标在开标时由各投标人自己说明投标方案的基本构思和意图，以及其他实质性内容，而不是由招标单位的主持人宣读投标书并按报价高低排定次序。

（7）在评标原则上，设计招标在评标时，评标专家更加注重所提供设计的技术先进性、所达到的技术指标、方案的合理性，以及对工程项目投资效果的影响等方面的因素，并以此做出综合判断，招标人乐于接受的是物有所值的合理报价，而不是过于追求低报价。

（8）在投标经济补偿上，不同于施工和材料设备采购招标，设计招标可以根据具体情况，确定投标经济补偿费标准和奖励办法，对未能中标的有效投标人给予费用补偿，对选为优秀设计方案的投标人给予奖励。

（9）在知识产权保护上，设计投标文件的技术方案是设计人员的智力劳动成果的体现，与施工招标相比，设计招标更多地涉及智力成果的知识产权。设计招标人如果要采用未中标人投标文件中的技术方案，应保护其知识产权、征得未中标人的书面同意并给予合理的使用费。

6.6.1.2 工程勘察设计招标的内容

1. 工程勘察设计招标应具备的条件

根据现行规定，依法必须进行勘察设计招标的工程建设项目，在招标时应当具备下列条件：

（1）招标人已经依法成立；

（2）按照国家有关规定需要履行项目审批、核准或备案手续的，已经审批、核准或备案；

（3）勘察设计有相应资金或者资金来源已经落实；

（4）所必需的勘察设计基础资料已经收集完成；

（5）法律法规规定的其他条件。

2. 招标公告和投标邀请书

根据国家发展和改革委员会等九部委 2017 年联合印发的《标准勘察招标文件》和《标准设计招标文件》，勘察和设计招标项目在招标公告或投标邀请书中应列明如下内容：

（1）招标条件。包括项目名称、项目业主名称、招标人名称、项目审批、核准、备案机关名称及批文名称和编号、建设资金来源、出资比例，并声明该项目已经具备招标条件及采用的招标方式。

（2）项目概况与招标范围。包括招标项目的建设地点、规模、勘察设计服务期限、招标范围等。

（3）投标人资格要求。包括投标人须具备的资质要求、业绩要求、人员及设备方面具有相应的勘察能力，或人员方面具有相应的设计能力，是否接受联合体投标及如果接受联合体投标应满足的要求。

（4）技术成果经济补偿。对设计招标，应写明本次招标是否对未中标投标人投标文件中的技术成果给予经济补偿；给予经济补偿的，应写明支付经济补偿费的标准。

（5）招标文件的获取。包括获取招标文件的时间、地点（或电子招投标交易平台名称）和招标文件的售价及技术资料的押金数额。

（6）投标文件的递交。包括提交投标文件的地点、截止日期和递交的方式。

（7）联系方式。招标人、招标代理人的名称、地址、联系方式、开户银行及账号。

（8）时间。公布招标公告或发出投标邀请书的年月日。

对于邀请招标，应要求被邀请单位向招标人及时发出是否收到邀请书及是否参加投标的确认通知。

3. 勘察设计投标人资格审查

投标人资格审查是工程项目建设勘察设计招标工作的重要环节，包括对投标单位的资格审查、对投标单位参与项目人员勘察设计能力和经验的审查。

1）招标文件对投标人的资格要求

国家发展和改革委员会等九部委联合印发的《标准勘察招标文件》和《标准设计招

标文件》规定，在勘察设计招标文件中应提出对投标人资质条件、能力和信誉的要求，包括：资质要求、财务要求、业绩要求、信誉要求、项目负责人的资格要求、其他主要人员要求、其他要求。

根据上述要求，具体提供的资格审查资料包括：投标人基本情况表、近年财务状况表、近年完成的类似勘察设计项目情况表、正在勘察设计和新承接的项目情况表、近年发生的诉讼及仲裁情况、拟委任的主要人员汇总表、拟投入本项目的主要勘察设备表。

其中"类似勘察设计项目情况表"和"正在勘察设计和新承接的项目情况表"中应列明：项目名称、项目所在地、发包人名称及地址和电话、合同价格、勘察或设计服务期限、勘察或设计内容、项目负责人、项目描述等。

2）对投标单位的资格审查

我国对从事建设工程勘察设计活动的单位、实行资质管理制度。在工程勘察设计招标过程中，招标人应审查投标人所持有的资质证书是否与招标文件的要求相一致、投标人是否具备承担勘察设计工作的相应资格。

3）勘察单位资质类别

根据住房和城乡建设部 2018 年修改后的《建设工程勘察设计资质管理规定》，工程勘察资质分为工程勘察综合资质、工程勘察专业资质和工程勘察劳务资质。

其中，工程勘察综合资质只设甲级，工程勘察专业资质设甲级、乙级。根据工程性质和技术特点、部分专业可以设丙级。工程勘察劳务资质不分等级。

根据规定，取得工程勘察综合资质的企业，可以承接各专业（海洋工程勘察除外）、各等级工程勘察业务；取得工程勘察专业资质的企业，可以承接相应等级相应专业的工程勘察业务；取得工程勘察劳务资质的企业，可以承接岩土工程治理、工程钻探、凿井等工程勘察劳务业务。

4）设计单位资质类别

工程设计资质分为工程设计综合资质、工程设计行业资质、工程设计专业资质和工程设计专项资质。

其中，工程设计综合资质只设甲级；工程设计行业资质、工程设计专业资质以及工程设计专项资质设甲级、乙级。根据工程性质和技术特点，个别行业、专业、专项资质可以设丙级，建筑工程专业资质可以设丁级。

取得工程设计综合资质的企业，可以承接各行业、各等级的建设工程设计业务；取得工程设计行业资质的企业，可以承接相应行业相应等级的工程设计业务及本行业范围内同级别的相应专业、可以承接本专业相应等级的专业工程设计业务及同级别的相应专项工程设计业务（设计施工一体化资质除外）；取得工程设计专业资质的企业，可以承接本专业相应等级的专业工程设计业务及同级别的相应专项工程设计业务（设计施工一体化资质除外）；取得工程设计专项资质的企业，可以承接本专项相应等级的专项工程设计业务。

5）单位资质许可范围内承揽业务的规定

根据《建设工程勘察设计管理条例》，建设工程勘察、设计单位应当在其资质等级许可的范围内承揽建设工程勘察、设计业务。违反规定的，责令停止违法行为，处合同约定的勘察费、设计费1倍以上2倍以下的罚款、有违法所得的，予以没收；可以责令停业整顿、降低资质等级；情节严重的，吊销资质证书。未取得资质证书承揽工程的、予以取缔，处以罚款；有违法所得的，予以没收。

发包方违反规定将建设工程勘察、设计业务发包给不具有相应资质等级的建设工程勘察、设计单位的，责令改正，处50万元以上100万元以下的罚款。

6）勘察设计能力和经验审查

判定投标人是否具备承担勘察设计任务的能力，通常要进一步审查投标单位人员的技术力量，主要考察勘察设计负责人的资格和能力，各类勘察设计人员的专业覆盖面、人员数量和各级职称人员的比例等是否满足完成工程设计的需要。同类工程的勘察设计经验是非常重要的考察内容，招标文件通常会要求投标人报送最近几年完成的工程项目业绩表，通过考察以往完成的项目评定其勘察设计能力与水平。

4．工程勘察设计招标文件

勘察、设计招标文件是招标人向潜在投标人发出的要约邀请，旨在告知投标人招标项目内容、范围、数量与招标要求、投标资格要求、招标程序规则、投标文件编制与递交要求、评标标准与方法、合同条款与技术标准等招标投标活动主体必须掌握的信息和需要遵守的依据。招标人应当根据招标项目的特点和需要编制招标文件。

根据国家发展和改革委员会等九部委联合印发的《标准勘察招标文件》和《标准设计招标文件》。勘察设计招标文件应当包括下列内容：

（1）招标公告或投标邀请书；
（2）投标人须知；
（3）评标办法；
（4）合同条款及格式；
（5）发包人要求；
（6）投标文件格式；
（7）投标人须知前附表规定的其他资料。

根据九部委《关于印发〈标准设备采购招标文件〉等五个标准招标文件的通知》（发改法规〔2017〕1606号），其中的"投标人须知"（投标人须知前附表和其他附表除外）、"评标办法"（评标办法前附表除外）以及"合同条款及格式"内的通用合同条款部分，应当不加修改地引用。

5．工程勘察设计服务及范围要求

1）工程勘察设计服务要求

根据国家发展和改革委员会等九部委联合印发的《标准勘察招标文件》和《标准设计招标文件》，勘察服务和设计服务是勘察人和设计人按照合同约定履行的服务。

勘察服务包括制订勘察纲要、进行测绘、勘探、取样和试验等，以及查明、分析和评估地质特征和工程条件，编制勘察报告和提供发包人委托的其他服务。

设计服务包括编制设计文件和设计概算、预算、提供技术交底、施工配合、参加竣工验收或发包人委托的其他服务。

2）工程勘察设计范围要求

勘察和设计范围包括工程范围、阶段范围和工作范围。

勘察的"工程范围"指所勘察工程的建设内容；"阶段范围"包括工程建设程序中的可行性研究勘察、初步勘察、详细勘察、施工勘察等阶段中的一个或多个阶段；"工作范围"包括工程测量、岩土工程勘察、岩土工程设计（如有）、提供技术交底、施工配合、参加试车（试运行）、竣工验收和发包人委托的其他服务中的一项或多项工作。

设计的"工程范围"指所设计工程的建设内容；"阶段范围"包括工程建设程序中的方案设计、初步设计、扩大初步（招标）设计、施工图设计等阶段中的一个或多个阶段；"工作范围"包括编制设计文件、编制设计概算、预算、提供技术交底、施工配合、参加试车（试运行）、编制竣工图、竣工验收和发包人委托的其他服务中的一项或多项工作。

具体勘察和设计范围应当根据工程范围、阶段范围和工作范围三者之间的关联内容进行确定，并在专用合同条款中约定。

6. 工程勘察设计投标文件

根据国家发展和改革委员会等九部委联合印发的《标准勘察招标文件》和《标准设计招标文件》，工程勘察、设计投标文件应包括如下内容：

（1）投标函及投标函附录；
（2）法定代表人身份证明或授权委托书；
（3）联合体协议书；
（4）投标保证金；
（5）勘察或设计费用清单；
（6）资格审查资料；
（7）勘察纲要或设计方案；
（8）投标人须知前附表规定的其他资料。

投标文件应当对招标文件有关勘察设计服务期限、发包人要求、招标范围、投标有效期等实质性内容作出响应。除投标人须知前附表另有规定外，投标有效期为90日。

7. 工程勘察设计的评标

根据《建设工程勘察设计管理条例》，建设工程勘察设计评标，应当以投标人的业绩、信誉、勘察和设计人员的能力以及勘察和设计方案的优劣为依据综合评定，并且通常采用综合评估法。评标分为初步评审和详细评审两个阶段。由评标委员会先进行初步评审，对符合条件通过初审的投标文件，按照招标文件中规定的投标商务文件和技术文件的评价内容、因素和具体评分方法进行详细评审。对于评标委员会的组建、评标前准备以及初步评审的工作流程与要求基本与上一小节的招标基本流程内的部分一致，这里主要介绍使用综合评估法进行评标的详细评审部分。

在详细评审阶段、评标委员会按招标文件中规定的量化因素和分值进行打分，并计算出综合评估得分。分值构成（总分 100 分）包括以下四个方面：

（1）资信业绩；

（2）勘察纲要或设计方案；

（3）投标报价；

（4）其他因素。

其中，资信业绩评分因素包括：信誉；类似项目业绩；项目负责人资历和业绩；其他主要人员资历和业绩；拟投入的勘察设备等。

勘察纲要或设计方案评分因素包括：勘察或设计范围及内容；依据及工作目标；机构设置及岗位职责；勘察或设计说明和方案；质量、进度、安全、保密等保证措施；工作重点和难点分析；合理化建议等。

投标报价则以偏差率为评分因素并规定相应的评分标准。评标办法中应列明评标基准价的计算方法和投标报价的偏差率计算公式。

从具体操作上，评标委员会对满足招标文件实质性要求的投标文件，应按照招标文件中规定的评分标准进行打分。如果按规定的评审因素和分值对投标文件的资信业绩、勘察纲要或设计方案、投标报价、其他因素等四个部分所计算出的得分值分别为 A、B、C、D，则：

投标人得分=A+B+C+D

应按得分由高到低的顺序推荐中标候选人，或根据招标人授权直接确定中标人。综合评分相等时，以投标报价低的优先；投标报价也相等的，以勘察纲要或设计方案得分高的优先；如果勘察纲要或设计方案得分也相等，则按照评标办法前附表的规定确定中标候选人顺序。

评标委员会成员对需要共同认定的事项存在争议的，应当按照少数服从多数的原则做出结论。持不同意见的评标委员会成员应当在评标报告上签署不同意见及理由，否则视为同意评标报告。

6.6.2 工程施工招标

施工招标是指在工程项目的初步设计或施工图设计完成后，用招标的方式选择施工单位的招标，施工单位最终向业主交付按招标设计文件规定的建筑产品。工程施工招标投标的标的可以是全部工程，也可以是单项工程、部分工程或专项工程。

6.6.2.1 合同数量的划分

全部施工内容只发一个合同包招标，招标人仅与一个中标人签订合同，施工过程中管理工作比较简单，但有能力参与竞争的投标人较少。如果招标人有足够的管理能力，也可以将全部施工内容分解成若干个单位工程和特殊专业工程分别发包，一则可以发挥不同投标人的专业特长，增强投标的竞争性；二则每个独立合同比总承包合同更容易落实，即使出现问题也是局部的，易于纠正或补救。但招标发包的数量多少要适当，合同太多会给招标工作和施工阶段的管理工作带来麻烦或不必要的损失。依据工程特点和现场条件划分合同包的工作范围时，主要应考虑以下因素的影响。

1. 施工内容的专业要求

将土建施工和设备安装分别招标。土建施工采用公开招标，跨行业、跨地域在较广泛的范围内选择技术水平高、管理能力强且报价又合理的投标人实施。设备安装工作由于专业技术要求高，可采用邀请招标选择有能力的中标人。

2. 施工现场条件

划分合同包时应充分考虑施工过程中几个独立承包人同时施工时可能发生的交叉干扰，以利于监理对各合同的协调管理。基本原则是现场施工尽可能避免平面或不同高程作业的干扰。此外，还需要考虑各合同施工中在空间和时间的衔接，避免两个合同交界面工作责任的推诿或扯皮，并且关键线路上的施工内容划分在不同合同包时要保证总进度计划目标的实现。

3. 对工程总投资影响

合同数量划分的多与少对工程总造价的影响并非可以一概而论，应根据项目的具体特点进行客观分析。只发一个合同包，便于投标人的施工，而且人工、施工机械和临时设施可以统一使用；划分合同数量较多时，各投标书的报价中均要分别考虑动员准备费、施工机械闲置费、施工干扰的风险费等。但大型复杂项目的施工总承包，由于有能力参与竞争的投标人较少，且报价中往往计入分包管理费，因此中标的合同价较高。

4. 其他因素影响

工程项目的施工是一个复杂的系统工程，影响划分合同包的因素很多，如筹措建设资金的计划到位时间、施工图完成的计划进度等。

6.6.2.2 工程施工招标内容

1. 施工招标项目应具备的条件

按照《招标投标法》有关规定，施工招标项目应当具备下列条件：

（1）按照国家有关规定需要履行项目审批手续的，已经履行审批手续；
（2）工程资金或者资金来源已经落实；
（3）有满足施工招标需要的设计文件及其他技术资料；
（4）法律法规、规章规定的其他条件。

具体实施时，施工招标的建设项目必须具备下列条件：

（1）计划落实。项目列入国家或省、市基本建设计划。
（2）设计落实。项目应具备相应设计深度的图纸及概算。
（3）投资来源及物资来源落实。项目总投资及年度投资资金有保证，项目设备供应及施工材料订货与到货落到实处。
（4）征地拆迁及"七通一平"落实。项目施工现场应做到通给水、通排水、通电、通信、通路、通燃气、通热力及场地平整，并具备工作条件。

（5）项目建设批准手续落实。有政府主管部门签发的建筑许可证。

2. 标准施工招标文件

《标准施工招标文件》包括封面格式和四卷八章内容，其中，第一卷包括第一章至第五章，涉及招标公告（投标邀请书）、投标人须知、评标办法、合同条款及格式、工程量清单等内容；第二卷由第六章图纸组成；第三卷由第七章技术标准和要求组成；第四卷由第八章投标文件格式组成。标准招标文件相同序号标示的节、条、款、项、目，由招标人依据需要选择其一形成一份完整的招标文件。

《简明标准施工招标文件》包括招标公告（或投标邀请书）、投标人须知、评标办法、合同条款及格式、工程量清单、图纸、技术标准和要求、投标文件格式，共八章。适用于依法必须进行招标的工程建设项目，且工期不超过 12 个月、技术相对简单且设计和施工不是由同一承包人承担的小型项目。

其中，投标人须知包括前附表、正文和附表格式三部分。前附表针对招标工程列明正文中的具体要求，明确项目的要求、招标程序中主要工作步骤的时间安排、对投标书的编制要求等内容。正文有：

（1）总则，包括项目概况、资金来源和落实情况、招标范围、计划工期和质量要求、投标人资格要求等内容；

（2）招标文件，包括招标文件的组成、招标文件的澄清与修改等内容；

（3）投标文件，包括投标文件的组成、投标报价、投标有效期、投标保证金和投标文件的编制等内容；

（4）投标，包括投标文件的密封和标识、投标文件的递交和投标文件的修改与撤回等内容；

（5）开标，包括开标时间、地点和开标程序；

（6）评标，包括评标委员会和评标原则等内容；

（7）合同授予；

（8）重新招标和不再招标；

（9）纪律和监督；

（10）需要补充的其他内容。

附表格式是招标过程中用到的标准化格式，包括：开标记录表、问题澄清通知书格式、中标通知书格式和中标结果通知书格式。

3. 施工评标办法

评标办法是招标人根据项目的特点和要求，参照一定的评标因素和标准，对投标文件进行评价和比较的方法。常用的评标方法分为经评审的最低投标价法（以下简称最低评标价法）和综合评估法两种。

1）最低评标价法

最低评标价法一般适用于具有通用技术、性能标准或者招标人对其技术、性能标准没有特殊要求的招标项目。根据国家发展改革委第 56 号令的规定，招标人编制施工招标文件时，应不加修改地引用《标准施工招标资格预审文件》和《标准施工招标文件》规定的方法。评标办法前附表中招标人根据招标项目具体特点和实际需要编制，用于进一步明确未尽事宜，但务必与招标文件中其他章节相衔接，并不得与《标准施工招标资格预审文件》和《标准施工招标文件》的内容相抵触，否则抵触内容无效。评标办法前附表应写明经评审最低评标价法的评审因素与评审标准，主要分为形式评审因素和评审标准、资格评审因素和评审标准、响应性评审因素和评审标准、施工组织设计评分因素和评分标准、项目管理机构评审因素和评审标准、详细评审因素和评审标准等。

最低评标价法首先按照初步评审标准对投标文件进行初步评审，然后依据详细评审标准对通过初步审查的投标文件进行价格折算，确定其评审价格，再按照从低到高的顺序推荐 1~3 名中标候选人或根据招标人的授权直接确定中标人。

2）综合评估法

综合评估法是综合衡量价格、商务、技术等各项因素对招标文件的满足程度，按照统一的标准（分值或货币）量化后进行比较的方法。采用综合评估法，可以将这些因素折算为货币、分数或比例系数等，再做比较。

综合评估法一般适用于招标人对招标项目的技术、性能有特殊要求的招标项目，适用于建设规模较大，履约工期较长，技术复杂，质量、工期和成本受不同施工方案影响较大，工程管理要求较高的施工招标的评标。

与最低评标价法要求一样，招标人编制施工招标文件时，应按照标准施工招标文件的规定进行评标。评标办法前附表见综合评估法评审因素与评审标准。综合评估法分为形式评审因素和评审标准、资格评审因素和评审标准、响应性评审因素和评审标准、施工组织设计评分因素和评分标准、项目管理机构评分因素和评分标准、投标报价评分因素和评分标准、其他因素评分标准。

招标人应当明确施工组织设计、项目管理机构、投标报价和其他因素的评分因素、评分标准，以及各评分因素的权重。如某项目招标文件对施工方案与技术措施规定的评分标准为：施工方案及施工方法先进可行，技术措施针对工程质量、工期和施工安全生产有充分保障 11~12 分；施工方案先进，方法可行，技术措施对工程质量、工期和施工安全生产有保障 8~10 分；施工方案及施工方法可行，技术措施针对工程质量、工期和施工安全生产基本有保障 6~7 分；施工方案及施工方法基本可行，技术措施针对工程质量、工期和施工安全生产基本有保障 1~5 分。

招标人还可以依据项目特点及行业、地方管理规定，增加一些标准招标文件中已经明确的施工组织设计、项目管理机构及投标报价外的其他评审因素及评分标准，作为补充内容。

评标委员会对满足招标文件实质性要求的投标文件，按照评标办法中表所列的分值构成与规定的评分标准进行打分，并按得分由高到低顺序推荐中标候选人，或根据招标人授权直接确定中标人，但投标报价低于其成本的除外。综合评分相等时，以投标报价低的优先；投标报价也相等的，由招标人自行确定。

6.6.3　工程材料与设备招标

6.6.3.1　工程材料与设备采购方式及选择

建设工程材料和设备的采购主要包括询价选择供货商、直接向供货商订购和招标选择供货商三种方式。

询价采购是指对几个供应商（通常至少3家）的报价进行比较以确保价格具有竞争性的一种采购方式。询价方式一般用于采购数额不大的建筑材料和标准规格产品，由采购方对多家供货商就采购的标的物进行询价，还可通过多轮讨价还价及磋商，经过比较后选择其中一家签订供货合同。该方式避免了招标采购的复杂性，工作量小、耗时短、交易成本低，也在一定程度上进行了供货商之间的报价竞争，但存在较大的主观性和随意性。

直接订购方式多适用于零星采购、应急采购，或只能从一家供应厂商获得，或必须由原供货商提供产品或向原供货商补订的采购。该方式达成交易快，有利于及早交货，但采购来源单一，缺少对价格的比选，适用的条件较为特殊。

招标投标采购则是大宗及重要建筑材料和设备采购的最主要方式，该方式有利于规范买卖双方的交易行为、扩大比选范围、实现公开公平竞争，但程序复杂、工作量大、周期长，适合于较为充分竞争的市场环境。

材料设备招标是建设工程最为普遍使用的一种采购类型，是指建设单位或承包商等采购主体对工程所需要的各种材料设备通过招标的方式，提出对货物类型、质量、数量、交货期等的具体要求，邀请供货商进行投标报价，通过竞争，从中选择优胜者为中标人，采购主体与其签订供货合同，实现采购目标。

6.6.3.2　工程材料与设备招标采购标的物

建设工程材料设备的采购类别繁多，包括建筑材料、工具、用具、机械设备、电气设备等。建筑材料如建筑钢材、水泥、预拌混凝土、沥青、墙体材料、建筑门窗、建筑陶瓷、建筑石材、给排水、供气管材、用水器具、电线电缆及开关、苗木、路灯、交通设施等。设备如电梯、配电设备、防水消防设备、锅炉暖通及空调设备、给排水设备、楼宇自动化设备等。具有采购量大、规格型号多、涉及厂家范围广的特点。材料设备招标采购的货物既可以由供货方自己全部生产或部分生产，也可以由供货方通过各种渠道组织货源完成供货或设备成套。

建设工程项目所需材料设备的采购，按标的物的特点可以分为买卖合同和加工承揽合同两大类。采购大宗建筑材料或通用型批量生产的中小型设备属于买卖合同。由于标的物的规格、性能、主要技术参数均为通用指标，因此，招标时一般侧重对投标人的商业信誉、报价和交货期限等方面的比较，较多考虑价格因素。而订购非批量生产的大型复杂机组设备、特殊用途的大型非标准部件则属于加工承揽合同，中标人承担的工作往往涵盖从生产、交货、安装到调试、保修的全过程，招标时要对投标人的商业信誉、加工制造能力、报价、交货期限和方式、安装（或安装指导）、调试、保修及操作人员培训等各方面条件进行全面比较，更多考虑性价比。

针对不同类型的建设工程发承包模式，可以有不同的物资采购模式，建设单位应当筹划并明确建设工程所需的机电设备、工程机械、工程用料、施工用料中哪些由业主自行采购，哪些由承包商采购，提前做好具体计划和安排，与施工、安装工作有序配合。

对于既有设备采购又有安装服务的项目，可以采用设备和安装分开招标，也可以为了避免供货与安装的工作范围和职责划分不清，或为了有利于投标人充分发挥制造和安装的综合实力、采用合并招标。如果采用合并招标，可以按照各部分所占的费用比例来确定具体招标类型，通常设备占费用比例大的，可按设备招标，安装工程占费用比例大的，则可按安装工程招标。

6.6.3.3 工程材料招标采购内容

1. 材料采购招标文件

招标人应根据所采购材料的特点和需要编制招标文件，国家发展和改革委员会等九部委联合印发的《标准材料采购招标文件》规定，材料采购招标文件的内容包括：

（1）招标公告或投标邀请书；
（2）投标人须知；
（3）评标办法；
（4）合同条款及格式；
（5）供货要求；
（6）投标文件格式；
（7）投标人须知前附表规定的其他资料。

招标人在招标文件中，应根据需要对工程项目的概况进行介绍，以帮助投标人准确地了解供货的总体要求和相关信息。招标文件应清晰地对材料的需求，包括所要求提供的材料名称、规格、数量及单位、交货期、交货地点、技术性能指标、检验考核要求、技术服务和质保期服务要求等做出说明。

2. 供货要求

根据国家发展和改革委员会等九部委联合印发的《标准材料采购招标文件》，建设工程材料招标的供货要求应包括：材料名称、规格、数量及单位、交货期、交货地点、质量标准、验收标准和相关服务要求等。

其中，标的物的名称要使用正式、标准名称的全称，并符合国家标准、国际标准或行业标准；数量及单位是对投标标的物的计量要求，要写清数量的计量单位和计量方法，避免使用有歧义的计量单位，如：车、包、捆等；相关服务要求应在招标文件中写明要求供货方提供的与供货材料有关的辅助服务，如：为买方检验、使用和修补材料提供技术指导、培训、协助等。

3. 评标方法

建设工程材料采购评标要全面比较货物产品的价格、使用功能、质量标准、技术工艺、售后服务等因素，优选性价比高的产品，因此，在满足使用功能和质量标准的条件下，投标报价往往成为影响中标的主要因素。

材料采购的评标通常可选综合评估法或最低评标价法。

1）综合评估法

评标委员会按招标文件中规定的评估指标及其量化因素和分值进行评分，包括投标人的商务评分、投标报价评分、技术评分及其他因素评分，进而计算出综合评估得分。符合招标文件要求且得分最高的投标人推荐为中标候选人。

2）最低评标价法

该方法以投标价为基础，将评审各要素按预定方法换算成相应价格值，增加或减少到报价上形成评标价。在投标价之外还需考虑的因素通常包括运输费用、交货期、付款条件、零配件、售后服务、产品性能、生产能力等。针对每位合格的投标人，将上述的评标价调整值加到报价上，形成该投标人的评标价。按照评标价由低到高的顺序排列，最低评标价的投标书最优。该方法既适用于技术简单或技术规格、性能、制作工艺要求统一的货物采购的评标，也适用于机组、车辆等大型设备采购的评标。

评标办法和程序应作为招标文件的一部分并对潜在投标人公开，招标文件没有规定的评标办法和标准不得作为评标依据。

6.6.3.4 工程设备招标采购内容

建设工程设备招标采购与材料招标采购的内容基本一致，二者的主要区别体现在供货要求和评标方法上。

1. 供货要求

根据国家发展和改革委员会等九部委联合印发的《标准设备采购招标文件》，建设工程设备招标的供货要求应包括：设备名称、规格、数量及单位、交货期、交货地点、技术性能指标、检验考核要求、技术服务和质保期服务要求等。不仅涉及合同设备的制造、运输，还涉及技术资料、安装、调试、考核、验收、技术服务及质量保证等。相关内容定义如下：

（1）合同设备。指卖方按合同约定应向买方提供的设备、装置、备品、备件、易损易耗件、配套使用的软件或其他辅助电子应用程序及技术资料，或其中任何一部分。

（2）技术资料。指各种纸质及电子载体的与合同设备的设计、检验、安装、调试、考核、操作、维修以及保养等有关的技术指标、规格、图纸和说明文件。

（3）安装。指对合同设备进行的组装、连接以及根据需要将合同设备固定在施工场地内一定的位置上，使其就位并与相关设备、工程实现连接。

（4）调试。指在合同设备安装完成后，对合同设备所进行的调校和测试。

（5）考核。指在合同设备调试完成后，对合同设备进行的用于确定其是否达到合同约定的技术性能考核指标的考核。

（6）验收。指合同设备通过考核达到约定的技术性能考核指标后，买方作出的接受合同设备的确认。招标人应对合同设备在考核中应达到的技术性能考核指标进行规定。

（7）技术服务。指卖方按合同约定，在合同设备验收前向买方提供的安装、调试服务，或者在由买方负责的安装、调试、考核中对买方进行的技术指导、协助、监督和培训等。

（8）质量保证期。指合同设备验收后，卖方按合同约定保证合同设备适当、稳定运行，并负责消除合同设备故障的期限。

（9）质保期服务。指在质量保证期内，卖方向买方提供的合同设备维护服务、咨询服务、技术指导、协助以及对出现故障的合同设备进行修理或更换的服务。

2. 评标方法

与材料采购招标类似，工程设备招标采购也可以采用综合评估法或评标价法，其中评标价法依据招标设备标的性质不同，可采用最低评标价法和以设备寿命周期成本为基础的评标价法。由于综合评估法和最低评标价法在前面已经有过介绍，且设备采购招标与其基本一致，这里主要阐述以设备寿命周期成本为基础的评标价法。

以设备寿命周期成本为基础的评标价法适用于采购生产线、成套设备、车辆等运行期内各种费用较高的货物，评标时可预先确定一个统一的设备评审寿命期（短于实际寿命期），然后再根据投标书的实际情况在报价上加上该年限运行期间所发生的各项费用，再减去寿命期末设备的残值。计算各项费用和残值时，均应按招标文件规定的贴现率折算成净现值。

该方法是在评标价的基础上，进一步加上一定运行年限内的费用作为评审价格。这些以贴现值计算的费用包括：

（1）估算寿命期内所需的能源消耗费；

（2）估算寿命期内所需备件及维修费用；

（3）估算寿命期残值。

该方法体现了考虑交货、安装指导、运行、维护等设备全寿命期的费用最小原则。

6.6.4 工程总承包招标

工程总承包作为一种成熟的项目管理模式，在国际上已有超过一个世纪的发展历史，并积累了丰富的实践经验。在中国，自改革开放初期开始探索这一领域，并提出了建立工程"总承包企业"的概念。

1997年，《建筑法》的颁布标志着工程总承包在中国的法律地位得到正式确立，并为该模式的推广提供了法律支持。进入21世纪，工程总承包在中国的发展进一步加速。2011年，《招标投标法实施条例》为总承包的实施提供了明确的法律依据。同时，住房和城乡建设部与国家工商行政管理总局联合制定了《建设项目工程总承包合同示范文本（试行）》，规范了总承包合同的签订与执行。

此后，国务院及住房和城乡建设部出台了一系列政策文件，将工程总承包作为建筑业改革的重要内容，全面推进其实施。2012年，九部委联合发布的《标准设计施工总承包招标文件》（2012年版）标志着中国工程总承包市场逐步走向成熟。

近年来，为进一步提升工程总承包的标准化与规范化水平，国家相关部门持续完善相关规范文件。2017年，住房和城乡建设部发布了国家标准《建设项目工程总承包管理规范》（GB/T 50358-2017）。2019年，住房和城乡建设部联合国家发展改革委印发了《房屋建筑和市政基础设施项目工程总承包管理办法》（建市规〔2019〕12号），进一步明确了工程总承包的管理要求。2020年，住房和城乡建设部与国家市场监管总局合作，发布了更新版的《建设项目工程总承包合同（示范文本）》（GF-2020-0216），为总承包企业提供了更加完善的合同范本。

这一系列政策文件的出台，不仅提高了工程总承包的管理水平，也为总承包企业在"一带一路"倡议下实施国际化战略提供了坚实的基础和支持。

6.6.4.1 标准设计施工总承包招标文件

《标准设计施工总承包招标文件》包括封面格式和三卷七章内容，其中，第一卷包括第一章至第四章，涉及招标公告（投标邀请书）、投标人须知、评标办法、合同条款及格式等内容；第二卷由第五章发包人要求和第六章发包人提供的资料组成；第三卷由第七章投标文件格式组成。《标准设计施工总承包招标文件》用相同序号标示的章、节、条、款、项、目，供招标人和投标人选择使用；以空格标示的由招标人填写的内容，招标人应根据招标项目具体特点和实际需要具体化，确实没有需要填写的，在空格中用"/"标示，最终由招标人依据需要选择其一形成一份完整的招标文件。《标准设计施工总承包招标文件》适用于设计施工一体化总承包招标。

6.6.4.2 工程总承包招标程序

工程总承包招标程序与施工招标程序基本相同，下面仅介绍与工程施工招标不同的内容。

1. 编制招标文件

招标人应根据《标准设计施工总承包招标文件》，结合招标项目具体特点和实际需要，编制招标文件。招标文件是投标人编制投标文件和报价的依据，因此，应包括招标项目的所有实质性要求和条件。

标准设计施工总承包招标文件包括下列内容：

（1）招标公告或投标邀请书；
（2）投标人须知；
（3）评标办法；
（4）合同条款及格式；
（5）发包人要求；
（6）发包人提供的资料；
（7）投标文件格式；
（8）投标人须知前附表规定的其他材料。

此外，招标人对招标文件的澄清、修改，也构成招标文件的组成部分。

与标准施工招标文件相比较，投标人须知在设计方面提出了有关设计工作方面的要求：

（1）质量标准。包括设计要求的质量标准。

（2）投标人资格要求。项目经理应当具备工程设计类或者工程施工类注册执业资格，设计负责人应当具备工程设计类注册执业资格。

（3）设计成果补偿。招标人对符合招标文件规定的未中标人的设计成果进行补偿的，按投标人须知前附表规定给予补偿，并有权免费使用未中标人设计成果等。

标准设计施工总承包招标，除以上差异外，还包括发包人要求、发包人提供资料等内容。

2. 编制价格清单

价格清单指合同文件组成部分的由承包人按规定的格式和要求填写并标明价格的清单，它包括勘察设计费清单、工程设备费清单、必备的备品备件费清单、建筑安装工程费清单、技术服务费清单、暂估价清单、其他费用清单和投标报价汇总表。总承包招标文件编制的价格清单包含的内容与施工合同的投标报价的内容有所不同，总承包招标编制的价格清单还包括有关勘察设计费等内容。

3. 组织资格审查

适用于资格预审的资格审查资料包括"近年完成的类似设计施工总承包项目情况表"，应附上中标通知书和（或）合同协议书、工程接收证书（工程竣工验收证书）复印件；"近年完成的类似工程设计项目情况表"，应附上中标通知书和（或）合同协议书、发包人出具的证明文件；"近年完成的类似施工项目情况表"，应附上中标通知书和（或）合同协议书、工程接收证书（工程竣工验收证书）复印件。具体年份要求见投标人须知前附表，每张表格只填写一个项目，并标明序号。与标准施工招标文件相比较，资格审查的内容增加了"完成的类似设计施工总承包项目和近年完成的类似工程设计项目"等。

4. 开标与评标

标准设计施工总承包招标文件和标准施工招标文件的评标办法都包括综合评估法和经评审的最低投标价法，与标准施工招标文件相比较，评标办法前附表在设计方面增加了与设计有关的内容：

（1）关于设计负责人的资格评审标准需符合投标人须知相应规定；

（2）资信业绩评分标准新增设计负责人业绩；

（3）增加设计部分评审。

6.7 案例分析

综合案例6-6：浙江 X 建设集团有限公司与丹东 R 置业有限公司建设工程施工合同纠纷

案例来源：辽宁省高级人民法院，（2018）辽民初44号

案例背景：

2013年1月25日，中标人浙江X建设集团有限公司（简称X公司）与招标人丹东R置业有限公司（简称R公司）就西湖城小区7、8、10、14号楼和9、11、12、13、15号楼两个工程项目分别签订了《建设工程施工合同》，2013年2月26日建设行政管理部门对该两份合同进行了备案。该两份建设工程施工合同的内容，除施工楼栋号不同外，其他内容基本相似。

原告X公司与被告R公司还就西湖城小区7、8、10、14号楼工程另签订一份无落款日期的《建设工程施工合同》，就西湖城小区9、11、12、13、15号楼工程也另签订了一份无落款日期的《建设工程施工合同》。

X公司与R公司就两个工程签订《建设工程施工合同》后，因R公司的原因两个工程均未能正常开工，双方签订的施工合同亦未实际履行，在时隔一年后，双方就两个工程签订了一份补充协议，该协议约定工程按批次开工，对承包范围、计价方式、工程款支付时间等合同条款进行了调整，同时约定对于未修改的内容按原合同条款执行。后因工程造价鉴定的合同依据纠纷诉至法院。

裁判结果：

如前所述，案涉工程共签订四份《建设工程施工合同》和一份《补充协议》，即2013年1月25日中标后签订并备案的两份《建设工程施工合同》，两份无落款日期的《建设工程施工合同》，以及2014年3月8日签订的《补充协议》。法院认为，案涉工程并非必须招投标的项目，案涉建设工程施工合同及补充协议均作为工程造价鉴定的合同依据。理由如下：《最高人民法院关于审理建设工程施工合同纠纷案件适用法律问题的解释（二）》第九条规定："发包人将依法不属于必须招标的建设工程进行招标后，与承包人另行订立的建设工程施工合同背离中标合同的实质内容，当事人请求以中标合同作为结算建设工程价款依据的，人民法院应予以支持，但发包人与承包人因客观情况发生了在招标时难以预见的变化而另行订立建设工程施工合同的除外。"本案中，第一，从签订《补充协议》的目的看，并没有证据证明R公司、X公司为了规避法律法规的规定以及相关部门的监管而签订补充协议，亦无证据证明补充协议存在胁迫等情形，双方当事人在主观上并不存有恶意，因此，案涉施工合同与补充协议之间并不属于"黑白合同"。第二，补充协议的签订是因建设工程施工合同签订后，因客观情况的变化不能按约开工，在一年后开工条件成就时签订该协议是属于《中华人民共和国合同法》第七十七条①规定的对施工合同的变更。第三，从双方的实际履行看，补充协议签订后，双方实际履行的内容包括了建设工程施工合同和补充协议约定的内容。综上，补充协议是原告与被告基于合同履行时间、工程开竣工顺序等情况的变化对原合同条款进行的调整，应当作为认定双方权利和义务的依据。

---

① 对应《民法典》（合同编）第五百四十三条规定的"当事人协商一致，可以变更合同"，以及五百四十四条规定的"法律规定变更合同应当办理批准、登记等手续的，依照其规定"。

案例分析：

本案争议焦点是：（一）案涉工程已完工程量的工程造价应以哪个鉴定结论为准。（二）R 公司的已付款情况和欠付款金额。（三）R 公司应否支付 X 公司工程款违约金。（四）X 公司请求给付停工损失应否支持。（五）X 公司主张的工程价款优先受偿权问题。（六）R 公司反诉请求 X 公司配合办理变更施工单位手续问题。（七）R 公司反诉请求 X 公司移交全部工程档案资料问题。（八）R 公司反诉请求 X 公司开具已付全部工程款发票问题。

（1）关于工程造价鉴定的合同依据问题。根据《最高人民法院关于审理建设工程施工合同纠纷案件适用法律问题的解释（一）》第二十一条和《最高人民法院关于审理建设工程施工合同纠纷案件适用法律问题的解释（二）》第一条、第十条的规定，如果《补充协议》关于工程价款这一实质内容与备案的中标合同不一致，并对中标合同实质内容进行了变更，应以已经备案的中标合同为结算依据。然而，在本案中，补充协议是基于客观情况的变化对原合同条款进行的调整，且双方当事人均未存在恶意行为，因此不应简单地以备案的中标合同为结算依据。《最高人民法院关于审理建设工程施工合同纠纷案件适用法律问题的解释（二）》第九条规定："发包人将依法不属于必须招标的建设工程进行招标后，与承包人另行订立的建设工程施工合同背离中标合同的实质内容，当事人请求以中标合同作为结算建设工程价款依据的，人民法院应予支持，但发包人与承包人因客观情况发生了在招标时难以预见的变化而另行订立建设工程施工合同的除外。"这一规定明确了在某些情况下，补充协议可以作为工程造价鉴定的合同依据之一。

（2）关于 R 公司的已付款情况和欠付工程款金额的问题。根据建设工程施工合同 47.9 款约定发包人在办理付款手续时，必须并将工程款汇入全称为 X 公司的公司银行账户内，补充协议第四、7 款约定牵涉到本工程乙方的所有款项甲方必须汇入乙方指定的账户内，否则视为未支付，结合该工程为固定价合同、双方无争议的付款额中也有小额付款等事实。对于 1402、1004、1804 三套房屋，因没有办理备案手续且被法院查封，致使该抵押房屋不能办理变更登记手续，故依法认定该三套房屋无法继续履行，对 R 公司关于该三套房屋价款作为已付工程款的主张，本院不予支持。

（3）关于 R 公司应否支付 X 公司工程款违约金的问题。首先，原告 X 公司关于工程进度款违约金的诉讼请求计算至起诉日 2018 年 4 月 27 日，其主张不违反法律的规定。其次，因 R 公司未能按约支付工程进度款，导致涉案工程停工，造成 X 公司不能如期取得经营效益。另与 X 公司的融资成本、房屋价格的上涨程度，以及银行关于贷款利息、逾期罚息的计算比例、方法相比较，双方约定的月 3%违约金支付比例，属于过分的高于损失。最后，考虑到双方所签订的合同所具有的商事合同的属性及 R 公司的违约程度，故对被告 R 公司提出 X 公司按 3%月利息计算违约金的计算标准过高，请求调整违约金的计算标准，本院予以支持，违约金计算标准调整为按月 2%计算。

（4）关于 X 公司主张停工损失的问题。虽然 R 公司未能按时支付工程进度款是造成案涉工程中途停工的原因，但 X 公司亦有义务采取措施防止停工损失的扩大，其提供的证据尚不足以证明其损失数额，本院综合双方对停工损失的过错，酌情认定 X 公司的停工损失数额为 50 万元。

（5）关于 X 公司主张的工程价款优先受偿权问题。虽然被告 R 公司对原告 X 公司承建的西湖城 9 某、10 某、12 某、14 某楼部分工程质量提出异议，并向本院提出司法鉴定申请。但在本案审理过程中，R 公司已撤回其鉴定申请。现本案没有证据证明 X 公司承建的案涉工程存在质量问题。并且，案涉工程尚未竣工，而施工合同在本案诉讼中双方已约定解除并中止履行，应以 2018 年 8 月 30 日施工合同解除之日作为起算点。故 X 公司未超过建设工程价款优先受偿权的行使期限。综上，X 公司对承建的案涉工程享有工程价款优先受偿权。

（6）关于 R 公司主张的 X 公司配合办理变更施工单位手续的问题。被告 R 公司反诉请求 X 公司配合办理变更施工单位手续，其认为案涉合同和协议均已经解除，R 公司也已经聘请新的施工队伍进场施工，故请求判令 X 公司配合 R 公司到相关部门办理变更施工单位的相关手续。X 公司辩称，变更施工单位的相关手续，需要原施工单位配合的就是出具解除合同手续，本案已经通过调解书的形式解除了案涉合同和协议，不存在其他需要配合的事项。

（7）关于 R 公司反诉请求 X 公司移交全部工程档案资料的问题。本院认为，双方签订的中标施工合同第 32.1 条约定"竣工验收后 15 天内提供竣工图和技术资料各 3 套"。没有签署日期的施工合同第 32.1 条约定"工程具备竣工验收条件，承包人按国家工程竣工验收有关规定，向发包人提供完整竣工资料及竣工验收报告"。双方约定由承包人提供竣工图的，应当在专用条款内约定提供的日期和份数。本案双方签订的施工合同及补充协议已约定解除，承包方 X 公司移交档案资料是双方约定义务，其应向 R 公司移交全部案涉工程档案资料。

（8）关于 R 公司反诉请求 X 公司开具已付全部工程款发票的问题。本院认为，虽然支付工程款义务和开具发票义务是两种不同性质的义务，不具有对等关系，发包人不能以承包人未开具发票为由拒付工程款，但发包人支付工程款后，承包人具有向发包人开具发票的义务。

法院首先确认了建设工程施工合同和补充协议的真实有效性，强调了在变更关系下，补充协议作为工程造价鉴定的合同依据的合理性，充分考虑了客观情况变化。此举为合同变更的灵活性提供了支持，维护了当事人的合法权益。在工程价款计算方面，法院采纳了以补充协议约定的单价乘以建筑面积为竣工总价的方法，认为该计算方式既兼顾了合同约定又符合工程实际情况，体现了司法对于灵活运用法律解释的态度。此外，法院对付款义务、违约金、停工损失、工程价款优先受偿权等问题的分析较为细致，综合考虑了各方的权责，提出了合理的判决。总体而言，法院在该案中坚持法律原则，注重事实认定，对于合同变更的处理体现了法律的弹性和适应性。在裁判结果中，兼顾了当事双方的权益，为解决类似建设工程合同纠纷提供了一定的法律指引。

6.8 本章总结

本章详细阐述了建设工程发承包的核心内容，明确了发承包的定义、重要性及其在项目管理中的关键角色。建设工程发承包是指建设单位（或总承包单位）通过法定程序将工程任务委托给具备相应资质的承包单位完成，这一过程不仅促进了公平竞争，还有助于防止垄断和腐败。

首先，本章介绍了政府采购的基本概念与形式，包括集中采购和分散采购，详细说明了各自的特点和适用范围。政府采购过程中，根据采购项目的不同，可采用公开招标、邀请招标、竞争性谈判、单一来源采购和询价等多种方式，每种方式都有其明确的适用条件和操作流程。其中，公开招标作为主要的采购方式，强调公平、公正和透明度，特别适用于政府财政性资金的采购项目。

其次，本章深入探讨了建设工程招标投标的基本流程和相关法律规定，从招标前准备、招标投标、评标定标三个阶段进行了详细阐述。招标过程中，招标文件的编制、发布招标公告、资格预审、发售招标文件及答疑、投标人编制投标文件、开标、评标、定标等各个环节均需要严格遵守法律法规，确保招标活动的合法性和公正性。同时，还强调了对异议、质疑与投诉的处理机制，保障了招标投标活动的透明度和参与者的合法权益。

最后，本章分类介绍了工程勘察设计招标、工程施工招标、工程材料与设备招标以及工程总承包招标等不同类型招标的特点和流程。详细说明了各类招标活动的具体要求、评标方法和管理等内容，为实际操作提供了具体指导。

通过对本章的学习，可以全面了解建设工程发承包的全过程，掌握相关法律法规和操作流程，从而为有效实施项目采购管理奠定坚实基础。

思考题

1. 《政府采购法》的立法目的有哪些？
2. 简述政府采购的方式。
3. 政府采购适用于哪种工程项目？
4. 公开招标和邀请招标的区别是什么？
5. 法定强制招标的项目有哪些？无需招标的例外情形又有哪些？
6. 简述工程项目招标采购的主要程序。
7. 简述开标、评标、定标。
8. 简述招标文件的编制流程。
9. 招标资格审查的内容主要有哪些？
10. 审批制、核准制和备案制的区别是什么？
11. 异议、质疑和投诉的区别是什么？
12. 什么是联合体投标？
13. 建设工程招标有哪些类型，他们的招标流程的区别是什么？
14. 阅读下面的工程背景，回答下列问题。

某省重点工程项目，由于工程复杂，技术难度高，一般施工队伍难以胜任，建设单位自行决定采用邀请招标方式。现共有 A、B、C、D、E、F、G、H 八家施工单位通过了资格预审，并于规定的时间 10 月 10—16 日购买了招标文件。招标文件中规定，10 月 18 日下午 4 时为投标截止时间，11 月 10 日发中标通知书。

在投标截止时间之前，A、C、D、E、F、G、H 七家施工单位均提交了投标文件，并按招标文件的规定提供了投标保证金。10 月 18 日，G 施工单位于下午 3 时向招标人书面提出撤回已提交的投标文件，E 施工单位于下午 3 时 30 分向招标人递交了一份投标价格下降 5%的书面说明，B 施工单位由于中途堵车于下午 4 时 15 分才将投标文件送达。

10 月 19 日下午，由当地招标投标监督管理办公室主持进行了公开开标。开标时，由招标人检查投标文件的密封情况，确认无误后，由工作人员当众拆封并宣读各投标单位的名称、投标价格、工期和其他主要内容。

评标委员会委员由招标人直接确定，共由 4 人组成，其中招标人代表 2 人，经济专家 1 人，技术专家 1 人。

评标时发现：A 施工单位投标报价的大写金额小于小写金额；C 施工单位投标报价明显低于其他投标单位报价且未能合理说明理由；D 施工单位投标文件虽无法定代表人签字和委托人授权书，但投标文件均已有项目经理签字并加盖了公章；F 施工单位投标文件中提供的检验标准和方法不符合招标文件的要求；H 施工单位投标文件中某分项工程的报价有个别漏项。

建设单位最终确定 C 施工单位中标，并在中标通知书发出后第 45 天，与该施工单位签订了施工合同。之后双方又另行签订了一份合同金额比中标价降低 10%的协议。

思考问题：

（1）建设单位自行决定采取邀请招标方式的做法是否妥当？
（2）G 施工单位提出的撤回投标文件的要求是否合理？其能否收回投标保证金？
（3）E 施工单位向招标人递交的书面说明是否有效？
（4）A、B、C、D、F、H 六家施工单位的投标是否为有效标？
（5）指出开标工作的不妥之处。
（6）指出评标委员会成员组成的不妥之处。
（7）指出建设单位在施工合同签订过程中的不妥之处。

第 7 章 建设工程合同管理

在工程建设领域中,合同扮演着至关重要的角色,它如同一根坚实的纽带,将项目各方紧密地联结在一起,构建了供需关系、经济关系以及工作关系的网络。建设工程合同不仅明确了各方的责任、权利与义务,还详尽规定了工作内容、执行流程与具体标准,进而界定了风险分担的界限。

合同管理作为建设工程管理的基石与核心,贯穿项目从策划到竣工的各个阶段。它不仅是确立工程质量、投资成本及施工进度等关键目标的基础,更是实现这些目标过程中不可或缺的管控依据。简而言之,一个个成功的工程项目,其本质就是一份份合同的忠实履行与高效管理。

本章内容将围绕建设工程的勘察、设计、施工、总承包及分包等环节,深入探讨建设工程合同管理的各方面,旨在提供一个全面、深入的理解框架,以便在实践中把握合同管理的要领,推动工程项目的顺利进行。

7.1 建设工程勘察合同订立与履行管理

建设工程勘察,是指根据建设工程的要求,查明、分析、评价建设场地的地质地理环境特征和岩土工程条件,编制建设工程勘察文件的活动。建设工程勘察合同即发包人与勘察人就完成商定的勘察任务明确双方权利义务关系的协议。2017 年,发展改革委等九部委颁布了《标准勘察招标文件》(2017 年版),其中包含"勘察合同文件",为方便起见,下面简称为"九部委勘察合同文本"。通过合同文本,可以更好地理解和应用勘察合同的相关规定,确保工程项目的顺利进行。

九部委勘察合同文本适用于依法必须招标的与工程建设有关的勘察项目,该合同文本有一项说明,即房屋建筑和市政工程等工程勘察项目可以使用《建设工程勘察合同(示范文本)》(GF-2016-0203)。下面以九部委勘察合同文本为核心介绍建设工程勘查合同的订立与履行管理。

7.1.1 建设工程勘察合同文件的构成

合同文件(或称合同)是指合同协议书、中标通知书、投标函和投标函附录、专用合同条款、通用合同条款、发包人要求、勘察费用清单、勘察纲要，以及其他构成合同组成部分的文件。通用合同条款是指根据法律、行政法规规定及建设工程勘察的需要制定的，通用于所有建设工程勘察的条款。这些条款是框架性的约定，涉及合同的基本权利和义务。专用合同条款是指发包人与承包人根据法律、行政法规规定，结合具体工程实际，经协商达成一致意见的条款，是对通用条款的具体化、补充或修改，但除通用合同条款明确规定可以作出不同约定外，专用合同条款补充和细化的内容不得与"通用合同条款"相抵触，否则抵触内容无效。

（1）合同协议书：勘察人按中标通知书规定的时间与发包人签订合同协议。

（2）中标通知书：指发包人通知勘察人中标的函件。

（3）投标函：指由勘察人填写并签署的，名为"投标函"的函件。

（4）投标函附录：指由勘察人填写并签署的、附在投标函后，名为"投标函附录"的函件。

（5）发包人要求：指合同文件中名为"发包人要求"的文件。

（6）勘察纲要：指勘察人在投标文件中的勘察纲要。

（7）勘察费用清单：指勘察人投标文件中的勘察费用清单。

（8）其他合同文件：指经合同双方当事人确认构成合同文件的其他文件。

7.1.2　建设工程勘察合同工作内容

建设工程勘察合同是指发包人与勘察人就完成建设工程地理、地质状况的调查研究工作而达成的明确双方权利、义务的协议。建设工程勘察指勘察人根据建设工程的要求，查明、分析、评价建设场地的地质地理环境特征和岩土工程条件，编制建设工程勘察文件的活动。对于勘察服务内容、勘察范围等，应在专用合同条款中约定。

7.1.3　建设工程勘察合同当事人

建设工程勘察合同涉及发包人和勘察人两大主体。发包人通常由工程建设项目的建设方或工程总承包方担任。鉴于勘察工作的高度专业性及其对工程质量的基础保障作用，国家对勘察人的资格与管理实施严格规范。

勘察人满足以下条件方可参与勘察合同。

（1）法人资格要求。依据我国法律，勘察单位作为承包人，必须具备法人资格，排除任何非法人组织及个人的参与。此要求源于建设工程项目的高投资、长周期、高质量及技术密集等特性，以及勘察设计在工程建设中的核心地位，这决定了勘查工作必须由具备相应能力的法人实体承担。

（2）营业执照与经营范围限制。勘察单位须持有工商行政管理部门颁发的有效企业法人营业执照，且其经营活动必须严格限定在营业执照核准的范围内。任何超越经营范围所签订的勘察合同均视为无效，因为建设工程勘察业务涉及专门技术和设备，仅具备相应资质的企业才可开展相关业务。

（3）资质证书与承揽范围。勘察单位还需持有建设行政主管部门颁发的工程勘察资质证书及工程勘察收费资格证书，并在其资质等级所允许的范围内承揽勘察业务。这一规定旨在确保勘察工作由具备相应技术能力和管理水平的企业承担，以保障勘察成果的质量和可靠性。

我国法律体系对建设工程勘察设计企业的资质管理做出了详细规定，企业需根据注册资本、专业技术团队、技术装备及业绩等条件申请资质，经审核合格后方可获得资质证书，在规定范围内开展勘察、设计及相关咨询和技术服务活动。

7.1.4 建设工程勘察合同应约定的内容

7.1.4.1 勘察依据

在工程勘察过程中，除专用合同条款中可能存在的特别约定外，一般应遵循下列勘察依据，以确保勘察工作的科学性、准确性和合法性：

（1）适用的法律、行政法规及部门规章。勘察单位必须严格遵守国家、地方以及行业内的相关法律法规、行政法规和部门规章，确保勘察活动的合法性。这些法律文件可能涉及土地管理、环境保护、城乡规划、建筑安全等多个方面。

（2）与工程有关的规范、标准、规程。勘察单位应依据国家、行业或地方发布的相关标准、规程进行勘察作业，确保勘察成果符合技术规范要求，达到一定的质量标准。

（3）工程基础资料及其他文件。工程基础资料是勘察工作的重要基础，包括但不限于地形图、地质图、水文气象资料、周边建筑物及地下管线资料等。此外，还可能包括业主提供的项目建议书、可行性研究报告、初步设计文件等其他相关文件。这些资料为勘察单位提供了项目的背景信息和具体要求，有助于勘察单位更好地理解和把握项目需求。

（4）本勘察服务合同及补充合同。勘察单位必须按照合同约定的内容、范围、标准、期限等要求进行勘察作业，并承担相应的责任和义务。补充合同则是对原合同的补充和修改，同样具有法律效力。

（5）本工程设计和施工需求。勘察工作应紧密围绕工程设计和施工需求进行。勘察单位需充分了解项目的设计意图、施工要求以及可能遇到的技术难题，为设计和施工提供准确、可靠的勘察成果。

（6）合同履行中与勘察服务有关的来往函件。在合同履行过程中，勘察单位与业主之间可能会就勘察工作的问题进行沟通和协商，形成一些来往函件。这些函件作为合同的补充部分，同样具有法律效力，勘察单位应予以重视并妥善保管。

（7）其他勘察依据。除上述明确列出的勘察依据外，还可能存在其他与勘察工作相关的依据文件或资料。这些文件或资料可能由业主提供或由勘察单位自行收集获取。

综上所述，工程勘察的依据是多方面的、综合性的。勘察单位应全面、准确地掌握这些依据文件或资料的内容和要求，并将其贯穿勘察工作的全过程，以确保勘察成果的合法性、科学性和准确性。

7.1.4.2 发包人应向勘察人提供的文件资料

在建设工程领域，发包人与勘察人之间的合作至关重要，特别是在项目初期的勘察阶段。为了确保勘察工作的顺利进行，发包人需要向勘察人提供一系列关键的文件资料，这些资料对于勘察人准确理解工程需求、评估地质条件、规避潜在风险等方面具有重要意义。

（1）本工程的批准文件（复印件），以及用地（附红线范围）、施工、勘察许可等批件（复印件）。这些文件是项目合法性的基础，能够有效证明该项目已经获得了相关政府部门的批准，具备进行勘察、施工等后续工作的条件。用地红线范围明确了项目的用地界限，有助于勘察人了解项目的具体位置和周边环境。施工、勘察许可等批件则进一步确认了勘察工作的合法性和必要性。

（2）工程勘察任务委托书、技术要求和工作范围的地形图、建筑总平面布置图。工程勘察任务委托书是发包人对勘察工作的具体要求和期望的书面表达，有助于勘察人明确工作目标和内容。技术要求详细规定了勘察工作应达到的技术标准和要求，是勘察人进行工作的指导依据。地形图和建筑总平面布置图则提供了项目所在区域的地形地貌、建筑物布局等信息，有助于勘察人了解项目的具体情况和周边环境。

（3）勘察工作范围已有的技术资料及工程所需的坐标与标高资料。已有的技术资料可能包括该区域的地质勘探报告、水文地质资料等，这些资料对于勘察人了解区域地质条件、水文状况等具有重要价值。坐标与标高资料则是进行工程测量和定位的基础，有助于勘察人准确确定勘察点的位置和高程。

（4）勘察工作范围地下已有埋藏物的资料（如电力、电信电缆、各种管道、人防设施、洞室等）及具体位置分布图。地下埋藏物的存在可能对勘察工作造成干扰或风险，因此提供这些资料及其位置分布图对于勘察人制定安全的勘察方案、避免损坏地下设施具有重要意义。

（5）其他必要相关资料。这可能包括项目所在地的气候、气象资料、历史地震资料等，这些资料有助于勘察人全面评估项目的地质和环境风险。

如果发包人无法提供上述全部或部分资料，且需要由勘察人自行收集时，应在合同中明确约定，并支付相应的费用。这样做不仅有助于保障勘察人的合法权益，也有助于确保勘察工作的顺利进行和勘察成果的准确性。

7.1.4.3 发包人义务

（1）发包人在整个合同执行过程中，必须确保自己的行为符合所有适用的法律法规。如果因为发包人的违法行为导致勘察人受到任何损害或需承担相应责任，发包人需要承担全部责任，并确保勘察人免于因此受到的不利影响。

（2）发包人需要负责办理工程建设项目所必需的各种审批、核准或备案手续。对于勘察人需要办理的勘察证件和批件，发包人应提供必要的协助。

（3）发包人需要按照合同约定，向勘察人提供必要的勘察资料。这些资料是勘察人进行勘察工作的基础，对勘察结果的准确性和可靠性有着重要影响。缺少或错误的资料可能会导致勘察结果不准确或需要重新进行勘察，从而增加项目的成本和延误时间。

（4）发包人需要按照合同约定的时间和方式，向勘察人发出开始勘察的正式通知。这个通知是勘察工作正式启动的标志，也是勘察人开始执行合同义务的依据。

（5）发包人需要按照合同约定的时间和方式，及时向勘察人支付合同价款。

（6）除上述明确列出的义务外，发包人还需要履行合同约定的其他所有义务。

7.1.4.4 勘察人的一般义务

勘察人的一般义务在工程项目的实施过程中起着至关重要的作用。这些义务不仅关乎到工程的质量和安全，还涉及法律、税务、环境等多个方面。

（1）遵守法律。勘察人必须严格遵守国家的相关法律法规，包括但不限于工程勘察领域的专门法规、环保法规、安全生产法规等。通过遵守法律，确保行为合规合法，勘察人能够避免因违法行为给发包人带来潜在的法律风险和责任。

（2）依法纳税。勘察人作为市场主体，必须依法履行纳税义务。在合同中，勘察人应将应缴纳的税金（包括增值税）纳入合同价格之中，确保税费的合法性和完整性。这不仅是对国家税收制度的尊重，也是维护市场公平竞争的必要条件。

（3）完成全部勘察工作。勘察人应按照合同约定以及发包人的要求，全面、准确地完成勘察工作。这包括提供符合标准的勘察文件、配备必要的劳务、材料、设备和实验设施等。同时，勘察人还需对工作中的任何缺陷进行及时的整改、完善和修补，以确保勘察成果能够满足合同约定的目的和要求。

（4）保证勘察作业规范、安全和环保。勘察作业涉及诸多安全和环境因素，因此勘察人必须严格按照法律、规范标准和发包人的要求进行作业。在作业过程中，勘察人应采取有效措施确保操作规范、安全、文明和环保。特别是在风险性较大的环境中作业时，勘察人应编制安全防护方案并制订应急预案，以防止因勘察作业造成的人身伤害和财产损失。

（5）避免勘探对公众与他人的利益造成损害。勘察人在进行勘探作业时，应充分考虑到对周边环境和公众利益的影响。他们应确保不侵害发包人与他人使用公用道路、水源、市政管网等公共设施的权利，并避免对邻近的公共设施产生干扰。同时，勘察人还需保证勘探场地的周边设施、建构筑物、地下管线、架空线和其他物体的安全运行。如果因勘察作业占用或使用了他人的施工场地并影响了他人作业或生活，勘察人应承担相应的责任。

（6）除上述义务外，勘察人还应履行合同中约定的其他义务。这些义务可能涉及保密、配合发包人进行后续工作等方面的内容。通过全面履行这些义务，勘察人能够确保与发包人之间的合作顺利进行，并共同推动工程项目的成功实施。

7.1.5 建设工程勘察合同履行管理

7.1.5.1 发包人管理

1. 发包人代表

发包人代表是指由发包人任命，并在授权范围和期限内代表发包人行使权利和履行义务的全权负责人。发包人代表在其授权范围和授权期限内，代表发包人行使权利、履行义务和处理合同履行中的具体事宜。除专用合同条款另有约定外，发包人应在合同签订后 14 天内，将发包人代表的姓名、职务、联系方式、授权范围和授权期限书面通知勘察人。

发包人代表违反法律法规、违背职业道德守则或者不按合同约定履行职责及义务，导致合同无法继续正常履行的，勘察人有权通知发包人更换发包人代表。发包人收到通知后 7 天内，应当核实情况并将处理结果通知勘察人。

发包人代表可以授权发包人的其他人员负责执行其指派的一项或多项工作。发包人代表应将被授权人员的姓名及其授权范围通知勘察人。被授权人员在授权范围内发出的指示视为已得到发包人代表的同意，与发包人代表发出的指示具有同等效力。

2. 监理人

发包人可以根据工程建设需要确定是否委托监理人进行勘察监理。如果委托监理，则监理人享有合同约定的权力，其所发出的任何指示应视为已得到发包人的批准。监理人的监理范围、职责权限和总监理工程师信息，应在专用合同条款中指明。未经发包人批准，监理人无权修改合同。合同约定应由勘察人承担的义务和责任不因监理人对勘察文件的审查或批准以及为实施监理作出的指示等职务行为而减轻或解除。

3. 发包人的指示

发包人应按合同约定向勘察人发出指示，发包人的指示应盖有发包人单位章，并由发包人代表签字确认。勘察人收到发包人作出的指示后应遵照执行。在紧急情况下，发包人代表或其授权人员可以当场签发临时书面指示，勘察人应遵照执行。发包人代表应在临时书面指示发出后 24 小时内发出书面确认函，逾期未发出书面确认函的，该临时书面指示应被视为发包人的正式指示。

4. 决定或答复

发包人在法律允许的范围内有权对勘察人的勘察工作和（或）勘察文件作出处理决定，勘察人应按照发包人的决定执行。涉及勘察服务期限或勘察费用等问题按约定处理。发包人应在专用合同条款约定的时间之内，对勘察人书面提出的事项作出书面答复，逾期没有做出答复的，视为已获得发包人的批准。

7.1.5.2 项目负责人

1. 项目负责人的指派

勘察人应按合同协议书的约定指派项目负责人，并在约定的期限内到职。勘察人更换项目负责人应事先征得发包人同意，并应在更换 14 天前将拟更换的项目负责人的姓名和详细资料提交发包人。项目负责人 2 天内不能履行职责的，应事先征得发包人同意，并委派代表代行其职责。

2. 项目负责人的职责

项目负责人应按合同约定以及发包人要求，负责组织合同工作的实施。在情况紧急下，如无法与发包人取得联系时，项目负责人可采取确保工程和人员生命财产安全的紧急措施，并在采取措施后 24 小时内向发包人提交书面报告。

3. 勘察人函件的要求

勘察人为履行合同发出的一切函件均应盖有勘察人单位章，并由勘察人的项目负责人签字确认。按照专用合同条款约定，项目负责人可以授权其下属人员履行其某项职责，但事先应将这些人员的姓名和授权范围书面通知发包人。

7.1.5.3 勘察要求

1. 一般要求

发包人应当遵守法律和规范标准，不得以任何理由要求勘察人违反法律、工程质量和安全标准进行勘察服务，降低工程质量。勘察人应按照法律规定，以及国家、行业和地方的规范与标准完成勘察工作，并满足发包人要求。各项规范、标准和发包人要求如对同一内容的描述不一致时，应以描述更为严格的内容为准。

除专用合同条款另有约定外，勘察人完成勘察工作所应遵守的法律规定，以及国家、行业和地方的规范和标准，均应视为在基准日适用的版本。基准日之后，前述版本发生重大变化，或者有新的法律，以及国家、行业和地方的规范和标准实施的，勘察人应向发包人提出遵守新规定的建议。发包人应在收到建议后 7 天内发出是否遵守新规定的指示。

2. 勘察作业要求

1）测绘要求

（1）除专用合同条款另有约定外，发包人应在开始勘察前 7 日内，向勘察人提供测量基准点、水准点和书面资料等；勘察人应根据国家测绘基准、测绘系统和工程测量技术规范，按发包人要求的基准点以及合同工程精度要求进行测绘。

（2）勘察人测绘之前，应当认真核对测绘数据，保证引用数据和原始数据准确无误。测绘工作应由测量人员如实记录，不得补记、涂改或者损坏。

（3）工程勘探之前，勘察人应当严格按照勘察方案的孔位坐标，进行测量放线并在实地位置定位，埋设带有编号且不易移动的标志桩进行定位控制。

2）勘探要求

（1）勘察人应当根据勘察目的和岩土特性，合理选择钻探、井探、槽探、洞探和地球物理勘探等勘探方法，为完成合同约定的勘察任务创造条件。勘察人对勘察方法的正确性、适用性和可靠性完全负责。

（2）勘察人布置勘探工作时，应当充分考虑勘探方法对于自然环境、周边设施、建构筑物、地下管线、架空线和其他物体的影响，采用切实有效的措施进行防范控制。如果因勘探工作造成设施损坏或公共服务中断，由此导致的费用增加和（或）周期延误由勘察人自行承担。

（3）勘察人应在标定的孔位处进行勘探，不得随意改动位置。对于勘探方法、勘探机具、勘探记录、取样编录与描述、孔位标记、孔位封闭等事项，应当严格遵循规范标准，如实填写勘探报表和勘探日志。

（4）勘探工作完成后，勘察人应当按照规范要求及时封孔，并将封孔记录整理存档，勘探场地应当保持地面平整和清洁卫生，并通知发包人、行政主管部门及使用维护单位进行现场验收。验收通过之后如果发生沉陷，勘察人应当及时进行二次封孔和现场验收。

3）取样要求

（1）勘察人应当针对不同的岩土地质，按照勘探取样规范规程中的相关规定，根据地层特征、取样深度、设备条件和试验项目的不同，合理选用取样方法和取样工具进行取样，取样类型包括但不限于土样、水样、岩芯等。

（2）取样后的样品应当根据其类别、性质和特点等进行封装、贮存和运输。样品搬运之前，宜用数码相机进行现场拍照。运输途中应当采用柔软材料充填、尽量避免振动和阳光曝晒。装卸时尽量轻拿轻放，以免样品损坏。

（3）取样后的样品应当填写和粘贴标签，标签内容包括但不限于工程名称、孔号、样品编号、取样深度、样品名称、取样日期、取样人姓名、施工机组等。

4）试验要求

（1）勘察人应当根据岩土条件、设计要求、勘察经验和测试方法特点，选用合适的原位测试方法和勘察设备进行原位测试。原位测试成果应与室内试验数据进行对比分析，检验其可靠性。

（2）勘察人的试验室应当通过行业管理部门认可的 CMA 计量认证[①]，并具备相应的资格证书、试验人员和试验条件，否则应当委托第三方试验室进行室内试验。

（3）勘察人应在试验前按照要求清点样品数目，确认取样质量及数量是否满足试验需要。勘察设备应经过检定，确保其性能参数合格，能够满足试验要求，并严格按照规范和标准进行操作。试验结束后，应在有效期内保留备样，以便复核试验结果。同时，应按照规范标准处理剩余土样和废液，确保符合环境保护、卫生健康等相关要求。

（4）试验报告的格式应当符合 CMA 计量认证体系要求，加盖 CMA 章并由试验负责人签字确认。试验负责人应当通过计量认证考核，并由项目负责人授权许可。

3. 临时占地和设施要求

1）临时占地

勘察人应当根据勘察服务方案制订临时占地计划，并报请发包人批准。位于本工程区域内的临时占地，由发包人协调提供。位于道路、绿化或者其他市政设施内的临时占地，由勘察人向行政管理部门报建申请，按照要求制定占地施工方案，并据此实施。临时占地使用完毕后，勘察人应当按照发包人要求或行政管理部门规定恢复临时占地。如果恢复或清理标准不能满足要求的，发包人有权委托他人代为恢复或清理，由此发生的费用从拟支付给勘察人的勘察费用中扣除。

---

① CMA 计量认证，即中国计量认证，是根据《中华人民共和国计量法》的规定，由省级以上人民政府计量行政部门对检测机构的检测能力及可靠性进行的一种全面的认证及评价。

2）设施要求

勘察人应当配备或搭设足够的临时设施，保证勘探工作能够正常开展。临时设施包括但不限于施工围挡、交通疏导设施、安全防范设施、钻机防护设施、安全文明施工设施、办公生活用房、取样存放场所等。临时设施应当满足规范标准、发包人要求和行政管理部门的规定等。除专用合同条款另有约定外，临时设施的修建、拆除和恢复费用由勘察人自行承担。

4. 安全作业要求

勘察人应按合同约定履行安全职责，执行发包人有关安全工作的指示，并在专用合同条款约定的期限内，按合同约定的安全工作内容，编制安全措施计划报送发包人批准。勘察人应当严格执行操作规程，采取有效措施保证道路、桥梁、交通安全设施、建构筑物、地下管线、架空线和其他周边设施等安全正常地运行。

勘察人应当按照法律、法规和工程建设强制性标准进行勘察，加强勘察作业安全管理，特别加强易燃、易爆材料、火工器材、有毒与腐蚀性材料和其他危险品的管理。勘察人应严格按照国家安全标准制定施工安全操作规程，配备必要的安全生产和劳动保护设施，加强对勘察人员的安全教育，并且发放安全工作手册和劳动保护用具。

勘察人应按发包人的指示制定应对灾害的紧急预案，报送发包人批准。勘察人还应按预案做好安全检查工作，配置必要的救助物资和器材，切实保护好有关人员的人身安全和财产安全。

5. 环境保护要求

勘察人在履行合同过程中，应遵守有关环境保护的法律，履行合同约定的环境保护义务，并对违反法律和合同约定义务所造成的环境破坏、人身伤害和财产损失负责。勘察人应按合同约定的环保工作内容，编制环保措施计划，报送发包人批准。勘察人应确保勘探过程中产生的气体排放物、粉尘、噪声、地面排水及排污等，符合法律规定和发包人要求。

6. 事故处理要求

合同履行过程中发生事故的，勘察人应立即通知发包人。发包人和勘察人应立即组织人员和设备进行紧急抢救和抢修，减少人员伤亡和财产损失，防止事故扩大，并保护事故现场。需要移动现场物品时，应作出标记和书面记录，妥善保管有关证据。发包人和勘察人应按国家有关规定，及时如实地向有关部门报告事故发生的情况，以及正在采取的紧急措施等。

7. 勘察文件要求

勘察文件的编制应符合法律法规、规范标准的强制性规定和发包人要求，相关勘察依据应完整、准确、可靠，勘察方案论证充分，计算成果规范可靠，并能够实施。勘察文件的深度应满足本合同相应勘察阶段的规定要求，满足发包人的下一步工作需要，并应符合国家和行业现行规定。

7.1.5.4 合同价格与支付

1. 合同价格

勘察合同的价款确定方式、调整方式和风险范围划分在专用合同条款中约定。勘察费用实行发包人签证制度，即勘察人完成勘察项目后通知发包人进行验收，通过验收后由发包人代表对实施的勘察项目、数量、质量和实施时间签字确认，以此作为计算勘察费用的依据之一。

除专用合同条款另有约定外，合同价格应当包括收集资料，踏勘现场，制订纲要，进行测绘、勘探、取样、试验、测试、分析、评估、配合审查等，编制勘察文件，设计施工配合，青苗和园林绿化补偿，占地补偿，扰民及民扰，占道施工，安全防护、文明施工、环境保护，农民工工伤保险等全部费用和国家规定的增值税税金。

发包人要求勘察人进行外出考察、试验检测、专项咨询或专家评审时，相应费用不含在合同价格之中，由发包人另行支付。

2. 定金或预付款

定金或预付款应专用于本工程的勘察。定金或预付款的额度、支付方式及抵扣方式在专用合同条款中约定。发包人应在收到定金或预付款支付申请后 28 天内将定金或预付款支付给勘察人。勘察人应当提供等额的增值税发票。勘察服务完成之前由于不可抗力或其他非勘察人的原因解除合同时，定金不予退还。

3. 中期支付

勘察人应按发包人批准或专用合同条款约定的格式及份数，向发包人提交中期支付申请，并附相应的支持性证明文件。发包人应在收到中期支付申请后的 28 天内，将应付款项支付给勘察人；勘察人应当提供等额的增值税发票。发包人未能在前述时间内完成审批或不予答复的视为发包人同意中期支付申请。发包人不按期支付的，按专用合同条款的约定支付逾期付款违约金。中期支付涉及政府投资资金的，按照国库集中支付等国家相关规定和专用合同条款的约定执行。

4. 费用结算

合同工作完成后，勘察人可按专用合同条款约定的份数和期限，向发包人提交勘察费用结算申请，并提供相关证明材料。发包人应在收到费用结算申请后的 28 天内将应付款项支付给勘察人，勘察人应当提供等额的增值税发票。发包人未能在前述时间内完成审批或不予答复的，视为发包人同意费用结算申请。发包人不按期支付的，按专用合同条款的约定支付逾期付款违约金。发包人对费用结算申请内容有异议的，有权要求勘察人进行修正和提供补充资料，由勘察人重新提交。

7.1.5.5 违约责任

1. 勘察人违约

合同履行中发生下列情况之一的，属勘察人违约：
（1）勘察文件不符合法律以及合同约定；

（2）勘察人转包、违法分包或者未经发包人同意擅自分包；
（3）勘察人未按合同计划完成勘察，从而造成工程损失；
（4）勘察人无法履行或停止履行合同；
（5）勘察人不履行合同约定的其他义务。

勘察人发生违约情况时，发包人可向勘察人发出整改通知，要求其在限定期限内纠正。逾期仍不纠正的，发包人有权解除合同并向勘察人发出解除合同通知。勘察人应当承担因违约所导致的费用增加、周期延误和发包人损失等相关责任。

2. 发包人违约

合同履行中发生下列情况之一的，属发包人违约：
（1）发包人未按合同约定支付勘察费用；
（2）发包人原因造成勘察停止；
（3）发包人无法履行或停止履行合同；
（4）发包人不履行合同约定的其他义务。

发包人发生违约情况时，勘察人可向发包人发出暂停勘察通知，要求其在限定期限内纠正。逾期仍不纠正的，勘察人有权解除合同并向发包人发出解除合同通知。发包人应当承担由于违约所造成的费用增加、周期延误和勘察人损失等相关责任。

3. 第三人造成的违约

在合同履行过程中，一方当事人因第三人的原因造成违约的，应当向对方当事人承担违约责任。而该当事人和第三人之间的纠纷，应依照法律规定或者按照约定解决。

7.1.5.6 案例分析

案例 7-1： 通辽 Y 工程勘察有限责任公司与通辽市 P 房地产开发有限公司建设工程勘察合同纠纷

案例来源： 裁判文书网，内蒙古自治区通辽市中级人民法院二审民事判决书，（2018）内 05 民终 2546 号

案例背景：

2001 年，通辽市 P 房地产开发有限公司（原告）将通辽市科尔沁区平安西区 C9、C10 号楼的地基勘察工程发包给了被告的前身某地质工程勘察院（于 2002 年更名通辽 Y 工程勘察有限责任公司）。2001 年 6 月 9 日，由该地质工程勘察院向原告出具《平安西区 C9#、C10#楼地基勘察详勘报告》。但 C9 号楼房在 2009 年开始出现开裂，原告对此进行工程鉴定加固。后经查明，被告原来出具的勘察报告未能真实反映地下中高压缩性有机质黏土和泥炭质黏土层的存在，故原告要求其赔偿损失。双方就此诉至法院。

裁判结果：

一审中被告对于原告主张的由原告将涉案平安西区 C9 号楼地基勘察工程发包被告这一事实无异议，双方虽未签订书面合同，但双方依据口头约定订立的建设工程勘

察合同已实际履行完毕，该合同系双方当事人真实意思表示，内容不违反法律规定，法院予以确认。

但由鉴定报告可知，在被告向原告出具的《平安西区 C9#、C10# 楼地基勘察详勘报告》中没有关于中高压缩性-高压缩性有机质黏土和泥炭质黏土的描述，而中高压缩性-高压缩性有机质黏土和泥炭质黏土层的存在是导致涉案楼房出现沉降的主要原因。因此，根据庭审中原告出示的证据可以查明，被告在履行合同义务出具勘察报告时未尽到审慎的义务，导致其向原告出具的勘察报告在内容上存在瑕疵，并进而导致原告在以后的设计施工过程中没有考虑涉案楼房地下存在的中高压缩性-高压缩性有机质黏土和泥炭质黏土对于房屋建设中可能出现的沉降问题，因此被告对于合同的履行存在过失，应承担由此给原告造成的损失，原告要求被告承担赔偿责任的请求，法院予以支持。

案例分析：

工程地质报告要正确反映土层性质、地下水和土工试验情况，并结合设计要求，对地基作出评价，对设计和施工提出某些建议。如果地质报告不真实，就给设计人员造成分析、判断的错误。

勘察服务是建设工程前期准备的重要环节，其质量直接关系到整个项目的安全性、可行性和经济性。在此案例中，被告作为勘察服务提供方，有义务确保其勘察报告的准确性和可靠性，其提供的勘察报告直接影响到工程的设计与施工安全。但实际上其提供的勘察报告未能准确反映地质情况，导致 P 公司在设计和施工阶段基于错误信息作出决策，增加了额外的工程成本。因此，勘察单位对勘察错误导致的工程问题负有赔偿责任。

这一案例凸显了勘察服务的专业责任及其在保障工程项目成功实施中的核心作用。勘察单位的专业疏忽不仅对项目的成本和进度造成了直接影响，也给项目的质量安全埋下了隐患，进一步证实了合理严格的勘察及其结果验证对于工程项目至关重要。

7.2 建设工程设计合同的订立和履行管理

7.2.1 建设工程设计合同文本的构成

建设工程设计合同文件包含：合同协议书、中标通知书、投标函和投标函附录、专用合同条款、通用合同条款、发包人要求、设计费用清单、设计方案以及其他构成合同组成部分的文件。

（1）合同协议书：指发包人和设计人共同签署的合同协议书。

（2）中标通知书：指发包人通知设计人中标的函件。

（3）投标函：指由设计人填写并签署的，名为"投标函"的函件。

（4）投标函附录：指由设计人填写并签署的、附在投标函后，名为"投标函附录"的函件。

（5）发包人要求：指合同文件中名为"发包人要求"的文件。
（6）设计方案：指勘察人在投标文件中的设计方案。
（7）设计费用清单：指勘察人投标文件中的设计费用清单。
（8）其他合同文件：指经合同双方当事人确认构成合同文件的其他文件。

7.2.2　建设工程设计合同的内容

设计是基本建设的重要环节。在建设项目的选址和设计任务书已确定的情况下，建设项目是否能保证技术上先进和经济上合理，设计起着决定作用。

建设工程设计合同是指设计人依据约定向发包人提供建设工程设计文件，发包人受领该成果并按约定支付酬金的合同。建设工程设计是指设计人根据建设工程的要求，对建设工程所需的技术、经济、资源、环境等条件进行综合分析、论证，编制建设工程设计文件。

建设工程设计合同的内容所指的建设工程设计范围，包括工程范围、阶段范围和工作范围，具体设计范围应当根据三者之间的关联内容进行确定。

7.2.3　建设工程设计合同当事人

建设工程设计合同当事人包括发包人和设计人。发包人通常也是工程建设项目的业主（建设单位）或者项目管理部门（如工程总承包单位）。承包人则是设计人，设计人须为具有相应设计资质的企业法人。

7.2.4　订立设计合同时应约定的内容

7.2.4.1　设计依据

除专用合同条款另有约定外，工程的设计依据如下：（1）适用的法律、行政法规及部门规章；（2）与工程有关的规范、标准、规程；（3）工程基础资料及其他文件；（4）本设计服务合同及补充合同；（5）本工程勘察文件和施工需求；（6）合同履行中与设计服务有关的来往函件；（7）其他设计依据。

7.2.4.2　发包人应向设计人提供的文件资料

按专用合同条款约定由发包人提供的文件，包括基础资料、勘察报告、设计任务书等，发包人应按约定的数量和期限交给设计人。

7.2.4.3　发包人义务

（1）遵守法律。发包人在履行合同过程中应遵守法律，并保证设计人免于承担因发包人违反法律而引起的任何责任。

（2）发出开始设计通知。发包人应按约定向设计人发出开始设计通知。

（3）办理证件和批件。法律规定和（或）合同约定由发包人负责办理的工程建设项目必须履行的各类审批、核准或备案手续，发包人应当按时办理，设计人应给予必要的协助。法律规定和（或）合同约定由设计人负责办理的设计所需的证件和批件，发包人应给予必要的协助。

（4）支付合同价款。发包人应按合同约定向设计人及时支付合同价款。

（5）提供设计资料。发包人应按约定向设计人提供设计资料。

（6）其他义务。发包人应履行合同约定的其他义务。

7.2.4.4 设计人的一般义务

（1）遵守法律。设计人在履行合同过程中应遵守法律，并保证发包人免于承担因设计人违反法律而引起的任何责任。

（2）依法纳税。设计人应按有关法律规定纳税，应缴纳的税金（含增值税）包括在合同价格之中。

（3）完成全部设计工作。设计人应按合同约定以及发包人要求，完成合同约定的全部工作，并对工作中的任何缺陷进行整改、完善和修补，使其满足合同约定的目的。设计人应按合同约定提供设计文件及相关服务等。

（4）其他义务。设计人应履行合同约定的其他义务。

7.2.5 建设工程设计合同履行管理

7.2.5.1 发包人的管理

1. 发包人代表

除专用合同条款另有约定外，发包人应在合同签订后 14 天内，将发包人代表的姓名、职务、联系方式、授权范围和授权期限书面通知设计人，由发包人代表在其授权范围和授权期限内，代表发包人行使权利、履行义务和处理合同履行中的具体事宜。发包人代表在授权范围内的行为由发包人承担法律责任。

发包人代表可以授权发包人的其他人员负责执行其指派的一项或多项工作。发包人代表应将被授权人员的姓名及其授权范围通知设计人。被授权人员在授权范围内发出的指示视为已得到发包人代表的同意，与发包人代表发出的指示具有同等效力。

2. 监理人

发包人可以根据工程建设需要确定是否委托监理人进行设计监理。如果委托监理，则监理人享有合同约定的权力，其所发出的任何指示应视为已得到发包人的批准。监理人的监理范围、职责权限和总监理工程师信息，应在专用合同条款中指明。未经发包人批准，监理人无权修改合同。

3. 发包人的指示

发包人应按合同约定向设计人发出指示，发包人的指示应盖有发包人单位章，并由发包人代表签字确认。

4. 决定或答复

发包人在法律允许的范围内有权对设计人的设计工作和（或）设计文件做出处理决定，设计人应按照发包人的决定执行，涉及设计服务期限或设计费用等问题按约定处理。发包人应在专用合同条款约定的时间之内，对设计人书面提出的事项做出书面答复。逾期没有做出答复的，视为已获得发包人的批准。

5. 项目负责人

设计人应按合同协议书的约定指派项目负责人，并在约定的期限内到职。设计人更换项目负责人应事先征得发包人同意，并应在更换 14 天前将拟更换的项目负责人的姓名和详细资料提交发包人。项目负责人 2 天内不能履行职责的，应事先征得发包人同意，并委派代表代行其职责。

项目负责人应按合同约定以及发包人要求，负责组织合同工作的实施。在情况紧急下，如无法与发包人取得联系时，项目负责人可采取确保工程和人员生命财产安全的紧急措施，并在采取措施后 24 小时内向发包人提交书面报告。设计人为履行合同发出的一切函件均应盖有设计人单位章，并由设计人的项目负责人签字确认。

7.2.5.2 设计要求

1. 一般要求

（1）发包人应当遵守法律和规范标准，不得以任何理由要求设计人违反法律、工程质量和安全标准进行设计服务，降低工程质量。

（2）设计人应按照法律规定，以及国家、行业和地方的规范与标准完成设计工作，并应符合发包人要求。各项规范、标准和发包人要求如对同一内容的描述不一致时，应以描述更为严格的内容为准。

（3）除专用合同条款另有约定外，设计人完成设计工作所应遵守的法律规定，以及国家、行业和地方的规范与标准，均应视为在基准日适用的版本。基准日之后，前述版本发生重大变化，或者有新的法律，以及国家、行业和地方的规范和标准实施的，设计人应向发包人提出遵守新规定的建议。发包人应在收到建议后 7 天内发出是否遵守新规定的指示。

2. 设计文件要求

（1）设计文件的编制应符合法律法规、规范标准的强制性规定和发包人要求，相关设计依据应完整、准确、可靠，设计方案论证充分，计算成果规范可靠，并能够实施。

（2）设计服务应当根据法律、规范标准和发包人要求，保证工程的合理使用寿命年限，并在设计文件中予以注明。

（3）设计文件的深度应满足本合同相应设计阶段的规定要求，满足发包人的下一步工作需要，并应符合国家和行业现行规定。

（4）设计文件必须确保满足工程质量和施工安全要求，并根据相关法律法规，在设计文件中提出保障施工作业人员安全及预防生产安全事故的措施建议。

3. 开始设计

符合专用合同条款约定的开始设计条件的，发包人应提前 7 天向设计人发出开始设计通知。设计服务期限自开始设计通知中载明的开始设计日期起计算。除专用合同条款另有约定外，因发包人原因造成合同签订之日起 90 天内未能发出开始设计通知的，设计人有权提出价格调整要求，或者解除合同。发包人应当承担由此增加的费用和（或）周期延误的责任。

4. 发包人审查设计文件

发包人接收设计文件之后，可以自行或者组织专家会进行审查，设计人应当给予配合。审查标准应当符合法律、规范标准、合同约定和发包人要求等；审查的具体范围、明细内容和费用分担，在专用合同条款中约定。除专用合同条款另有约定外，发包人对于设计文件的审查期限，自文件接收之日起不应超过 14 天。发包人逾期未做出审查结论且未提出异议的，视为设计人的设计文件已经通过发包人审查。

发包人审查后不同意设计文件的，应以书面形式通知设计人，说明审查不通过的理由及具体内容。设计人应根据发包人的审查意见修改完善设计文件，并重新报送发包人审查，审查期限重新计算。

7.2.5.3 合同价格与支付

1. 合同价格

本合同的价款确定方式、调整方式和风险范围划分，在专用合同条款中约定。

设计费用实行发包人签证制度，即设计人完成设计项目后通知发包人进行验收，通过验收后由发包人代表对实施的设计项目、数量、质量和实施时间签字确认，以此作为计算设计费用的依据之一。

除专用合同条款另有约定外，合同价格应当包括收集资料，踏勘现场，进行设计、评估、审查等，编制设计文件，施工配合等全部费用和国家规定的增值税税金。

发包人要求设计人进行外出考察、试验检测、专项咨询或专家评审时，相应费用不含在合同价格之中，由发包人另行支付。

2. 定金或预付款

定金或预付款应专用于本工程的设计。定金或预付款的额度、支付方式及抵扣方式在专用合同条款中约定。发包人应在收到定金或预付款支付申请后 28 天内，将定金或预付款支付给设计人；设计人应当提供等额的增值税发票。

在设计服务完成之前，如果因非设计人原因解除合同，则定金不予退还。

3. 中期支付

设计人应按发包人批准或专用合同条款约定的格式及份数，向发包人提交中期支付申请，并附相应的支持性证明文件。发包人应在收到中期支付申请后的 28 天内，将应付款项支付给设计人；设计人应当提供等额的增值税发票。发包人未能在前述时间内完成审批或不予答复的，视为发包人同意中期支付申请。

中期支付涉及政府投资资金的，按照国库集中支付等国家相关规定和专用合同条款的约定执行。

4. 费用结算

合同工作完成后，设计人可按专用合同条款约定的份数和期限，向发包人提交设计费用结算申请，并提供相关证明材料。发包人应在收到费用结算申请后的 28 天内，将应付款项支付给设计人；设计人应当提供等额的增值税发票。发包人未能在前述时间内完成审批或不予答复的，视为发包人同意费用结算申请。发包人不按期支付的，按专用合同条款的约定支付逾期付款违约金。

7.2.5.4 违约责任

1. 设计人违约

合同履行中发生下列情况之一的，属设计人违约：

（1）设计文件不符合法律以及合同约定；

（2）设计人转包、违法分包或者未经发包人同意擅自分包；

（3）设计人未按合同计划完成设计，从而造成工程损失；

（4）设计人无法履行或停止履行合同；

（5）设计人不履行合同约定的其他义务。

设计人发生违约情况时，发包人可向设计人发出整改通知，要求其在限定期限内纠正；逾期仍不纠正的，发包人有权解除合同并向设计人发出解除合同通知。设计人应当承担由于违约所造成的费用增加、周期延误和发包人损失等相关责任。

2. 发包人违约

合同履行中发生下列情况之一的，属发包人违约：

（1）发包人未按合同约定支付设计费用；

（2）发包人原因造成设计停止；

（3）发包人无法履行或停止履行合同；

（4）发包人不履行合同约定的其他义务。

发包人发生违约情况时，设计人可向发包人发出暂停设计通知，要求其在限定期限内纠正；逾期仍不纠正的，设计人有权解除合同并向发包人发出解除合同通知。发包人应当承担由于违约所造成的费用增加、周期延误和设计人损失等相关责任。

3. 第三人造成的违约

在履行合同过程中，一方当事人因第三人的原因造成违约的，应当向对方当事人承担违约责任。该当事人和第三人之间的纠纷，依照法律规定或者按照约定解决。

7.2.6 案例分析

案例 7-2：厦门 T 设计顾问有限公司与厦门 L 演艺有限公司建设工程设计合同纠纷

案例来源：裁判文书网，福建省厦门市集美区人民法院一审民事判决书，（2014）集民初字第 817 号，福建省厦门市中级人民法院二审民事判决书，（2014）厦民终字第 3039 号

案例背景：

2013 年 7 月 25 日，厦门 L 演艺有限公司（以下简称 L 公司）为作为发包人，与作为设计人的厦门 T 设计顾问有限公司（以下简称 T 公司），签订了一份《建筑室内装修设计合同》，约定由 L 公司委托 T 公司承担灵玲国际马戏城主场馆公共空间室内精装修设计任务。2013 年 8 月 15 日，被告 L 公司将方案设计阶段的设计费 135 270 元支付给原告 T 公司，其中包含了被告支付的定金。2013 年 8 月 19 日，L 公司向 T 公司邮寄一份《项目设计阶段成果确认函》，但 T 公司认为 L 公司工作流程繁琐、方案调整后提出的补充协议条件超出承受范围等原因，要求解除合同。T 公司上诉要求 L 公司支付扩初阶段的设计费。

裁判结果：

原告 T 公司与被告 L 公司签订的《建筑室内装修设计合同》系双方当事人的真实意思表示，内容亦不违反法律、行政法规的强制性规定，应当认定为有效，原、被告双方均应依约履行。

关于原告要求被告支付扩初设计阶段的设计费 157 815 元的诉讼请求，本院认为，首先，根据《建筑室内装修设计合同》的约定："设计人须在发包人书面确认上阶段的工作后方可进行下阶段的设计工作，否则发包人有权拒付设计费"，双方合同中对于方案设计阶段的工作内容并没有进行明确的约定，且被告向原告出具的确认函中亦没有明确表明是对原告方案设计阶段的全部工作内容的确认。其次，根据《建筑室内装修设计合同》的约定，扩初设计阶段的设计费用的付费时间为"扩初设计经业主书面确认后 7 天内"，原告提供的光盘不能证明其已经完成了扩初设计阶段的全部设计工作，也不能证明其光盘中的内容系在 2013 年 8 月 21 日被告发出解除合同的通知之前就已经完成，且扩初设计阶段的设计成果也没有交付给被告，也没有得到被告的书面确认，故原告主张被告支付扩初设计阶段的设计费付款条件并未成就。

综上，原告的诉讼请求缺乏相应的事实依据与法律依据，本院不予支持。

案例分析：

本案中，双方在签订合同时没有明确写明各设计阶段的具体工作内容，导致无法界定原告履行合同的具体内容。原告在第一阶段工作完成后即开始第二阶段的设计工作并无相应的证据和事实支持，导致第二阶段设计工作认定困难，合同解除时违约责任的认定应当根据原、被告双方确认的履行情况来判断。

通过这个案例，可以看出在签订建设工程设计合同时，明确各设计阶段具体工作内容的重要性。这有助于避免在合同履行过程中出现类似的争议，确保双方权益得到有效保障。

7.3　建设工程施工合同管理

根据《标准施工招标资格预审文件》和《标准施工招标文件》试行规定（2007 年第 56 号令），《标准施工招标文件》（2007 年版）（含"标准施工合同"）适用于规模较大、设计与施工由不同承包商承担的工程项目招标。此外，按照《关于印发简明标准施工招标文件和标准设计施工总承包招标文件的通知》（发改法规〔2011〕3018 号），《简明标准施工招标文件》（2012 年版）（含"简明标准施工合同"）适用于工期不超过 12 个月、技术相对简单的小型项目，并且同样要求设计与施工由不同承包人承担。

这两份标准招标文件中的合同均包含通用合同条款，这些条款应被各行业在编制施工合同时直接引用，确保标准施工合同和简明施工合同的通用条款在各类建设工程中的广泛适用性。同时，各行业在编制施工招标文件时，可以根据项目的具体特点，对通用合同条款进行必要的补充和细化，形成专用合同条款。下面分别介绍《标准施工招标文件》（2007 年版）的合同（以下简称"标准施工合同"）和《简明标准施工招标文件》（2012 年版）的合同（以下简称"简明标准施工合同"）。

7.3.1　标准施工合同的构成

标准施工合同提供了通用条款、专用条款和签订合同时采用的合同附件格式。

7.3.1.1　通用条款

通用条款是根据法律、行政法规和建设工程的需要制定的，适用于大多数合同，涵盖了大部分工作和法律条款。它们是所有施工合同的共同内容，通用于建设工程施工的条款。通用条款相对稳定，被广泛接受和应用。标准施工合同的通用条款包括 24 条，标题分别为：一般约定；发包人义务；监理人；承包人；材料和工程设备；施工设备和临时设施；交通运输；测量放线；施工安全、治安保卫和环境保护；进度计划；开工和竣工；暂停施工；工程质量；试验和检验；变更；价格调整；计量与支付；竣工验收；缺陷责任与保修责任；保险；不可抗力；违约；索赔；争议的解决。

7.3.1.2　专用条款

专用条款是发包人与承包人根据法律、行政法规规定，结合具体工程实际，经协商达成一致意见的条款。它们是对通用条款的具体化、补充或修改，详细描述了合同的具体细节和条件。专用条款可以根据具体情况灵活调整，以适应特定工程项目的需要。

在工程实践应用时，通用条款中适用于招标项目的条或款不必在专用条款内重复，需要补充细化的内容应与通用条款的条或款的序号一致，使得通用条款与专用条款中相同序号的条款内容共同构成对履行合同某一方面的完备约定。

7.3.1.3　合同附件格式

标准施工合同中给出的合同附件格式是订立合同时采用的规范化文件，包括合同协议书、履约担保和预付款担保三个文件。

1. 合同协议书

合同协议书是合同组成文件中唯一需要发包人和承包人同时签字盖章的法律文书，因此标准施工合同中规定了应用格式。除明确规定对当事人双方有约束力的合同组成文件外，具体招标工程项目订立合同时需要明确填写的内容仅包括发包人和承包人的名称、施工的工程或标、签约合同价、合同工期、质量标准和项目经理的人选。

2. 履约担保

标准施工合同要求履约担保采用保函的形式，给出的履约保函标准格式主要表现为以下两个方面的特点：

（1）担保期限。担保期限自发包人和承包人签订合同之日起，至签发工程移交证书日止，没有采用国际招标工程或使用世界银行贷款建设工程的担保期限至缺陷责任期满止的规定，即担保人对承包人保修期内履行合同义务的行为不承担担保责任。

（2）担保方式。标准施工合同采用无条件担保方式，即在承包人发生严重违约时，发包人可凭履约保函直接向担保人要求赔偿，无需承包人确认。无条件担保有利于当出现承包人严重违约情况时，避免因合同争议的解决过程影响后续工程的施工。标准履约担保格式中，担保人承诺"在本担保有效期内，因承包人违反合同约定的义务给你方造成经济损失时，我方在收到你方以书面形式提出的在担保金额内的赔偿要求后在7天内无条件支付"。

3. 预付款担保

标准施工合同规定的预付款担保采用银行保函形式，主要特点为：

（1）担保方式。担保方式也是采用无条件担保形式。

（2）担保期限。担保期限自预付款支付给承包人起生效至发包人签发的进度付款支付证书说明已完全扣清预付款止。

（3）担保金额。尽管在预付款担保书内填写的担保金额数额与合同约定的预付款数额一致，但与履约担保不同，当发包人在工程进度款支付中已扣除部分预付款后，担保金额相应递减。保函格式中明确说明："本保函的担保金额，在任何时候不应超过预付款金额减去发包人按合同约定在向承包人签发的进度付款证书中扣除的金额"，即保持担保金额与剩余预付款的金额相等原则。

7.3.2 简明施工合同

由于简明施工合同适用于工期在 12 个月内的中小工程施工，是对标准施工合同简化的文本，该合同通常由发包人负责材料和设备的供应，承包人仅承担施工义务，因此合同条款较少。

简明施工合同通用条款包括17条，标题分别为：一般约定、发包人义务、监理人、承包人、施工控制网、工期、工程质量、试验和检验、变更、计量与支付、竣工验收、缺陷责任与保修责任、保险、不可抗力、违约、索赔、争议的解决，共 69 款。各条与标准施工合同对应条款规定的管理程序和合同责任相同。

7.3.3 施工合同有关各方管理职责

7.3.3.1 合同当事人

施工合同当事人是发包人和承包人，双方按照所签订合同约定的义务履行相应的责任。发包人和承包人的主要义务如下：

发包人的主要义务包括：

（1）为对方按期施工做好必要的准备工作，包括土地征用、房屋拆迁、障碍物拆除和领取建筑许可证等工作；

（2）提供必要的条件，如原材料、设备、场地、资金和技术资料等；

（3）及时进行验收工程、单项工程和全部工程；

（4）不得违法发包，不得将应当由一个承包人完成的建设工程肢解成若干部分发包给几个承包人；

（5）按照合同约定支付工程款。

承包人的主要义务包括：

（1）按照合同约定的日期准时进入施工现场，按期开工；

（2）接受发包人的监督；

（3）按照施工合同和设计文件严格施工，不得擅自修改工程设计，不得偷工减料；

（4）对建筑材料、建筑构配件、设备和商品混凝土应当进行检验，未经检验或者检验不合格的不得使用。

双方在履行合同过程中应遵守法律，确保对方免于因违反法律而承担任何责任。如果一方不履行合同义务或者履行合同义务不符合约定的，应当承担继续履行、解除合同、修理、重作、减少价款、支付违约金等法律责任。

7.3.3.2 监理人

标准招标文件和《建设工程监理规范》（GB/T 50319-2013）中对监理人的定义是："受委托人的委托，依照法律、规范标准和监理合同等，对建设工程勘察、设计或施工等阶段进行质量控制、进度控制、投资控制、合同管理、信息管理、组织协调和安全监理的法人或其他组织"。监理人属于发包人一方的人员，但不同于发包人的雇员，即不是一切行为均遵照发包人的指示，而是在授权范围内独立工作，以保障工程按期、按质、按量完成发包人的最大利益为管理目标。同时，依据合同条款的约定，公平合理地处理合同履行过程中的有关管理事项。

按照标准施工合同通用条款对监理人的相关规定，监理人的合同管理地位和职责主要表现在以下几个方面：

1. 受发包人委托对施工合同的履行进行管理

（1）在发包人授权范围内，负责发出指示、检查施工质量、控制进度等现场管理工作。

（2）在发包人授权范围内独立处理合同履行过程中的有关事项，行使通用条款规定的以及具体施工合同专用条款中说明的权利。

（3）承包人收到监理人发出的任何指示视为已得到发包人的批准，应遵照执行。

（4）在合同规定的权限范围内，独立处理或决定有关事项，如单价的合理调整、变更估价、索赔等。

2. 居于施工合同履行管理的核心地位

（1）监理人应按照合同条款的约定，公平合理地处理合同履行过程中涉及的有关事项。

（2）除合同另有约定外，承包人只从总监理工程师或被授权的监理人员处取得指示。为了使工程施工顺利开展，避免指令冲突及尽量减少合同争议，发包人对施工工程的任何想法通过监理人的协调指令来实现；承包人的各种问题也首先提交监理人，尽量减少发包人和承包人分别站在各自立场解释合同从而引发争议的可能性。

（3）"商定或确定"条款规定，总监理工程师在协调处理合同履行过程中的有关事项时，应首先与合同当事人协商，尽量达成一致。不能达成一致时，总监理工程师应认真研究审慎"确定"后通知当事人双方并附详细依据。由于监理人不是合同当事人，因此对有关问题的处理不用决定，而用"确定"一词，即表示总监理工程师提出的方案或发出的指示并非最终不可改变，任何一方有不同意见均可按照争议的条款解决，同时体现了监理人独立工作的性质。

3. 监理人的指示

监理人给承包人发出的指示，承包人应遵照执行。如果监理人的指示出现错误或失误，导致承包人遭受损失，则由发包人负责赔偿。通用条款明确规定：

（1）监理人未能按合同约定发出指示、指示延误或指示错误而导致承包人施工成本增加和（或）工期延误，由发包人承担赔偿责任。

（2）监理人无权免除或变更合同约定的发包人和承包人的权利、义务和责任。由于监理人不是合同当事人，因此合同约定应由承包人承担的义务和责任，不因监理人对承包人提交文件的审查或批准，对工程、材料和设备的检查和检验，以及为实施监理做出的指示等职务行为而减轻或解除。

7.3.4 施工合同订立

施工合同的通用条款和专用条款尽管在招标投标阶段已作为招标文件的组成部分，但在合同订立过程中有些问题还需要明确或细化，以保证合同的权利和义务界定清晰。

7.3.4.1 标准施工合同文件

1. 合同文件的组成

"合同"是指构成对发包人和承包人在履行约定义务过程中具有约束力的全部文件体系的总称。标准施工合同的通用条款中规定合同的组成文件包括：

（1）合同协议书；

（2）中标通知书；
（3）投标函及投标函附录；
（4）专用合同条款；
（5）通用合同条款；
（6）技术标准和要求；
（7）图纸；
（8）已标价的工程量清单；
（9）其他合同文件——经合同当事人双方确认构成合同的其他文件。

2. 合同文件的优先解释次序

在组成合同的各文件中，如果出现含义或内容的矛盾时，除非专用条款另有约定，否则应按以上合同文件的序号顺序进行优先解释。

3. 几个文件的含义

1）中标通知书

中标通知书是招标人接受中标人的书面承诺文件，具体写明承包的施工标段、中标价、工期、工程质量标准和中标人的项目经理名称。中标价应是在评标过程中对报价的计算或书写错误进行修正后作为该投标人评标的基准价格。项目经理的名称是中标人的投标文件中说明并已在评标时作为量化评审要素的人选，要求履行合同时必须到位。

2）投标函及投标附录

标准施工合同文件组成中的投标函，不同于《建设工程施工合同（示范文本）》规定的投标书及其附件，仅是投标人置于投标文件首页的保证中标后与发包人签订合同、按照要求提供履约担保、按期完成施工任务的承诺文件。

投标函附录是投标函内承诺部分主要内容的细化，包括项目经理的人选、工期、缺陷责任期、分包的工程部位、公式法调价的基数和系数等的具体说明。因此承包人的承诺文件作为合同组成部分，并非指整个投标文件。也就是说投标文件中的部分内容在订立合同后允许进行修改或调整，如施工前应编制更为详尽的施工组织设计、进度计划等。

3）其他合同文件

其他合同文件包括的范围较广，主要针对具体施工项目的行业特点、工程的实际情况、合同管理需要而明确的文件。签订合同协议书时，需要在专用条款中对其他合同文件的具体组成进行明确。

7.3.4.2 订立合同时需要明确的内容

针对具体施工项目或标段的合同需要明确约定的内容较多，有些招标时已在招标文件的专用条款中做出了规定，另有一些还需要在签订合同时具体细化相应内容。

1. 施工现场范围和施工临时占地

发包人应明确说明施工现场永久工程的占地范围并提供征地图纸，以及属于发包人施工前期配合义务的有关事项，如从现场外部接至现场的施工用水、用电、用气的位置等，以便承包人进行合理的施工组织。

项目施工如需需要临时用地（招标文件中已说明或承包人投标书内提出要求），也需明确占地范围和临时用地移交承包人的时间。

2. 发包人提供图纸的期限和数量

标准施工合同适用于发包人提供设计图纸，承包人负责施工的建设项目。由于初步设计完成后即可进行招标，因此订立合同时必须明确约定发包人陆续提供施工图纸的期限和数量。

如果承包人有专利技术且有相应的设计资质，可能约定由承包人完成部分施工图设计。此时也应明确承包人的设计范围，提交设计文件的期限、数量，以及监理人签发图纸修改的期限等。

3. 发包人提供的材料和工程设备

对于包工部分包料的施工承包方式，往往设备和主要建筑材料由发包人负责提供，需明确约定发包人提供的材料和设备分批交货的种类、规格、数量、交货期限和地点等，以便明确合同责任。

4. 异常恶劣的气候条件范围

施工过程中遇到不利于施工的气候条件直接影响施工效率，甚至被迫停工。气候条件对施工的影响是合同管理中一个比较复杂的问题，"异常恶劣的气候条件"属于发包人的责任，"不利气候条件"对施工的影响则属于承包人应承担的风险。因此应当根据项目所在地的气候特点，在专用条款中明确界定不利于施工的气候和异常恶劣的气候条件之间的界限。如多少毫米以上的降水、多少级以上的大风、多少度以上的超高温或多少度以下的超低温天气等，以明确合同双方对气候变化影响施工的风险责任。

5. 物价浮动的合同价格调整

1）基准日期

通用条款规定的基准日期指投标截止时间前 28 天的日期。规定基准日期的作用是划分该日后由于政策法规的变化或市场物价浮动对合同价格影响的责任。承包人投标阶段在基准日后不再进行此方面的调研，进入编制投标文件阶段，因此通用条款在两个方面做出了规定：

（1）承包人以基准日期前的市场价格编制工程报价，长期合同中调价公式中的可调因素价格指数来源于基准日的价格；

（2）基准日期后，因法律法规、规范标准等的变化，导致承包人在合同履行中所需要的工程成本发生约定以外的增减时，应当相应调整合同价款。

2）调价条款

合同履行期间市场价格浮动对施工成本造成的影响是否允许调整合同价格，要视合同工期的长短来决定。

（1）简明施工合同的规定：适用于工期在 12 个月以内的简明施工合同的通用条款中没有调价条款，承包人在投标报价中合理考虑市场价格变化对施工成本的影响，合同履行期间不考虑市场价格变化调整合同价款。

（2）简明施工合同的规定：工期 12 个月以上的施工合同，由于承包人在投标阶段不可能合理预测一年以后的市场价格变化，因此应设有调价条款，由发包人和承包人共同分担市场价格变化的风险。标准施工合同通用条款规定用公式法调价，但调整价格的方法仅适用于工程量清单中按单价支付部分的工程款，总价支付部分不考虑物价浮动对合同价格的调整。

3）公式法调价

（1）调价公式。

施工过程中每次支付工程进度款时，用该公式综合计算本期内因市场价格浮动应增加或减少的价格调整值。

$$\Delta P = P_0 \left[A + \left(B_1 \times \frac{F_{t1}}{F_{01}} + B_2 \times \frac{F_{t2}}{F_{02}} + B_3 \times \frac{F_{t3}}{F_{03}} + \cdots + B_n \times \frac{F_{tn}}{F_{0n}} \right) - 1 \right]$$

式中　ΔP——需调整的价格差额；

P_0——付款证书中承包人应得到的已完成工程量的金额。此项金额应不包括价格调整、不计质量保证金的扣留和支付、预付款的支付和扣回。变更及其他金额已按现行价格计价的，也不计在内；

A——定值权重（即不调部分的权重）；

B_1；B_2；B_3……B_n——各可调因子的变值权重（即可调部分的权重）为各可调因子在投标函投标总报价中所占的比例；

F_{t1}；F_{t2}；F_{t3}……F_{tn}——各可调因子的现行价格指数，指约定的付款证书相关周期最后一天的前 42 天的各可调因子的价格指数；

F_{01}；F_{02}；F_{03}……F_{0n}——各可调因子的基本价格指数，指基准日期的各可调因子的价格指数。

以上价格调整公式中的各可调因子、定值和变值权重，以及基本价格指数及其来源在投标函附录价格指数和权重表中约定。价格指数应首先采用有关部门提供的价格指数，缺乏上述价格指数时，可采用有关部门提供的价格代替。

（2）调价公式的基数。

价格调整公式中的各可调因子、定值和变值权重，以及基本价格指数及其来源在投标函附录价格指数和权重表中约定，以基准日的价格为准。因此应在合同调价条款中予以明确。

价格指数应首先采用工程项目所在地有关行政管理部门提供的价格指数，缺乏上述价格指数时，也可采用有关部门提供的价格代替。用公式法计算价格的调整，既可以用支付工程进度款时的市场平均价格指数或价格计算调整值，而不必考虑承包人具体购买材料的价格贵贱，又可以避免采用票据法调整价格时，每次中期支付工程进度款前去核实承包人购买材料的发票或单证后，再计算调整价格的繁琐程序。

7.3.4.3 明确保险责任

1. 工程保险和第三者责任保险

1）办理保险的责任

（1）承包人办理保险。

标准施工合同和简明施工合同的通用条款中考虑到承包人是工程施工的最直接责任人，因此均规定由承包人负责投保"建筑工程一切险""安装工程一切险"和"第三者责任保险"，并承担办理保险的费用。具体的投保内容、保险金额、保险费率、保险期限等有关内容在专用条款中约定。

承包人应在专用合同条款约定的期限内向发包人提交各项保险生效的证据和保险单副本，保险单必须与专用合同条款约定的条件一致。承包人需要变动保险合同条款时，应事先征得发包人同意，并通知监理人。保险人做出保险责任变动的，承包人应在收到保险人通知后立即通知发包人和监理人。承包人应与保险人保持联系，使保险人能够随时了解工程实施中的变动，并确保按保险合同条款要求持续保险。

（2）发包人办理保险。

如果一个建设工程项目的施工采用平行发包的方式分别交由多个承包人施工，由几家承包人分别投保的话，有可能产生重复投保或漏保，此时由发包人投保为宜。因此，双方可在专用条款中约定，由发包人办理工程保险和第三者责任保险。

无论是由承包人还是发包人办理工程险和第三者责任保险，均必须以发包人和承包人的共同名义投保，以保障双方均有出现保险范围内的损失时，可从保险公司获得赔偿。

2）保险金不足的补偿

如果投保工程一切险的保险金额少于工程实际价值，工程受到保险事件的损害时，不能从保险公司获得实际损失的全额赔偿，则损失赔偿的不足部分按合同相应条款的约定，由该事件的风险责任方负责补偿。某些大型工程项目经常因工程投资额巨大，为了减少保险费的支出，采用不足额投保方式，即以建安工程费的 60%～70%作为投保的保险金额，因此受到保险范围内的损害后，保险公司按实际损失的相应百分比予以赔偿。

标准施工合同要求在专用条款中具体约定保险金不足以赔偿损失时，承包人和发包人应承担的责任。如永久工程损失的差额由发包人补偿，临时工程、施工设备等损失由承包人负责。

3）未按约定投保的补偿

（1）如果负有投保义务的一方当事人未按合同约定办理保险，或未能使保险持续有效，另一方当事人可代为办理，所需费用由对方当事人承担。

（2）当负有投保义务的一方当事人未按合同约定办理某项保险，导致受益人未能得到保险人的赔偿，原应从该项保险得到的保险赔偿应由负有投保义务的一方当事人支付。

2. 人员工伤事故保险和人身意外伤害保险

发包人和承包人应按照相关法律规定为履行合同的本方人员缴纳工伤保险费，并分别为自己现场项目管理机构的所有人员投保人身意外伤害保险。

3. 其他保险

1）承包人的施工保险

承包人应以自己的名义投保施工设备保险，作为工程一切险的附加保险，因为此项保险内容发包人没有投保。

2）进场材料和工程设备保险

由当事人双方具体约定，在专用条款内写明。通常情况下应是谁采购的材料和工程设备由谁办理相应的保险。

7.3.4.4 发包人义务

为了保障承包人按约定的时间顺利开工，发包人应按合同约定的责任完成满足开工的准备工作。

1. 提供施工场地

1）施工现场

发包人应及时完成施工场地的征用、移民、拆迁工作，并在开工后及时解决其遗留问题，同时按专用合同条款约定的时间和范围向承包人提供施工场地。施工场地包括永久工程用地和施工的临时占地，施工场地的移交可以一次完成，也可以分次移交，以不影响单位工程的开工为原则。

2）地下管线和地下设施的相关资料

发包人应按专用条款约定及时向承包人提供施工场地范围内地下管线和地下设施等有关资料。地下管线包括供水、排水、供电、供气、供热、通信、广播电视等的埋设位置，以及地下水文、地质等资料。发包人应保证资料的真实、准确、完整，但不为承包人因根据这些资料进行判断或推论错误，从而导致施工方案编制错误的后果承担责任。

3）现场外的道路通行权

发包人应根据合同工程的施工需要，负责办理取得出入施工场地的专用和临时道路的通行权，以及取得为工程建设所需修建场外设施的权利，并承担有关费用，开通施工场地与城乡公共道路的通道，以及专用条款约定的施工场地内的主要交通干道。

2. 组织设计交底

发包人应根据合同进度计划，组织设计单位向承包人和监理人对提供的施工图纸和设计文件进行交底，以便承包人制定施工方案和编制施工组织设计。

3. 约定开工时间

考虑到不同行业和项目的差异，标准施工合同的通用条款中没有将开工时间作为合同条款，具体工程项目开工时间可根据实际情况在合同协议书或专用条款中约定。

7.3.4.5 承包人义务

1. 现场查勘

承包人在投标阶段仅依据招标文件中提供的资料和较概略的图纸编制了供评标的施工组织大纲或施工方案。签订合同协议书后，承包人应对施工场地和周围环境进行查勘，核对发包人提供的有关资料，并进一步收集相关的地质、水文、气象条件、交通条件、风俗习惯以及其他与完成合同工作有关的当地资料，以便编制施工组织设计和专项施工方案。在全部合同施工过程中，应视为承包人已充分估计了应承担的责任和风险，不得再以不了解现场情况为理由而推脱合同责任。

对现场查勘中发现的实际情况与发包人所提供资料有重大差异之处，应及时通知发包人或监理人，由其做出相应的指示或说明，以便明确合同责任。

2. 编制施工实施计划

1）施工组织设计

承包人应按合同约定的工作内容和施工进度要求，编制施工组织设计和施工进度计划，并对所有施工作业和施工方法的完备性、安全性、可靠性负责。按照《建设工程安全生产管理条例》规定，在施工组织设计中应针对深基坑工程、地下暗挖工程、高大模板工程、高空作业工程、深水作业工程、大爆破工程的施工编制专项施工方案。对于前3项危险性较大的分部分项工程的专项施工，专项施工方案还需经5人以上专家论证，确认其安全性和可靠性。

施工组织设计完成后，按专用条款的约定将施工进度计划和施工方案说明报送监理人审批。

2）质量管理体系

在施工场地设置专门的质量检查机构，配备专职质量检查人员，建立完善的质量检查制度。在合同约定的期限内，提交工程质量保证措施文件，包括质量检查机构的组织和岗位责任、质检人员的组成、质量检查程序和实施细则等，报送监理人审批。

3）环境保护措施计划

承包人在施工过程中，应遵守有关环境保护的法律和法规，履行合同约定的环境保护义务，按合同约定的环保工作内容，编制施工环保措施计划，报送监理人审批。

3. 施工现场内的交通道路和临时工程

承包人应负责修建、维修、养护和管理施工所需的临时道路，以及开始施工所需的临时工程和必要的设施，满足开工的要求。

4. 施工控制网

承包人依据监理人提供的测量基准点、基准线和水准点及其书面资料，根据国家测绘基准、测绘系统和工程测量技术规范以及合同中对工程精度的要求，测设施工控制网，并将施工控制网点的资料报送监理人审批。

承包人在施工过程中负责管理施工控制网点，对丢失或损坏的施工控制网点应及时修复，并在工程竣工后将施工控制网点移交发包人。

5. 提出开工申请

承包人的施工前期准备工作满足开工条件后，向监理人提交工程开工报审表。开工报审表应详细说明按合同进度计划正常施工所需的施工道路、临时设施、材料设备、施工人员等施工组织措施的落实情况以及工程的进度安排。

7.3.4.6 监理人职责

1. 审查承包人的实施方案

1）审查的内容

监理人对承包人报送的施工组织设计、质量管理体系、环境保护措施进行认真的审查，批准或要求承包人对不满足合同要求的部分进行修改。

2）审查进度计划

监理人对承包人的施工组织设计中的进度计划审查，不仅要看施工阶段的时间安排是否满足合同要求，更应评审拟采用的施工组织、技术措施能否保证计划的实现。监理人审查后，应在专用条款约定的期限内，批复或提出修改意见，否则该进度计划视为已得到批准。经监理人批准的施工进度计划称为"合同进度计划"。

监理人为了便于工程进度管理，可以要求承包人在合同进度计划的基础上编制并提交分阶段和分项的进度计划，特别是合同进度计划关键线路上的单位工程或分部工程的详细施工计划。

3）合同进度计划

合同进度计划是控制合同工程进度的依据，对承包人、发包人和监理人均有约束力。不仅要求承包人按计划施工，还要求发包人的材料供应、图纸发放等不应造成施工延误，以及监理人应按照计划进行协调管理。合同进度计划的另一重要作用是，当施工进度受到非承包人责任原因的干扰时，它成为判定是否应给予承包人顺延合同工期的主要依据。

2. 开工通知

1）发出开工通知的条件

当发包人的开工前期工作已完成且临近约定的开工日期时，应委托监理人按专用条款约定的时间向承包人发出开工通知。如果约定的开工已届至，但发包人应完成的开工配合义务尚未完成（如现场移交延误），由于监理人不能按时发出开工通知，则要顺延合同工期并赔偿承包人的相应损失。

如果发包人开工前的配合工作已完成且约定的开工日期已届至，但承包人的开工准备还不满足开工条件，监理人仍应按时发出开工的指示，合同工期不予顺延。

2）发出开工通知的时间

监理人征得发包人同意后,应在开工日期 7 天前向承包人发出开工通知,合同工期自开工通知中载明的开工日起计算。

7.3.5 施工合同履行管理

7.3.5.1 合同履行涉及的几个时间期限

1. 合同工期

"合同工期"指承包人在投标函内承诺完成合同工程的时间期限,以及按照合同条款通过变更和索赔程序应给予顺延工期的时间之和。合同工期的作用是用于判定承包人是否按期竣工的标准。

2. 施工期

承包人施工期从监理人发出的开工通知中写明的开工日起算,至工程接收证书中写明的实际竣工日止。以此期限与合同工期比较,判定是提前竣工还是延误竣工。延误竣工承包人承担拖期赔偿责任,提前竣工是否应获得奖励需视专用条款中是否有约定。

3. 缺陷责任期

缺陷责任期从工程接收证书中写明的竣工日开始起算,期限视具体工程的性质和使用条件的不同在专用条款内约定(一般为 1 年)。对于合同内约定有分部移交的单位工程,按提前验收的该单位工程接收证书中确定的竣工日为准,起算时间相应提前。

由于承包人拥有施工技术、设备和施工经验,缺陷责任期内工程运行期间出现的工程缺陷,承包人应负责修复,直到检验合格为止。修复费用以缺陷原因的责任划分,经查验属于发包人原因造成的缺陷,承包人修复后可获得查验、修复的费用及合理利润。如果承包人不能在合理时间内修复缺陷,发包人可以自行修复或委托其他人修复,修复费用由缺陷原因的责任方承担。

承包人责任原因产生的较大缺陷或损坏,致使工程不能按原定目标使用,经修复后需要再行检验或试验时,发包人有权要求延长该部分工程或设备的缺陷责任期。影响工程正常运行的有缺陷工程或部位,在修复检验合格日前已经过的时间归于无效,重新计算缺陷责任期,但包括延长时间在内的缺陷责任期最长时间不得超过 2 年。

4. 保修期

保修期自实际竣工日起算,发包人和承包人按照有关法律、法规的规定,在专用条款内约定工程质量保修范围、期限和责任。对于提前验收的单位工程起算时间相应提前。承包人对保修期内出现的不属于其责任原因的工程缺陷,不承担修复义务。

7.3.5.2 施工进度管理

1. 合同进度计划的动态管理

为了保证实际施工过程中承包人能够按计划施工,监理人通过协调保障承包人的施工不受到外部或其他承包人的干扰，对已确定的施工计划要进行动态管理。标准施工合同的通用条款规定，不论何种原因造成工程的实际进度与合同进度计划不符，包括实际进度超前或滞后于计划进度，均应修订合同进度计划，以使进度计划具有实际的管理和控制作用。

承包人可以主动向监理人提交修订合同进度计划的申请报告，并附有关措施和相关资料，报监理人审批；监理人也可以向承包人发出修订合同进度计划的指示，承包人应按该指示修订合同进度计划后报监理人审批。

监理人应在专用合同条款约定的期限内予以批复。如果修订的合同进度计划对竣工时间有较大影响或需要补偿额超过监理人独立确定的范围时，在批复前应取得发包人同意。

2. 可以顺延合同工期的情况

1）发包人原因延长合同工期

通用条款中明确规定，发包人原因导致的延误，承包人有权获得工期顺延和（或）费用加利润补偿的情况包括：

（1）增加合同工作内容；

（2）改变合同中任何一项工作的质量要求或其他特性；

（3）发包人迟延提供材料、工程设备或变更交货地点；

（4）发包人原因导致的暂停施工；

（5）提供图纸延误；

（6）未按合同约定及时支付预付款、进度款；

（7）发包人造成工期延误的其他原因。

2）异常恶劣的气候条件

按照通用条款的规定，出现专用合同条款约定的异常恶劣气候条件导致工期延误，承包人有权要求发包人延长工期。监理人处理气候条件对施工进度造成不利影响的事件时，应注意两条基本原则：

（1）正确区分气候条件对施工进度影响的责任：判定气候条件对施工进度的影响时，需要明确区分异常恶劣天气条件的持续时间，并根据合同专用条款的约定，判断是否构成工期延长的条件。例如，在土方填筑工程中，如果连续降雨导致停工20天，且其中6天的降雨强度超过了合同专用条款中约定的标准，则6天可以作为延长工期的依据，而其余14天的停工或施工效率降低的损失，则属于承包人应承担的不利气候条件风险，无法作为工期延长的理由。

（2）异常恶劣气候条件的停工是否影响总工期：异常恶劣气候条件导致的停工是进度计划中的关键工作，则承包人有权获得合同工期的顺延。如果被迫暂停施工的工作不在关键线路上且总时差多于停工天数，仍然不必顺延合同工期，但对施工成本的增加可以获得补偿。

3. 承包人原因的延误

未能按合同进度计划完成工作时，承包人应采取措施加快进度，并承担加快进度所增加的费用。由于承包人原因造成工期延误,承包人应支付逾期竣工违约金。

订立合同时,应在专用条款内约定逾期竣工违约金的计算方法和逾期违约金的最高限额。专用条款说明中建议,违约金计算方法约定的日拖期赔偿额,可采用每天为多少钱或每天为签约合同价的千分之几;最高赔偿限额为签约合同价的3%。

4. 暂停施工

1)暂停施工的责任

施工过程中发生被迫暂停施工,可能源于发包人的责任,也可能属于承包人的责任。通用条款规定,承包人责任引起的暂停施工,增加的费用和工期由承包人承担;发包人责任引起的暂停施工,承包人有权要求发包人延长工期和(或)增加费用,并支付合理利润。

(1)承包人责任引起的暂停施工。

① 承包人违约引起的暂停施工;

② 由于承包人原因为工程合理施工和安全保障所必需的暂停施工;

③ 承包人擅自暂停施工;

④ 承包人其他原因引起的暂停施工;

⑤ 专用合同条款约定由承包人承担的其他暂停施工。

(2)发包人责任的暂停施工。

发包人承担合同履行的风险较大,造成暂停施工的原因可能来自未能履行合同的行为责任,也可能源于自身无法控制但应承担风险的责任。发包人责任导致施工暂停的原因大致可以分为以下几类:

① 发包人未履行合同规定的义务。此类原因较为复杂,包括自身未能尽到管理责任,如发包人采购的材料未能按时到货致使停工待料等;也可能源于第三者责任原因,如施工过程中出现设计缺陷导致停工等待变更的图纸等。

② 不可抗力因素。不可抗力的停工损失属于发包人应承担的风险,如施工期间发生地震、泥石流等自然灾害导致暂停施工。

③ 协调管理原因。同时在现场的两个承包人发生施工干扰,监理人从整体协调考虑,指示某一承包人暂停施工。

④ 行政管理部门的指令。某些特殊情况下可能执行政府行政管理部门的指示,暂停一段时间的施工。如奥运会和世博会期间,为了环境保护的需要,某些在建工程按照政府文件要求暂停施工。

2)暂停施工程序

(1)停工。

监理人根据施工现场的实际情况,认为必要时可向承包人发出暂停施工的指示,承包人应按监理人指示暂停施工。不论由于何种原因引起的暂停施工,监理人应与发包人和承包人协商,采取有效措施积极消除暂停施工的影响。暂停施工期间由承包人负责妥善保护工程并提供安全保障。

（2）复工。

当工程具备复工条件时，监理人应立即向承包人发出复工通知，承包人收到复工通知后，应在指示的期限内复工。承包人无故拖延和拒绝复工，由此增加的费用和工期延误由承包人承担。因发包人原因无法按时复工时，承包人有权要求延长工期和（或）增加费用，以及合理利润。

3）紧急情况下的暂停施工

由于发包人的原因发生暂停施工的紧急情况，且监理人未及时下达暂停施工指示，承包人可先暂停施工并及时向监理人提出暂停施工的书面请求。监理人应在接到书面请求后的24小时内予以答复，逾期未答复视为同意承包人的暂停施工请求。

5. 发包人要求提前竣工

如果发包人根据实际情况向承包人提出提前竣工要求，由于涉及合同约定的变更，应与承包人通过协商达成提前竣工协议作为合同文件的组成部分。协议的内容应包括：承包人修订进度计划及为保证工程质量和安全采取的赶工措施；发包人应提供的条件；所需追加的合同价款；提前竣工给发包人带来效益应给承包人的奖励等。专用条款使用说明中建议，奖励金额可为发包人实际效益的20%。

7.3.5.3 施工质量管理

1. 质量责任

（1）因承包人原因造成工程质量达不到合同约定验收标准，监理人有权要求承包人返工直至符合合同要求为止，由此造成的费用增加和（或）工期延误由承包人承担。

（2）因发包人原因造成工程质量达不到合同约定验收标准，发包人应承担由于承包人返工造成的费用增加和（或）工期延误，并支付承包人合理利润。

2. 承包人的管理

1）项目部的人员管理

（1）质量检查制度。

承包人应在施工场地设置专门的质量检查机构，配备专职质量检查人员，建立完善的质量检查制度。

（2）规范施工作业的操作程序。

承包人应加强对施工人员的质量教育和技术培训，定期考核施工人员的劳动技能，确保施工人员严格执行规范和操作规程。

（3）撤换不称职的人员。

当监理人要求撤换不能胜任本职工作、行为不端或玩忽职守的承包人项目经理和其他人员时，承包人应予以撤换。

2）质量检查

（1）材料和设备的检验。

承包人应对使用的材料和设备进行进场检验和使用前的检验，不允许使用不合格的材料和有缺陷的设备。

承包人应按合同约定进行材料、工程设备和工程的试验和检验，并为监理人对材料、工程设备和工程的质量检查提供必要的试验资料和原始记录。按合同约定由监理人与承包人共同进行试验和检验的，承包人负责提供必要的试验资料和原始记录。

（2）施工部位的检查。

承包人应对施工工艺进行全过程的质量检查和检验，认真执行自检、互检和工序交叉检验制度，尤其要做好工程隐蔽前的质量检查。

承包人自检确认的工程隐蔽部位具备覆盖条件后，通知监理人在约定的期限内检查，承包人的通知应附有自检记录和必要的检查资料。经监理人检查确认质量符合隐蔽要求，并在检查记录上签字后，承包人才能进行覆盖。监理人检查确认质量不合格的，承包人应在监理人指示的时间内修整或返工后，由监理人重新检查。

承包人未通知监理人到场检查，私自将工程隐蔽部位覆盖，监理人有权指示承包人钻孔探测或揭开检查，由此增加的费用和（或）工期延误由承包人承担。

（3）现场工艺试验。

承包人应按合同约定或监理人指示进行现场工艺试验。对大型的现场工艺试验，监理人认为必要时，应由承包人根据监理人提出的工艺试验要求，编制工艺试验实施计划，报送监理人审批。

3. 监理人的质量检查和试验

1）与承包人的共同检验和试验

监理人应与承包人共同进行材料、设备的试验和工程隐蔽前的检验。收到承包人共同检验的通知后，监理人既未发出变更检验时间的通知，又未按时参加，承包人为了不延误施工可以单独进行检查和试验，将记录送交监理人后可继续施工。此次检查或试验视为监理人在场情况下进行，监理人应签字确认。

2）监理人指示的检验和试验

（1）材料、设备和工程的重新检验和试验。

监理人对承包人的试验和检验结果有疑问，或为查清承包人试验和检验成果的可靠性要求承包人重新试验和检验时，由监理人与承包人共同进行。重新试验和检验的结果证明该项材料、工程设备或工程的质量不符合合同要求，由此增加的费用和（或）工期延误由承包人承担；重新试验和检验结果证明符合合同要求，由发包人承担由此增加的费用和（或）工期延误，并支付承包人合理利润。

（2）隐蔽工程的重新检验。

监理人对已覆盖的隐蔽工程部位质量有疑问时，可要求承包人对已覆盖的部位进行钻孔探测或揭开重新检验，承包人应遵照执行，并在检验后重新覆盖恢复原状。经检验证明工程质量符合合同要求，由发包人承担由此增加的费用和（或）工期延误，并支付承包人合理利润；经检验证明工程质量不符合合同要求，由此增加的费用和（或）工期延误由承包人承担。

4. 对发包人提供的材料和工程设备管理

承包人应根据合同进度计划的安排，向监理人报送要求发包人交货的日期计划。发包人应按照监理人与合同双方当事人商定的交货日期，向承包人提交材料和工程设备，并在到货 7 天前通知承包人。承包人会同监理人在约定的时间内，在交货地点共同进行验收。发包人提供的材料和工程设备验收后，由承包人负责接收、保管和施工现场内的二次搬运所发生的费用。

发包人要求向承包人提前接货的物资，承包人不得拒绝，但发包人应承担承包人由此增加的保管费用。发包人提供的材料和工程设备的规格、数量或质量不符合合同要求，或由于发包人原因发生交货日期延误及交货地点变更等情况时，发包人应承担由此增加的费用和（或）工期延误，并向承包人支付合理利润。

5. 对承包人施工设备的控制

承包人使用的施工设备不能满足合同进度计划或质量要求时，监理人有权要求承包人增加或更换施工设备，增加的费用和工期延误由承包人承担。

承包人的施工设备和临时设施应专用于合同工程，未经监理人同意，不得将施工设备和临时设施中的任何部分运出施工场地或挪作他用。对目前闲置的施工设备或后期不再使用的施工设备，经监理人根据合同进度计划审核同意后，承包人方可将其撤离施工现场。

7.3.5.4 工程款支付管理

1. 通用条款中涉及支付管理的几个概念

标准施工合同的通用条款对涉及支付管理的几个涉及价格的用词做出了明确的规定。

1）合同价格

（1）签约合同价格。签约合同价指签订合同时合同协议书中写明的，包括了暂列金额、暂估价的合同总金额，即中标价。

（2）合同价格。合同价格指承包人按合同约定完成了包括缺陷责任期内的全部承包工作后，发包人应付给承包人的金额。合同价格即承包人完成施工、竣工、保修全部义务后的工程结算总价，包括履行合同过程中按合同约定进行的变更、价款调整、通过索赔应予补偿的金额。

二者的区别表现为，签约合同价是写在协议书和中标通知书内的固定数额，作为结算价款的基数；而合同价格是承包人最终完成全部施工和保修义务后应得的全部合同价款，包括施工过程中按照合同相关条款的约定，在签约合同价基础上应给承包人补偿或扣减的费用之和。因此只有在最终结算时，合同价格的具体金额才可以确定。

2）签订合同时签约合同价内尚不确定的款项

（1）暂估价。

暂估价指发包人在工程量清单中给出的，用于支付必然发生但暂时不能确定价格的材料、设备以及专业工程的金额。该笔款项属于签约合同价的组成部分，合同履行阶段一定发生，但招标阶段由于局部设计深度不够、质量标准尚未最终确定、投标时市场价格差异较大等原因，要求承包人按暂估价格报价部分，合同履行阶段再最终确定该部分的合同价格金额。

暂估价内的工程材料、设备或专业工程施工，属于依法必须招标的项目，施工过程中由发包人和承包人以招标的方式选择供应商或分包人，按招标的中标价确定。未达到必须招标的规模或标准时，材料和设备由承包人负责提供，经监理人确认相应的金额；专业工程施工的价格由监理人进行估价确定。与工程量清单中所列暂估价的金额差以及相应的税金等其他费用列入合同价格。

（2）暂列金额。

暂列金额指已标价工程量清单中所列的一笔款项，用于在签订协议书时尚未确定或不可预见变更的施工及其所需材料、工程设备、服务等的金额，包括以计日工方式支付的款项。

上述两笔款项均属于包括在签约合同价内的金额，二者的区别表现为：暂估价是在招标投标阶段暂时不能合理确定价格，但合同履行阶段必然发生，发包人一定予以支付的款项；暂列金额则指招标投标阶段已经确定价格，监理人在合同履行阶段根据工程实际情况指示承包人完成相关工作后给予支付的款项。签约合同价内约定的暂列金额可能全部使用或部分使用，因此承包人不一定能够全部获得支付。

3）费用和利润

通用条款内对费用的定义为，履行合同所发生的或将要发生的不计利润的所有合理开支，包括管理费和应分摊的其他费用。

合同条款中费用涉及两个方面：一是施工阶段处理变更或索赔时，确定应给承包人补偿的款额；二是按照合同责任应由承包人承担的开支。通用条款中很多涉及应给予承包人补偿的事件，分别明确调整价款的内容为"增加的费用"或"增加的费用及合理利润"。导致承包人增加开支的事件如果属于发包人也无法合理预见和克服的情况，应补偿费用但不计利润；若属于发包人应予控制而未做好的情况，如因图纸资料错误导致的施工放线返工，则应补偿费用和合理利润。

利润可以通过工程量清单单价分析表中相关子项标明的利润或拆分报价单费用组成确定，也可以在专用条款内具体约定利润占费用的百分比。

4）质量保证金

质量保证金（保留金）是将承包人的部分应得款扣留在发包人手中，用于因施工原因修复缺陷工程的开支项目。发包人和承包人需在专用条款内约定两个值：一是每次支付工程进度款时应扣质量保证金的比例（例如10%）；二是质量保证金总额，可以采用某一金额或签约合同价的某一百分比。住房和城乡建设部、财政部《建设工程质量保证金管理办法》（建质〔2017〕138号）规定，发包人应按照合同约定方式预留保证金，保证金总预留比例不得高于工程价款结算总额的3%。合同约定由承包人以银行保函替代预留保证金的,保函金额不得高于工程价款结算总额的 3%。

质量保证金从第一次支付工程进度款时开始起扣,从承包人本期应获得的工程进度付款中,扣除预付款的支付、扣回以及因物价浮动对合同价格的调整三项金额后的款额为基数,按专用条款约定的比例扣留本期的质量保证金。累计扣留达到约定的总额为止。

质量保证金用于约束承包人在施工阶段、竣工阶段和缺陷责任期内,均必须按照合同要求对施工的质量和数量承担约定的责任。

监理人在缺陷责任期满颁发缺陷责任终止证书后,承包人向发包人申请到期应返还承包人质量保证金的金额,发包人应在 14 天内会同承包人按照合同约定的内容核实承包人是否完成缺陷修复责任。如无异议,发包人应当在核实后将剩余质量保证金返还承包人。如果约定的缺陷责任期满时,承包人还没有完成全部缺陷修复或部分单位工程延长的缺陷责任期尚未到期,发包人有权扣留与未履行缺陷责任剩余工作所需金额相应的质量保证金。

2. 外部原因引起的合同价格调整

1)物价浮动的变化

施工工期 12 个月以上的工程,应考虑市场价格浮动对合同价格的影响,由发包人和承包人分担市场价格变化的风险。通用条款规定用公式法调价,但仅适用于工程量清单中单价支付部分。在调价公式的应用中,有以下几个基本原则:

(1)在每次支付工程进度款计算调整差额时,如果得不到现行价格指数,可暂用上一次价格指数计算,并在以后的付款中再按实际价格指数进行调整。

(2)变更导致合同中调价公式约定的权重变得不合理时,由监理人与承包人和发包人协商后进行调整。

(3)非承包人原因导致工期顺延,原定竣工日后的支付过程中,调价公式继续有效。

(4)因承包人原因未在约定的工期内竣工,后续支付时应采用原约定竣工日与实际支付日的两个价格指数中较低的一个作为支付计算的价格指数。

(5)人工、机械使用费按照国家或省、自治区、直辖市建设行政管理部门、行业建设管理部门或其授权的工程造价管理机构发布的人工成本信息、机械台班单价或机械使用费系数进行调整;需要调整价格的材料,以监理人复核后确认的材料单价及数量,作为调整工程合同价格差额的依据。

2)法律法规的变化

基准日后,因法律法规变化导致承包人的施工费用发生增减变化时,监理人应根据法律及国家或省、自治区、直辖市有关部门的规定,采用商定或确定的方式对合同价款进行调整。

3. 工程量计量

已完成合格工程量计量的数据,是工程进度款支付的依据。工程量清单或报价单内承包工作的内容,既包括单价支付的项目,也可能有总价支付部分,如设备安装工程的施工。单价支付与总价支付的项目在计量和付款中有较大区别。单价子目已完成工程量按月计量；总价子目的计量周期按已批准承包人的支付分解报告确定。

1）单价子目的计算

对已完成的工程进行计量后，承包人向监理人提交进度付款申请单、已完成工程量报表和有关计量资料。监理人应在收到承包人提交的工程量报表后的 7 天内进行复核，监理人未在约定时间内复核，承包人提交的工程量报表中的工程量视为承包人实际完成的工程量，据此计算工程价款。

监理人对数量有异议或监理人认为有必要时，可要求承包人进行共同复核和抽样复测。承包人应协助监理人进行复核，并按监理人要求提供补充计量资料。承包人未按监理人要求参加复核，监理人单方复核或修正的工程量作为承包人实际完成的工程量。

2）总价子目的计算

总价子目的计量和支付应以总价为基础，不考虑市场价格浮动的调整。承包人实际完成的工程量是进行工程目标管理和控制进度支付的依据。

承包人在合同约定的每个计量周期内，对已完成的工程进行计量，并向监理人提交进度付款申请单、专用条款约定的合同总价支付分解表所表示的阶段性或分项计量的支持性资料，以及所达到工程形象进度或分阶段完成的工程量和有关计量资料。监理人对承包人提交的资料进行复核，有异议时可要求承包人进行共同复核和抽样复测。除变更外，总价子目表中标明的工程量是用于结算的工程量，通常不进行现场计量，只进行图纸计量。

4. 工程进度款的支付

1）进度付款申请单

承包人应在每个付款周期末，按监理人批准的格式和专用条款约定的份数，向监理人提交进度付款申请单，并附相应的支持性证明文件。通用条款中要求进度付款申请单的内容包括：

（1）截至本次付款周期末已实施工程的价款；

（2）变更金额；

（3）索赔金额；

（4）本次应支付的预付款和扣减的返还预付款；

（5）本次扣减的质量保证金；

（6）根据合同应增加和扣减的其他金额。

2）进度款支付证书

监理人在收到承包人进度付款申请单以及相应的支持性证明文件后的 14 天内完成核查，提出发包人到期应支付给承包人的金额以及相应的支持性材料。经发包人审查同意后，由监理人向承包人出具经发包人签认的进度付款证书。

监理人有权扣发承包人未能按照合同要求履行任何工作或义务的相应金额，如扣除质量不合格部分的工程款等。

通用条款规定，监理人出具的进度付款证书，不应视为监理人已同意、批准或接受了承包人完成的该部分工作，在对以往历次已签发的进度付款证书进行汇总和复核中发现错、漏或重复的，监理人有权予以修正，承包人也有权提出修正申请。经双方复核同意的修正，应在本次进度付款中支付或扣除。

3）进度款的支付

发包人应在监理人收到进度付款申请单后的 28 天内，将进度应付款支付给承包人。发包人不按期支付，应按专用合同条款的约定支付逾期付款违约金。

7.3.5.5 施工安全管理

1. 发包人的施工安全责任

发包人应按合同约定履行安全管理职责，授权监理人按合同约定的安全工作内容监督、检查承包人安全工作的实施，组织承包人和有关单位进行安全检查。发包人应对其现场机构全部人员的工伤事故承担责任，但由于承包人原因造成发包人人员工伤的，应由承包人承担责任。

发包人应负责赔偿工程或工程的任何部分对土地的占用所造成的第三者财产损失，以及由于发包人原因在施工场地及其毗邻地带造成的第三者人身伤亡和财产损失负责赔偿。

2. 承包人的施工安全责任

承包人应按合同约定的安全工作内容，编制施工安全措施计划报送监理人审批，按监理人的指示制定应对灾害的紧急预案，报送监理人审批。承包人还应按预案做好安全检查，配置必要的救助物资和器材，切实保护好有关人员的人身安全和财产安全。

施工过程中负责施工作业安全管理，特别应加强易燃易爆材料、火工器材、有毒与腐蚀性材料和其他危险品的管理，加强爆破作业和地下工程施工等危险作业的管理。严格按照国家安全标准制定施工安全操作规程，配备必要的安全生产和劳动保护设施，加强对承包人人员的安全教育，并发放安全工作手册和劳动保护用具。合同约定的安全作业环境及安全施工措施所需费用已包括在相关工作的合同价格中；因采取合同未约定的安全作业环境及安全施工措施增加的费用，由监理人按商定或确定方式予以补偿。

承包人对其履行合同所雇用的全部人员，包括分包人人员的工伤事故承担责任，但由于发包人原因造成承包人人员的工伤事故，应由发包人承担责任。由于承包人原因在施工场地内及其毗邻地带造成的第三者人员伤亡和财产损失，由承包人负责赔偿。

3. 安全事故处理程序

1）通知

施工过程中发生安全事故时，承包人应立即通知监理人，监理人应立即通知发包人。

2）及时采取减损措施

工程事故发生后，发包人和承包人应立即组织人员和设备进行紧急抢救和抢修，减少人员伤亡和财产损失，防止事故扩大，并保护事故现场。需要移动现场物品时，应做出标记和书面记录，妥善保管有关证据。

3）报告

工程事故发生后，发包人和承包人应按国家有关规定，及时如实地向有关部门报告事故发生的情况，以及正在采取的紧急措施。

7.3.5.6 变更管理

施工过程中出现的变更包括监理人指示的变更和承包人申请的变更两类。监理人可按通用条款约定的变更程序向承包人做出变更指示，承包人应遵照执行。没有监理人的变更指示，承包人不得擅自变更。

1. 变更的范围和内容

标准施工合同通用条款规定的变更范围包括：

（1）取消合同中任何一项工作，但被取消的工作不能转由发包人或其他人实施；
（2）改变合同中任何一项工作的质量或其他特性；
（3）改变合同工程的基线、标高、位置或尺寸；
（4）改变合同中任何一项工作的施工时间或改变已批准的施工工艺或顺序；
（5）为完成工程需要追加的额外工作。

2. 监理人指示变更

监理人根据工程施工的实际需要或发包人要求实施的变更，可以进一步划分为直接指示的变更和通过与承包人协商后确定的变更两种情况。

1）直接指示的变更

直接指示的变更属于必须实施的变更，如按照发包人的要求提高质量标准、设计错误需要进行的设计修改、协调施工中的交叉干扰等情况。此时不需征求承包人意见，监理人经过发包人同意后发出变更指示要求承包人完成变更工作。

2）与承包人协商后确定的变更

此类情况属于可能发生的变更，与承包人协商后再确定是否实施变更，如增加承包范围外的某项新增工作或改变合同文件中的要求等。

（1）监理人首先向承包人发出变更意向书，说明变更的具体内容、完成变更的时间要求等，并附必要的图纸和相关资料。

（2）承包人收到监理人的变更意向书后，如果同意实施变更，则向监理人提出书面变更建议。建议书的内容包括拟实施变更工作的计划、措施、竣工时间等内容的实施方案以及费用和（或）工期要求。若承包人收到监理人的变更意向书后认为难以实施此项变更，也应立即通知监理人，说明原因并附详细依据，如不具备实施变更项目的施工资质、无相应的施工机具等。

（3）监理人审查承包人的建议书。如果承包人根据变更意向书要求提交的变更实施方案可行并经发包人同意后，监理人发出变更指示。如果承包人不同意变更，监理人与承包人和发包人协商后确定撤销、改变或不改变变更意向书。

3. 承包人申请变更

承包人提出的变更可能涉及建议变更和要求变更两类。

1）承包人建议的变更

承包人对发包人提供的图纸、技术要求以及其他方面，提出了可能降低合同价格、缩短工期或者提高工程经济效益的合理化建议，均应以书面形式提交监理人。合理化建议书的内容应包括建议工作的详细说明、进度计划和效益以及与其他工作的协调等，并附必要的设计文件。

监理人与发包人协商是否采纳承包人提出的建议。建议被采纳并构成变更的，监理人向承包人发出变更指示。

承包人提出的合理化建议使发包人获得了降低工程造价、缩短工期、提高工程运行效益等实际利益，应按专用合同条款中的约定给予奖励。

2）承包人要求的变更

承包人收到监理人按合同约定发出的图纸和文件，经检查认为其中存在属于变更范围的情形，如提高了工程质量标准、增加工作内容、工程的位置或尺寸发生变化等，可向监理人提出书面变更建议。变更建议应阐明要求变更的依据，并附必要的图纸和说明。

监理人收到承包人的书面建议后，应与发包人共同研究，确认存在变更的，应在收到承包人书面建议后的14天内做出变更指示。经研究后不同意作为变更的，由监理人书面答复承包人。

4. 变更估价

1）变更估价的程序

承包人应在收到变更指示或变更意向书后的14天内，向监理人提交变更报价书，详细开列变更工作的价格组成及其依据，并附必要的施工方法说明和有关图纸。变更工作如果影响工期，承包人应提出调整工期的具体细节。

监理人收到承包人变更报价书后的14天内，根据合同约定的估价原则，商定或确定变更价格。

2）变更的估价原则

（1）已标价工程量清单中有适用于变更工作的子目，采用该子目的单价计算变更费用。

（2）已标价工程量清单中无适用于变更工作的子目，但有类似子目，可在合理范围内参照类似子目的单价，由监理人商定或确定变更工作的单价。

（3）已标价工程量清单中无适用或类似子目的单价，可按照成本加利润的原则，由监理人商定或确定变更工作的单价。

5. 不利物质条件的影响

不利物质条件属于发包人应承担的风险，指承包人在施工场地遇到的不可预见的自然物质条件、非自然的物质障碍和污染物，包括地下和水文条件，但不包括气候条件。

承包人遇到不利物质条件时，应采取适应不利物质条件的合理措施继续施工，并通知监理人。监理人应当及时发出指示，构成变更的，按变更对待。如果监理人没有发出指示，承包人因采取合理措施导致费用增加和工期延误的，仍由发包人承担相应责任。

7.3.5.7 不可抗力

1. 不可抗力事件

不可抗力是指承包人和发包人在订立合同时不可预见，在工程施工过程中不可避免发生并不能克服的自然灾害和社会性突发事件，如：地震、海啸、瘟疫、水灾、骚乱、暴动、战争以及专用合同条款约定的其他情形。

2. 不可抗力发生后的管理

1）通知并采取措施

合同一方当事人遇到不可抗力事件，使其履行合同义务受到阻碍时，应立即通知合同另一方当事人和监理人，书面说明不可抗力和受阻碍的详细情况，并提供必要的证明。不可抗力发生后，发包人和承包人均应采取措施尽量避免和减少损失的扩大，任何一方没有采取有效措施导致损失扩大的，应对扩大的损失承担责任。

如果不可抗力的影响持续时间较长，合同一方当事人应及时向合同另一方当事人和监理人提交中间报告，说明不可抗力和履行合同受阻的情况，并于不可抗力事件结束后28天内提交最终报告及有关资料。

2）不可抗力造成的损失

通用条款规定，不可抗力造成的损失由发包人和承包人分别承担：

（1）永久工程，包括已运至施工场地的材料和工程设备的损害，以及因工程损害造成的第三者人员伤亡和财产损失由发包人承担。

（2）承包人设备的损坏由承包人承担。

（3）发包人和承包人各自承担其人员伤亡和其他财产损失及其相关费用。

（4）停工损失由承包人承担，但停工期间应监理人要求照管工程和清理、修复工程的金额由发包人承担。

（5）不能按期竣工的，应合理延长工期，承包人不需支付逾期竣工违约金。发包人要求赶工的，承包人应采取赶工措施，赶工费用由发包人承担。

3）因不可抗力解除合同

合同一方当事人因不可抗力因素导致不能继续履行合同义务时，应当及时通知对方解除合同。合同解除后，承包人应撤离施工场地。

合同解除后，已经订货的材料、设备由订货方负责退货或解除订货合同，不能退还的货款和因退货、解除订货合同发生的费用，由发包人承担，因未及时退货造成的损失由责任方承担。合同解除后的付款，由监理人与当事人双方协商后确定。

7.3.5.8 索赔管理

1. 承包人的索赔

1）承包人提出索赔要求

承包人根据合同认为有权得到追加付款和（或）延长工期时，应按规定程序向发包人提出索赔。

承包人应在引起索赔事件发生的后 28 天内，向监理人递交索赔意向通知书，并说明发生索赔事件的事由。如果承包人未在前述 28 天内发出索赔意向通知书，则丧失要求追加付款和（或）延长工期的权利。

承包人应在发出索赔意向通知书后 28 天内，向监理人递交正式的索赔通知书，详细说明索赔理由以及要求追加的付款金额和（或）延长的工期，并附必要的记录和证明材料。

对于具有持续影响的索赔事件，承包人应按合理时间间隔陆续递交延续的索赔通知，说明连续影响的实际情况和记录，列出累计的追加付款金额和（或）工期延长天数。在索赔事件影响结束后的 28 天内，承包人应向监理人递交最终索赔通知书，说明最终要求索赔的追加付款金额和延长的工期，并附必要的记录和证明材料。

2）监理人处理索赔

监理人收到承包人提交的索赔通知书后，应及时审查索赔通知书的内容、查验承包人的记录和证明材料，必要时监理人可要求承包人提交全部原始记录副本。

监理人首先应争取通过与发包人和承包人协商达成索赔处理的一致意见，如果分歧较大，再单独确定追加的付款和（或）延长的工期。监理人应在收到索赔通知书或有关索赔的进一步证明材料后的 42 天内，将索赔处理结果答复承包人。

承包人接受索赔处理结果，发包人应在做出索赔处理结果答复后 28 天内完成赔付。承包人不接受索赔处理结果的，按合同争议解决。

3）承包人提出索赔的期限

竣工阶段发包人接受了承包人提交并经监理人签认的竣工付款证书后，承包人不能再对施工阶段、竣工阶段的事项提出索赔要求。

缺陷责任期满承包人提交的最终结清申请单中，只限于提出工程接收证书颁发后发生的索赔。提出索赔的期限至发包人接受最终结清证书时止，即合同终止后承包人就失去索赔的权利。标准施工合同通用条款中涉及应给承包人补偿的条款如表 7-1 所示。

表 7-1　《标准施工招标文件》中承包人的索赔事件及可补偿内容

序号	条款号	索赔事件	工期	费用	利润
1	1.6.1	延迟提供图纸	√	√	√
2	1.10.1	施工中发现文物、古迹	√	√	
3	2.3	延迟提供施工场地	√	√	√
4	4.11	施工中遇到不利物质条件	√	√	
5	5.2.4	提前向承包人提供材料、工程设备		√	
6	5.2.6	发包人提供材料、工程设备不合格或延迟提供或变更交货地点	√	√	√
7	8.3	承包人依据发包人提供的错误资料导致测量放线错误	√	√	√
8	9.2.6	因发包人原因造成承包人人员工伤事件		√	
9	11.3	因发包人原因造成工期延误	√	√	√
10	11.4	异常恶劣的气候条件导致工期延误	√		
11	11.6	承包人提前竣工		√	
12	12.2	发包人暂停施工造成工期延误	√	√	√
13	12.4.2	工程暂停后因发包人原因无法按时复工	√	√	√
14	13.1.3	发包人原因导致承包人工程返工	√	√	√
15	13.5.3	监理人对已经覆盖的隐蔽工程要求重新检查且检查结果合格	√	√	√
16	13.6.2	因发包人提供的材料、工程设备造工程成不合格	√	√	√
17	14.1.3	承包人应监理人要求对材料、工程设备和工程重新检验且检验合格	√	√	√
18	16.2	基准日后法律的变化		√	
19	18.4.2	发包人在工程竣工前提前占用工程	√	√	√
20	18.6.2	发包人的原因导致工程试运行失败		√	√
21	19.2.3	工程移交后因发包人原因出现新的缺陷或损坏的修复		√	√
22	19.4	工程移交后因发包人原因出现新的缺陷修复后的试验和试运行		√	
23	23.3.1（4）	因不可抗力停工期间应监理人要求照管、清理、修复工程		√	
24	23.3.1（4）	因不可抗力造成工期延误	√		
25	22.2.2	发包人违约导致承包人暂停施工	√	√	√

207

2. 发包人的索赔

1）发包人提出索赔

发包人的索赔包括承包人应承担责任的赔偿扣款和缺陷责任期的延长。发生索赔事件后，监理人应及时书面通知承包人，详细说明发包人有权得到的索赔金额和（或）延长缺陷责任期的细节和依据。发包人提出索赔的期限对承包人的要求相同，即颁发工程接收证书后，不能再对施工期间的事件索赔；最终结清证书生效后，不能再就缺陷责任期内的事件索赔，因此延长缺陷责任期的通知应在缺陷责任期届满前提出。

2）监理人处理索赔

监理人也应首先通过与当事人双方协商争取达成一致，分歧较大时在协商基础上确定索赔的金额和缺陷责任期延长的时间。承包人应付给发包人的赔偿款从应支付给承包人的合同价款或质量保证金内扣除，也可以由承包人以其他方式支付。

7.3.5.9 违约责任

通用条款对发包人和承包人违约的情况及处理分别做了明确的规定。

1. 承包人违约

1）违约情况

（1）私自将合同的全部或部分权利转让给其他人，将合同的全部或部分义务转移给其他人。

（2）未经监理人批准，私自将已按合同约定进入施工场地的施工设备、临时设施或材料撤离施工场地。

（3）使用不合格材料或工程设备，工程质量达不到标准要求，又拒绝清除不合格工程。

（4）未能按合同进度计划及时完成合同约定的工作，已造成或预期造成工期延误。

（5）缺陷责任期内未对工程接收证书所列缺陷清单的内容或缺陷责任期内发生的缺陷进行修复，又拒绝按监理人指示再进行修补。

（6）承包人无法继续履行或明确表示不履行或实质上已停止履行合同。

（7）承包人不按合同约定履行义务的其他情况。

2）承包人违约的处理

发生承包人不履行或无力履行合同义务的情况时，发包人可通知承包人立即解除合同。

对于承包人违反合同规定的情况，监理人应向承包人发出整改通知，要求其在指定的期限内改正。承包人应承担因其违约所引起的费用增加和（或）工期延误。监理人发出整改通知28天后，承包人仍不纠正违约行为，发包人可向承包人发出解除合同通知。

3）因承包人违约解除合同

（1）发包人进驻施工现场。

合同解除后，发包人可派员进驻施工场地，另行组织人员或委托其他承包人施工。发包人因继续完成该工程的需要，有权扣留使用承包人在现场的材料、设备和临时设施。

这种扣留不是没收，只是为了后续工程能够尽快顺利开始。发包人的扣留行为不能免除承包人应承担的违约责任，也不影响发包人根据合同约定享有的索赔权利。

（2）合同解除后的结算。

① 监理人与当事人双方协商承包人实际完成工作的价值，以及承包人已提供的材料、施工设备、工程设备和临时工程等的价值。若达不成一致，则由监理人单独确定。

② 合同解除后，发包人应暂停对承包人的一切付款，查清各项付款和已扣款金额，包括承包人应支付的违约金。

③ 发包人应按合同的约定向承包人索赔由于解除合同给发包人造成的损失。

④ 合同双方确认上述往来款项后，发包人出具最终结清付款证书，结清全部合同款项。

⑤ 发包人和承包人未能就解除合同后的结清达成一致，按合同约定解决争议的方法处理。

（3）承包人已签订其他合同的转让。

因承包人违约解除合同，发包人有权要求承包人将其为实施合同而签订的材料和设备的订货合同或任何服务协议转让给发包人，并在解除合同后的14天内，依法办理转让手续。

2. 发包人违约

1）违约情况

（1）发包人未能按合同约定支付预付款或合同价款，或拖延、拒绝批准付款申请和支付凭证，导致付款延误。

（2）发包人原因造成停工的持续时间超过56天。

（3）监理人无正当理由未在约定期限内发出复工指示，导致承包人无法复工。

（4）发包人无法继续履行或明确表示不履行或实质上已停止履行合同。

（5）发包人不履行合同约定的其他义务。

2）发包人违约的处理

（1）承包人有权暂停施工。

除发包人不履行合同义务或无力履行合同义务的情况外，承包人向发包人发出通知，要求发包人采取有效措施纠正违约行为。发包人收到承包人通知后的28天内仍不履行合同义务，承包人有权暂停施工，并通知监理人，发包人应承担由此增加的费用和（或）工期延误，并支付承包人合理利润。

承包人暂停施工28天后，发包人仍不纠正违约行为，承包人可向发包人发出解除合同通知。但承包人的这一行为不免除发包人应承担的违约责任，也不影响承包人根据合同约定享有的索赔权利。

（2）违约解除合同。

属于发包人不履行或无力履行义务的情况，承包人可书面通知发包人解除合同。

3）因发包人违约解除合同

（1）解除合同后的结算。

发包人应在解除合同后 28 天内向承包人支付下列金额：

① 合同解除日以前所完成工作的价款。

② 承包人为该工程施工订购并已付款的材料、工程设备和其他物品的金额。发包人付款后，该材料、工程设备和其他物品归发包人所有。

③ 承包人为完成工程所发生的，而发包人未支付的金额。

④ 承包人撤离施工场地以及遣散承包人人员的赔偿金额。

⑤ 由于解除合同应赔偿的承包人损失。

⑥ 按合同约定在合同解除日前应支付给承包人的其他金额。

发包人应按本项约定支付上述金额并退还质量保证金和履约担保，但有权要求承包人支付应偿还给发包人的各项金额。

（2）承包人撤离施工现场。

因发包人违约而解除合同后，承包人尽快完成施工现场的清理工作，妥善做好已竣工工程和已购材料、设备的保护和移交工作，按发包人要求将承包人设备和人员撤出施工场地。

7.3.5.10　竣工验收管理

1. 单位工程验收

1）单位工程验收的情况

合同工程全部完工前进行单位工程验收和移交，可能涉及以下三种情况：一是专用条款内约定了某些单位工程分部移交；二是发包人在全部工程竣工前希望使用已经竣工的单位工程，提出单位工程提前移交的要求，以便获得部分工程的运行收益；三是承包人从后续施工管理的角度出发而提出单位工程提前验收的建议，并经发包人同意。

2）单位工程验收后的管理

验收合格后，由监理人向承包人出具经发包人签认的单位工程验收证书。单位工程的验收成果和结论作为全部工程竣工验收申请报告的附件。移交后的单位工程由发包人负责照管。

除合同约定的单位工程分部移交的情况外，如果发包人在全部工程竣工前，使用已接收的单位工程运行影响了承包人的后续施工，发包人应承担由此增加的费用和（或）工期延误，并支付承包人合理利润。

2. 施工期运行

施工期运行是指合同工程尚未全部竣工，其中某项或某几项单位工程已竣工或工程设备安装完毕，需要投入施工期的运行时，须经检验合格能确保安全后，才能在施工期投入运行。

除专用条款约定由发包人负责试运行的情况外，承包人应负责提供试运行所需的人员、器材和必要的条件，并承担全部试运行费用。施工期运行中发现工程或工程设备损坏或存在缺陷时，由承包人进行修复，并依据缺陷原因由相应责任方承担修复费用。

3. 合同工程的竣工验收

1）承包人提交竣工验收申请报告

当工程具备以下条件时，承包人可向监理人报送竣工验收申请报告：

（1）除监理人同意列入缺陷责任期内完成的尾工（甩项）工程和缺陷修补工作外，承包人的施工已完成合同范围内的全部单位工程以及有关工作，包括合同要求的试验、试运行以及检验和验收均已完成，并符合合同要求；

（2）已按合同约定的内容和份数备齐了符合要求的竣工资料；

（3）已按监理人的要求编制了在缺陷责任期内完成的尾工（甩项）工程和缺陷修补工作清单以及相应施工计划；

（4）完成监理人要求在竣工验收前应完成的其他工作；

（5）提交监理人要求提交的竣工验收资料清单。

2）监理人审查竣工验收报告

监理人审查申请报告的各项内容，认为工程尚不具备竣工验收条件时，应在收到竣工验收申请报告后的 28 天内通知承包人，指出在颁发接收证书前承包人还需完成的工作内容。承包人完成监理人通知的全部工作内容后，应再次提交竣工验收申请报告，直至监理人同意为止。

监理人审查后认为已具备竣工验收条件，应在收到竣工验收申请报告后的 28 天内提请发包人进行工程验收。

3）竣工验收

（1）竣工验收合格，监理人应在收到竣工验收申请报告后的 56 天内，向承包人出具经发包人签认的工程接收证书。以承包人提交竣工验收申请报告的日期为实际竣工日期，并在工程接收证书中写明。实际竣工日用以计算施工期限，与合同工期对照判定承包人是提前竣工还是延误竣工。

（2）竣工验收基本合格但提出了需要整修和完善要求时，监理人应指示承包人限期修好，并缓发工程接收证书。经监理人复查整修和完善工作达到了要求，再签发工程接收证书，竣工日仍为承包人提交竣工验收申请报告的日期。

（3）竣工验收不合格，监理人应按照验收意见发出指示，要求承包人对不合格工程认真返工重做或进行补救处理，并承担由此产生的费用。承包人在完成不合格工程的返工重做或补救工作后，应重新提交竣工验收申请报告。重新验收如果合格，则工程接收证书中注明的实际竣工日，应为承包人重新提交竣工验收报告的日期。

4）延误进行竣工验收

发包人在收到承包人竣工验收申请报告 56 天后未进行验收，视为验收合格。实际竣工日期以提交竣工验收申请报告的日期为准，但发包人由于不可抗力不能进行验收的情况除外。

4. 竣工结算

1）承包人提交竣工付款申请单

工程进度款的分期支付是阶段性的临时支付，因此在工程接收证书颁发后，承包人应按专用合同条款约定的份数和期限向监理人提交竣工付款申请单，并提供相关证明材料。付款申请单应说明竣工结算的合同总价、发包人已支付承包人的工程价款、应扣留的质量保证金、应支付的竣工付款金额。

2）监理人审查

竣工结算的合同价格应为通过单价乘以实际完成工程量的单价子目款、采用固定价格的各子项目包干价、依据合同条款进行调整（变更、索赔、物价浮动调整等）构成的最终合同结算价。

监理人对竣工付款申请单如果有异议，有权要求承包人进行修正和提供补充资料。监理人和承包人协商后，由承包人向监理人提交修正后的竣工付款申请单。

3）签发竣工付款证书

监理人在收到承包人提交的竣工付款申请单后的 14 天内完成核查，将核定的合同价格和结算尾款金额提交发包人审核并抄送承包人。发包人应在收到后 14 天内审核完毕，由监理人向承包人出具经发包人签认的竣工付款证书。

监理人未在约定时间内核查，又未提出具体意见的，视为承包人提交的竣工付款申请单已经监理人核查同意。

发包人未在约定时间内审核又未提出具体意见，监理人提出发包人到期应支付给承包人的结算尾款视为已经发包人同意。

4）支付

发包人应在监理人出具竣工付款证书后的14天内，将应支付款支付给承包人。发包人不按期支付，还应加付逾期付款的违约金。如果承包人对发包人签认的竣工付款证书有异议，发包人可出具竣工付款申请单中承包人已同意部分的临时付款证书，存在争议的部分，按合同约定的争议条款处理。

5. 竣工清场

1）承包人的清场义务

工程接收证书颁发后，承包人应对施工场地进行清理，直至监理人检验合格为止。具体要求包括：

（1）施工场地内残留的垃圾已全部清除出场；

（2）临时工程已拆除，场地已按合同要求进行清理、平整或复原；

（3）按合同约定应撤离的承包人设备和剩余的材料，包括废弃的施工设备和材料，已按计划撤离施工场地；

（4）工程建筑物周边及其附近道路、河道的施工堆积物，已按监理人指示全部清理；
（5）监理人指示的其他场地清理工作已全部完成。

2）承包人未按规定完成的责任

承包人未按监理人的要求恢复临时占地，或者场地清理未达到合同约定，发包人有权委托其他人恢复或清理，所发生的费用从拟支付给承包人的款项中扣除。

7.3.5.11 缺陷责任期管理

1. 缺陷责任

缺陷责任期自实际竣工日期起计算。如果在全部工程竣工验收前，发包人已经提前验收了某个单位工程，则该单位工程的缺陷责任期将从提前验收之日起算。

工程移交发包人运行后，缺陷责任期内出现的工程质量缺陷可能是由于承包人的施工质量问题，也可能是其他非承包人应负责的原因。这种情况下，监理人与发包人和承包人需共同查明原因，分清责任。对于工程主要部位承包人责任的缺陷工程，修复后缺陷责任期相应延长。

任何一项缺陷或损坏修复后，经检查证明其影响了工程或工程设备的使用性能，承包人应重新进行合同约定的试验和试运行，试验和试运行的全部费用应由责任方承担。

2. 监理人颁发缺陷责任终止证书

缺陷责任期满，包括延长的期限终止后14天内，由监理人向承包人出具经发包人签认的缺陷责任期终止证书，并退还剩余的质量保证金。颁发缺陷责任期终止证书，意味承包人已按合同约定完成了施工、竣工和缺陷修复责任的义务。

3. 最终结清

缺陷责任期终止证书签发后，发包人与承包人进行合同付款的最终结清。结清的内容涉及质量保证金的返还、缺陷责任期内修复非承包人缺陷责任的工作、缺陷责任期内涉及的索赔等。

1）承包人提交最终结清申请单

承包人按专用合同条款约定的份数和期限向监理人提交最终结清申请单，并提供缺陷责任期内的索赔、质量保证金应返还的余额等的相关证明材料。如果质量保证金不足以抵减发包人损失时，承包人还应承担不足部分的赔偿责任。

发包人对最终结清申请单内容有异议时，有权要求承包人进行修正和提供补充资料。承包人再向监理人提交修止后的最终结清申请单。

2）签发最终结清证书

监理人收到承包人提交的最终结清申请单后的14天内，提出发包人应支付给承包人的价款送发包人审核并抄送承包人。发包人应在收到后14天内审核完毕，由监理人向承包人出具经发包人签认的最终结清证书。

监理人未在约定时间内核查，又未提出具体意见，视为承包人提交的最终结清申请已经监理人核查同意。发包人未在约定时间内审核又未提出具体意见，监理人提出应支付给承包人的价款视为已经发包人同意。

3）最终支付

发包人应在监理人出具最终结清证书后的 14 天内，将应支付款支付给承包人。发包人不按期支付，还需将逾期付款违约金支付给承包人。若承包人对最终结清证书有异议，按合同争议处理。

4）结清单生效

承包人收到发包人最终支付款后结清单生效。结清单生效即表明合同终止，承包人不再拥有索赔的权利。如果发包人未按时支付结清款，承包人仍可就此事项进行索赔。

7.3.6 案例分析

案例 7-3：辽宁 H 市政建设工程有限公司、沈阳经济技术开发区 K 集团有限公司等建设工程施工合同纠纷

案例来源：最高人民法院，（2022）最高法民终 245 号

案例背景：

2011 年 10 月 23 日，甲方（回购人）沈阳经济技术开发区 K 集团有限公司（以下简称 K 集团）与乙方辽宁 H 市政建设工程有限公司（以下简称 H 公司）签订了一份关于开发区"S.U"滨河景观带建设工程的 BT 合同。当日，双方签订了一份分期付款合同。经一审法院审查，BT 合同约定的模式为建设—移交，即由 H 公司按合同的约定负责项目投融资、工程建设全过程的组织和管理，并承担期间的风险。H 公司按约定将本工程建成竣工移交后，K 集团按 BT 合同约定的价款回购案涉项目。而分期付款合同则约定，滨河景观带建设工程"S"段建设项目采用分期付款模式进行建设。工程竣工后，甲方按 4 年期限付工程款，付款比例为 4：3：2：1。

合同签订后，H 公司对案涉项目进行了施工。本案工程系使用政府财政资金进行建设，对拨付给施工方 H 公司的工程款需要进行财政审计。在财政审计过程中，因诉讼双方对采用哪份合同进行结算发生争议，导致审计无法继续进行，案涉工程款无法结算，双方因此涉诉。

裁判结果：

关于 BT 合同与分期付款合同的关系问题。案涉 BT 合同与分期付款合同，均是发包人 K 集团为完成案涉工程建设项目与承包人 H 公司订立的关于承包人进行工程建设、发包人接收工程并支付价款的建设工程施工合同。双方虽未正式订立关于解除 BT 合同的协议，但双方签订分期付款合同的行为与 H 公司作出《关于合同遗失情况说明》声明 BT 合同作废的行为，均针对同一事项，即解除 BT 合同并另行签订分期付款合同。H 公司虽主张声明 BT 合同作废并非其真实意思表示，但未能举证证明。综合上述情况，可以认定双方当事人已通过其后签订的分期付款合同替代了此前签订的 BT 合同。

案例分析：

裁判结果中强调了双方签署分期付款合同的行为和 H 公司声明的重要性，认定双方通过分期付款合同替代了 BT 合同。这种法院的裁决体现了对实质意思的重视，即使未正式订立解除 BT 合同的协议，双方的实际行动也被视为对原合同的解除。

此案也凸显了在合同履行中出现争议时，合同当事人应当审慎处理并确保真实意思的表达。在 BT 合同模式下，合同的灵活性需要在合同文本中得以明确，以防止后续的法律争议。财政审计引发的问题也提示各方在涉及政府资金的建设项目中，应注意审计程序与合同约定的一致性，以避免后续合同履行的纠纷。

7.4 建设工程总承包合同管理

2012 年九部委在颁布标准施工合同文件的基础上，颁发了《标准设计施工总承包招标文件（2012 年版）》，其中包括"合同条款及格式"（以下简称"设计施工总承包合同"）。设计施工总承包合同，适用于设计施工一体化的总承包招标。设计施工总承包合同的招标文件和合同通用条款的使用要求与标准施工招标文件的要求相同，其合同文件组成与标准施工合同相同，也是由协议书、通用条款和专用条款组成，与标准施工合同内容相同的条款在用词上也完全一致，因此本节不再赘述。

设计施工总承包合同的通用条款，包括 24 条，共计 304 款，内容包括：一般约定；发包人义务；监理人；承包人；设计；材料和工程设备；施工设备和临时设施；交通运输；测量放线；施工安全、治安保卫和环境保护；开始工作和竣工；暂停施工；工程质量；试验和检验；变更；价格调整；合同价格与支付；竣工试验和竣工验收；缺陷责任与保修责任；保险；不可抗力；违约；索赔；争议的解决。

7.4.1 工程总承包合同有关各方管理职责

7.4.1.1 发包人义务

发包人是总承包合同的一方当事人，负责对工程项目的实施进行投资支付，并对项目建设有关重大事项做出决定。发包人在履行合同过程中应遵守法律，按照法律规定和合同约定履行相关职责，发包人应委托监理人按约定向承包人发出开始工作通知，向承包人提供施工场地及进场施工条件，并明确与承包人的交接界面。由发包人负责按时办理的工程建设项目必须履行的各类审批、核准或备案手续。发包人对承包人负责的有关设计、施工证件和批件，应给予必要的协助。发包人应按合同约定向承包人及时支付合同价款，并且是否实施工程款支付担保取决于专用合同条款的约定。发包人应按合同约定及时组织竣工验收等合同约定的其他义务。

7.4.1.2 承包人义务

承包人应按合同约定承担完成工程项目的设计、招标、采购、施工、试运行和缺陷责任期的质量缺陷修复责任。

1. 对联合体承包人的规定

总承包合同的承包人可以是独立承包人,也可以是联合体。对于联合体的承包人,合同履行过程中发包人和监理人仅与联合体牵头人或联合体授权的代表联系,由其负责组织和协调联合体各成员全面履行合同。由于联合体的组成和内部分工是评标中很重要的评审内容,联合体协议经发包人确认后作为合同附件。因此通用条款规定,履行合同过程中,未经发包人同意,承包人不得擅自改变联合体的组成和修改联合体协议。

2. 对分包工程的规定

在项目实施过程中,承包人可能需要将部分工作分包给第三方,如设计分包人、施工分包人、供货分包人等。尽管委托分包人的招标工作由承包人完成,发包人也不是分包合同的当事人,但为了保证工程项目完满实现发包人预期的建设目标,通用条款中对工程分包做了如下的规定:

(1) 承包人不得将其承包的全部工程转包给第三人,也不得将其承包的全部工程肢解后以分包的名义分别转包给第三人。

(2) 分包工作需要征得发包人同意。除发包人已同意投标文件中说明的分包外,合同履行过程中承包人还需要分包的工作,仍应征得发包人同意。

(3) 承包人不得将设计和施工的主体、关键性工作的施工分包给第三人。要求承包人是具有实施工程设计和施工能力的合格主体。

(4) 分包人的资格能力应与其分包工作的标准和规模相适应,其资质能力的材料应经监理人审查。

(5) 发包人同意分包的工作,承包人应向发包人和监理人提交分包合同副本。

7.4.1.3 监理人职责

监理人的职责和权利与标准施工合同基本相同。

监理人受发包人委托,享有合同约定的权利,其所发出的任何指示应视为已得到发包人的批准。

发包人应在发出开始工作通知前将总监理工程师的任命通知承包人。总监理工程师更换时,应提前14天通知承包人。总监理工程师超过2天不能履行职责的,应委派代表代行其职责,并通知承包人。总监理工程师可以授权其他监理人员负责执行其指派的一项或多项监理工作。总监理工程师应将被授权监理人员的姓名及其授权范围通知承包人。被授权的监理人员在授权范围内发出的指示视为已得到总监理工程师的同意,与总监理工程师发出的指示具有同等效力。

总监理工程师不应将约定应由总监理工程师作出确定的权力授权或委托给其他监

理人员。监理人应按约定向承包人发出指示，监理人的指示应盖有监理人授权的项目管理机构章，并由总监理工程师或总监理工程师约定授权的监理人员签字。

承包人对总监理工程师授权的监理人员发出的指示有疑问时，可在该指示发出的48小时内向总监理工程师提出书面异议，总监理工程师应在48小时内对该指示予以确认、更改或撤销。

7.4.2 工程总承包合同订立

设计施工总承包合同的通用条款和专用条款尽管在招标投标阶段已作为招标文件的组成部分，但在合同订立过程中有些问题还需要明确或细化，以保证合同权利和义务的明晰。

7.4.2.1 设计施工总承包合同文件

1. 合同文件的组成

在标准总承包合同的通用条款中规定，履行合同过程中，构成对发包人和承包人有约束力合同的组成文件包括：

（1）合同协议书；
（2）中标通知书；
（3）投标函及投标函附录；
（4）专用条款；
（5）通用合同条款；
（6）发包人要求；
（7）承包人建议书；
（8）价格清单；
（9）其他合同文件——经合同当事人双方确认构成合同文件的其他文件。

合同的各文件中出现含义或内容的矛盾时，如果专用条款没有另行的约定，以上合同文件序号为优先解释的顺序。

2. 几个文件的含义

中标通知书、投标函及附录、其他合同文件的含义与标准施工合同的规定相同。

1）发包人要求

发包人要求是承包人进行工程设计和施工的基础文件，应尽可能清晰准确。设计施工总承包合同规定发包人要求文件应说明11个方面的内容：

（1）功能要求。包括工程目的；工程规模；性能保证指标（性能保证表）和产能保证指标。

（2）工程范围：

① 承包工作：永久工程的设计、采购、施工范围；临时工程的设计与施工范围；竣工验收工作范围；技术服务工作范围；培训工作范围和保修工作范围。

② 工作界区说明。

③ 发包人的配合工作：提供的现场条件（施工用电、用水和施工排水）；提供的技术文件（发包人的需求任务书和已完成的设计文件）。

（3）工艺安排或要求。

（4）时间要求。包括开始工作时间；设计完成时间；进度计划；竣工时间；缺陷责任期和其他时间要求。

（5）技术要求：

① 设计阶段和设计任务；

② 设计标准和规范；

③ 技术标准和要求；

④ 质量标准；

⑤ 设计、施工和设备监造、试验；

⑥ 样品；

⑦ 发包人提供的其他条件，如发包人或其委托的第三人提供的设计、工艺包、用于试验检验的工器具等，以及据此对承包人提出的予以配套的要求等。

（6）竣工试验：

① 第一阶段，如对单车试验等的要求，包括试验前准备；

② 第二阶段，如对联动试车、投料试车等的要求，包括人员、设备、材料、燃料、电力、消耗品、工具等必要条件；

③ 第三阶段，如对性能测试及其他竣工试验的要求，包括产能指标、产品质量标准、运营指标、环保指标等。

（7）竣工验收。

（8）竣工后试验（如有）。

（9）文件要求。包括设计文件及其相关审批、核准、备案要求；沟通计划；风险管理计划；竣工文件和工程的其他记录；操作和维修手册及其他承包人文件。

（10）工程项目管理规定。包括质量、进度、支付、健康、安全与环境管理体系、沟通、变更等。

（11）其他要求。包括对承包人的主要人员资格要求；相关审批、核准和备案手续的办理；对项目业主人员的操作培训；分包；设备供应商；缺陷责任期的服务要求等。

虽然中标方案发包人已接受但发包人可能对其中的一些技术细节或实施计划提出进一步修改意见，因此在合同谈判阶段需要通过协商对其进行修改或补充，以便形成最终的发包人要求文件。

2）承包人建议书

承包人建议书是对"发包人要求"的响应文件，包括承包人的工程设计方案和设备方案的说明、分包方案以及对发包人要求中的错误说明等内容。

合同谈判阶段，随着发包人要求的调整，承包人建议书也应对一些技术细节进一步予以明确或补充修改，作为合同文件的组成部分。

3）价格清单

设计施工总承包合同的价格清单是指承包人按投标文件中规定的格式和要求填写，并标明价格的报价单。这种价格清单与施工招标中的工程量清单不同，后者由发包人依据设计图纸的概算量提出，承包人填写单价后计算价格。在设计施工总承包合同中，由于由承包人提出设计的初步方案和实施计划，因此价格清单涵盖了从设计、施工、竣工、试运行到缺陷责任期各阶段的计划费用，这些费用的总和构成了签约合同价。

4）知识产权

设计施工总承包合同承包人完成的设计工作成果和建造完成的建筑物，除署名权以外的著作权以及建筑物形象使用收益等其他知识产权均归发包人享有（专用合同条款另有约定除外）。

承包人在投标文件中采用专利技术的，专利技术的使用费包含在投标报价内。

承包人在进行设计，以及使用任何材料、承包人设备、工程设备或采用施工工艺时，因侵犯专利权或其他知识产权所引起的责任，由承包人自行承担。

7.4.2.2 订立合同时需要明确的内容

1. 承包人文件

通用条款对"承包人文件"的定义是：由承包人根据合同应提交的所有图纸、手册、模型、计算书、软件和其他文件。承包人文件中最主要的是设计文件，需在专用条款中约定承包人向监理人陆续提供文件的内容、数量和时间。

专用条款内还需约定监理人对承包人提交文件应批准的合理期限。项目实施过程中，监理人未在约定的期限内提出否定的意见，视为已获批准，承包人可以继续进行后续工作。不论是监理人批准或视为已批准的承包人文件，按照设计施工总承包合同对承包人义务的规定，均不影响监理人在以后否定该项工作的权利。

2. 施工现场范围和施工临时占地

发包人负责永久工程的征地工作，并需在专用条款中明确工程用地的范围及移交施工现场的时间，以便承包人进行工程设计并在设计完成后尽快开始施工。同时，需明确从外部接入现场的施工用水、用电、用气等相关条件。如果发包人同意承包人施工期间需要临时用地，发包人应负责完成相关的工作内容。

通用条款对道路通行权和场外设施做出了两种可选用的约定形式：一种是发包人负责办理取得出入施工场地的专用和临时道路的通行权，以及取得为工程建设所需修建场外设施的权利并承担有关费用；另一种是承包人负责办理并承担费用，因此需在专用条款内明确。

3. 发包人提供的文件

专用条款内应明确约定由发包人提供的文件的内容、数量和期限。这些文件可能包括项目前期工作相关文件、环境保护、气象水文、地质条件资料等。在实际工程实践中，勘察工作有时也包含在设计施工总承包范围内。在这种情况下，环境保护的具体要求和气象资料通常由承包人收集，地形、水文、地质资料由承包人探明。因此专用条款内需要明确约定发包人提供文件的范围和内容。

4. "发包人要求"中出现错误或违法情况的责任承担

承包人应认真阅读、复核发包人要求，发现错误的，应及时书面通知发包人。发包人对错误的修改，按变更对待。对于发包人要求中的错误导致承包人受到损失的后果责任，通用条款给出了两种供选择的条款。

1）无条件补偿条款

承包人复核时未发现发包人要求的错误，实施过程中因该错误导致承包人增加了费用和（或）工期延误，发包人应承担由此增加的费用和（或）工期延误，并向承包人支付合理利润。

2）有条件补偿条款

（1）复核时发现错误。

承包人复核时将发现的错误通知发包人后，如果发包人坚持不做修改，那么对于确实存在的错误造成的损失，发包人应补偿承包人增加的费用和（或）顺延合同工期。

（2）复核时未发现错误。

承包人复核时未发现发包人要求中存在错误的，承包人自行承担由此导致的费用增加和（或）工期延误。

（3）无论承包人复核时发现与否，由于以下资料的错误，导致承包人增加费用和（或）延误的工期，均由发包人承担，并向承包人支付合理利润：

① 发包人要求中引用的原始数据和资料；
② 对工程或其任何部分的功能要求；
③ 对工程的工艺安排或要求；
④ 试验和检验标准；
⑤ 除合同另有约定外，承包人无法核实的数据和资料。

由于有条件补偿和无条件补偿两个条款的责任条件不同，应明确本合同采用其中的哪一个条款。另外，承包人阅读、复核发包人要求，如果发现其要求违反法律规定，承包人应书面通知发包人，并要求其改正。发包人收到通知后不予改正或不作答复，承包人有权拒绝履行合同义务，直至解除合同。发包人应承担由此引起的承包人全部损失。

5. 材料和工程设备

发包人是否负责提供工程材料和设备，在通用条款中也给出两种不同供选择的条款：一种是由承包人包工包料承包，发包人不提供工程材料和设备；另一种是发包人负责提供主材料和工程设备的包工部分包料承包方式。对于后一种情况，应在专用条款内写明材料和工程设备的名称、规格、数量、价格、交货方式、交货地点等。

6. 发包人提供的施工设备和临时工程

发包人是否负责提供施工设备和临时工程，这在通用条款中给出了两种不同的供选择条款。一种是发包人不提供施工设备或临时设施；另一种是发包人提供部分施工设备或临时设施。对于后一种情况，通常出现在设计施工承包范围仅是单位工程，还有其他承包人在现场共同施工的情况下，可以由其他承包人按监理人的指示给设计施工合同的承包人使用，如道路和临时设施；水、电、气的供应等。因此，在专用条款中应明确约定提供的内容以及免费使用或是收费使用的取费标准。

7. 区段工程

区段工程在通用条款中定义的是能单独接收并使用的永久工程。如果发包人希望在整体工程竣工前提前发挥部分区段工程的效益，应在专用条款内约定分部移交区段的名称，区段工程应达到的要求等。

8. 暂列金额

通用条款中对承包人在投标阶段，按照发包人在价格清单中给出的计日工和暂估价的报价均属于暂列金额内支出项目。通用条款内分别列出两种可选用的条款：一种是计日工费和暂估价均已包括在合同价格内，实施过程中不再另行考虑；另一种是实际发生的费用另行补偿的方式。订立合同时应明确本合同采用哪个条款的规定。

9. 不可预见物质条件

不可预见物质条件涉及的范围与标准施工合同相同，但通用条款中对风险责任承担的规定有两个供选择的条款：一是此风险由承包人承担；二是由发包人承担。双方应当明确本合同选用哪一条款的规定。

对于后一种条款的规定是：承包人遇到不可预见物质条件时，应采取适应不利物质条件的合理措施继续设计和（或）施工，并及时通知监理人。通知应载明不利物质条件的内容以及承包人认为不可预见的理由。监理人收到通知后应当及时发出指示，指示构成变更的，按变更条款执行。监理人没有发出指示，承包人因采取合理措施而增加的费用和（或）工期延误由发包人承担。

10. 竣工后试验

竣工后试验是指工程竣工移交后，在缺陷责任期内投入运行期间，对工程的各项功能的技术指标是否达到合同规定要求而进行的试验。由于发包人已接受工程并进入运行期，因此试验所必需的电力、设备、燃料、仪器、劳力、材料等由发包人提供。竣工后试验由谁来进行，通用条款给出两种可供选择的条款，订立合同时应予以明确采用哪个条款。

1) 发包人负责竣工后试验

发包人应派遣具有适当资质和经验的工作人员在承包人的技术指导下，按照操作和维修手册进行竣工后试验。

2）承包人负责竣工后试验

承包人应提供竣工后试验所需要的所有其他设备、仪器，派遣有资格和经验的工作人员，在发包人在场的情况下进行竣工后试验。

7.4.2.3 履约担保

1. 履约担保的有效期

承包人应保证其履约担保在发包人颁发工程接收证书前一直有效。如果合同约定需要进行竣工后试验，承包人应保证其履约担保在竣工后试验通过前一直有效。

2. 履约担保延期的责任和费用承担

如果工程延期竣工，承包人有义务保证履约担保继续有效。由于发包人原因延期的，继续提供履约担保所需的费用由发包人承担；由于承包人原因延期的，继续提供履约担保所需费用由承包人承担。

7.4.2.4 保险责任

1. 承包人办理保险

1）投保的险种

（1）设计和工程保险。

承包人按照专用条款的约定向双方同意的保险人投保建设工程设计责任险、建筑工程一切险或安装工程一切险。具体的投保险种、保险范围、保险金额、保险费率、保险期限等有关内容应当在专用条款中明确约定。

（2）第三者责任保险。

承包人按照专用条款约定投保的第三者责任险，其担保期限应保证在颁发缺陷责任期终止证书前一直有效。

（3）工伤保险。

承包人应为其履行合同所雇用的全部人员投保工伤保险和人身意外伤害保险，并要求分包人也投保此项保险。

（4）其他保险。

承包人应为其施工设备、进场的材料和工程设备等办理保险。

2）对各项保险的要求

（1）保险凭证。

承包人应在专用条款约定的期限内向发包人提交各项保险生效的证据和保险单副本，保险单必须与专用条款约定的条件保持一致。

（2）保险合同条款的变动。

承包人需要变动保险合同条款时，应事先征得发包人同意，并通知监理人。对于保险人做出的变动，承包人应在收到保险人通知后立即通知发包人和监理人。

3）未按约定投保的补救

（1）如果承包人未按合同约定办理设计和工程保险、第三者责任保险，或未能使保险持续有效时，发包人可代为办理，所需费用由承包人承担。

（2）因承包人未按合同约定办理设计和工程保险、第三者责任保险，导致发包人受到保险范围内事件影响的损害而又不能得到保险人的赔偿时，原应从该项保险得到的保险赔偿金由承包人承担。

2. 发包人办理保险

发包人应为其现场机构雇佣的全部人员投保工伤保险和人身意外伤害保险，并要求监理人也进行此项保险。

7.4.3 工程总承包合同履行管理

7.4.3.1 承包人现场查勘

承包人应对施工场地和周围环境进行查勘，核实发包人提供资料，并收集与完成合同工作有关的当地资料，以便进行设计和组织施工。在全部合同履行中，视为承包人已充分估计了应承担的责任和风险。

发包人对提供的施工场地及毗邻区域内的供水、排水、供电、供气、供热、通信、广播电视等地下管线位置的资料；气象和水文观测资料；相邻建筑物和构筑物、地下工程的有关资料，以及其他与建设工程有关的原始资料，承担原始资料错误造成的全部责任。承包人应对其阅读这些有关资料后，所做出的解释和推断负责。

7.4.3.2 承包人提交实施项目的计划

承包人应按照合同约定的内容和期限，编制详细的进度计划，并将其报送监理人。该进度计划应包括设计、承包人提交文件、采购、制造、检验、运达现场、施工、安装、试验等各个阶段的预期时间，以及设计和施工组织方案说明等内容。监理人应在专用条款约定的期限内批复或提出修改意见，批准的计划作为"合同进度计划"。监理人未在约定的时限内批准或提出修改意见，该进度计划视为已得到批准。

7.4.3.3 开始工作

符合专用条款约定的开始工作条件时，监理人获得发包人同意后应提前7天向承包人发出开始工作通知。合同工期自开始工作通知中载明的开始工作日期起计算。设计施工总承包合同未用开工通知是由于承包人收到开始工作通知后首先开始设计工作。

因发包人原因造成监理人未能在合同签订之日起90天内发出开始工作通知，承包人有权提出价格调整要求，或者解除合同。发包人应当承担由此增加的费用和（或）工期延误，并向承包人支付合理利润。

7.4.3.4 设计工作的合同管理

1. 承包人的设计义务

1）设计满足标准规范的要求

承包人应按照法律规定，以及国家、行业和地方规范与标准完成设计工作，并符合发包人要求。

承包人完成设计工作所应遵守的法律规定，以及国家、行业和地方规范与标准，均应采用基准日适用的版本。基准日之后，规范或标准的版本发生重大变化，或者有新的法律，以及国家、行业和地方规范与标准实施时，承包人应向发包人或监理人提出遵守新规定的建议。发包人或监理人应在收到建议后7天内发出是否遵守新规定的指示。发包人或监理人指示遵守新规定后，按照变更对待，采用商定或确定的方式调整合同价格。

2）设计应符合合同要求

承包人的设计应遵守发包人要求和承包人建议书的约定，保证设计质量。如果发包人要求中的质量标准高于现行规范规定的标准，应以合同约定为准。

3）设计进度管理

承包人应按照发包人要求，在合同进度计划中专门列出设计进度计划，报发包人批准后执行。设计的实际进度滞后计划进度时，发包人或监理人有权要求承包人提交修正的进度计划、增加投入资源并加快设计进度。

设计过程中因发包人原因影响了设计进度，如改变发包人要求文件中的内容或提供的原始基础资料有错误，应按变更对待。

2. 设计审查

1）发包人审查

承包人的设计文件提交监理人后，发包人应组织设计审查，按照发包人要求文件中约定的范围和内容审查是否满足合同要求。为了不影响后续工作，自监理人收到承包人的设计文件之日起，对承包人的设计文件审查期限不超过21天。承包人的设计与合同约定有偏离时，应在提交设计文件的通知中予以说明。

如果承包人需要修改已提交的设计文件，应立即通知监理人。向监理人提交修改后的设计文件后，审查期重新起算。

发包人审查后认为设计文件不符合合同约定，监理人应以书面形式通知承包人，说明不符合要求的具体内容。承包人应根据监理人的书面说明，对承包人文件进行修改后重新报送发包人审查，审查期限重新起算。

合同约定的审查期限届满，发包人没有做出审查结论也没有提出异议，视为承包人的设计文件已获发包人同意。对于设计文件不需要政府有关部门审查或批准的工程，承包人应当严格按照经发包人审查同意的设计文件进行后续的设计和实施工程。

2）有关部门的设计审查

设计文件需政府有关部门审查或批准的工程，发包人应在审查同意承包人的设计文件后 7 天内，向政府有关部门报送设计文件，承包人予以协助。

政府有关部门提出的审查意见，不需要修改"发包人要求"文件，只需完善设计，承包人按审查意见修改设计文件；如果审查提出的意见需要修改发包人要求文件，如某些要求与法律法规相抵触，发包人应重新提出"发包人要求"文件，承包人根据新提出的发包人要求修改设计文件。后一种情况增加的工作量和拖延的时间按变更对待。提交审查的设计文件经政府有关部门审查批准后，承包人进行后续的设计和实施工程。

7.4.3.5 工程进度管理

1. 修订进度计划

不论何种原因造成工程的实际进度与合同进度计划不符时，承包人可以在专用条款约定的期限内向监理人提交修订合同进度计划的申请报告，并附有关措施和相关资料，报监理人批准。

监理人也可以直接向承包人发出修订合同进度计划的指示，承包人应按该指示修订合同进度计划，报监理人批准。监理人审查并获得发包人同意后，应在专用条款约定的期限内批复。

2. 顺延合同工期的情况

通用条款规定，在履行合同过程中非承包人原因导致合同进度计划工作延误，应给承包人延长工期和（或）增加费用，并支付合理利润。

1）发包人责任原因

（1）变更；
（2）未能按照合同要求的期限对承包人文件进行审查；
（3）发包人原因导致的暂停施工；
（4）未按合同约定及时支付预付款、进度款；
（5）发包人提供的基准资料错误；
（6）发包人采购的材料、工程设备延误到货或变更交货地点；
（7）发包人未及时按照"发包人要求"履行相关义务；
（8）发包人造成工期延误的其他原因。

2）政府管理部门的原因

按照法律法规的规定，合同约定范围内的工作需国家有关部门审批时，发包人、承包人应按照合同约定的职责分工完成行政审批的报送。因国家有关部门审批迟延造成费用增加和（或）工期延误，由发包人承担。

设计施工总承包合同中有关进度管理的暂停施工、发包人要求提前竣工的条款，与标准施工合同的规定相同。施工阶段的质量管理也与标准施工合同的规定相同。

7.4.3.6 合同价款与工程款支付管理

1. 合同价格

设计施工总承包合同通用条款规定，除非专用条款约定合同工程采用固定总价承包的情况外,应以实际完成的工作量作为支付的依据。

1) 合同价格的组成

(1) 合同价格包括签约合同价以及按照合同约定进行的调整。

(2) 合同价格包括承包人依据法律规定或合同约定应支付的规费和税金。

(3) 价格清单列出的任何数量仅为估算的工作量,不视为要求承包人实施工程的实际或准确工作量。在价格清单中列出的任何工作量和价格数据应仅用于变更和支付的参考资料,而不能用于其他目的。

2) 施工阶段工程款的支付

合同约定工程的某部分按照实际完成的工程量进行支付时,应按照专用条款的约定进行计量和估价,并据此调整合同价格。

2. 预付款

设计施工总承包合同对预付款的规定与标准施工合同相同。

3. 工程进度付款

1) 支付分解表

(1) 承包人编制进度付款支付分解表。

承包人应当在收到经监理人批复的合同进度计划后7天内,将支付分解报告以及形成支付分解报告的支持性资料报监理人审批。承包人应根据价格清单的价格构成、费用性质、计划发生时间和相应工作量等因素,对拟支付的款项进行分解并编制支付分解表。分类和分解原则是:

① 勘察设计费。按照提交勘察设计阶段性成果文件的时间、对应的工作量进行分解。

② 材料和工程设备费。分别按订立采购合同、进场验收合格、安装就位、工程竣工等阶段和专用条款约定的比例进行分解。

③ 技术服务培训费。按照价格清单中的单价,结合合同进度计划对应的工作量进行分解。

④ 其他工程价款。按照价格清单中的价格,结合合同进度计划拟完成的工程量或者比例进行分解。

以上的分解计算并汇总后,形成月度支付的分解报告。

(2) 监理人审批。

监理人应当在收到承包人报送的支付分解报告后 7 天内给予批复或提出修改意见,经监理人批准的支付分解报告为有合同约束力的支付分解表。合同履行过程中,合同进度计划进行修订后,承包人也应对支付分解表做出相应的调整,并报监理人批复。

2) 付款时间

除专用条款另有约定外,工程进度付款按月支付。

3) 承包人提交进度付款申请单

设计施工总承包合同通用条款规定,承包人进度付款申请单应包括下列内容:

(1) 当期应支付进度款的金额总额,以及截至当期期末累计应支付金额总额和已支付的进度付款金额总额；

（2）当期根据支付分解表应支付金额，以及截至当期期末累计应支付金额；

（3）当期根据专用条款约定，计量的已实施工程应支付金额，以及截至当期期末累计应支付金额；

（4）当期变更应增加和扣减的金额，以及截至当期期末累计变更金额；

（5）当期索赔应增加和扣减的金额，以及截至当期期末累计索赔金额；

（6）当期应支付的预付款和扣减的返还预付款金额，以及截至当期期末累计返还预付款金额；

（7）当期应扣减的质量保证金金额，以及截至当期期末累计扣减的质量保证金金额；

（8）当期应增加和扣减的其他金额，以及截至当期期末累计增加和扣减的金额。

4）监理人审查

监理人在收到承包人进度付款申请单以及相应的支持性证明文件后的 14 天内完成审核，提出发包人到期应支付给承包人的金额以及相应的支持性材料，经发包人审批同意后，由监理人向承包人出具经发包人签认的进度付款证书。

监理人有权核减承包人未能按照合同要求履行任何工作或义务的相应金额。

5）发包人支付

发包人最迟应在监理人收到进度付款申请单后的 28 天内，将进度应付款支付给承包人。发包人未能在约定时间内完成审批或不予答复，视为发包人同意进度付款申请。发包人不按期支付，按专用条款的约定支付逾期付款违约金。

6）工程进度付款的修正

在对以往历次已签发的进度付款证书进行汇总和复核中发现错、漏或重复情况时，监理人有权予以修正，承包人也有权提出修正申请。经监理人、承包人复核同意的修正，应在本次进度付款中支付或扣除。

4. 质量保证金

设计施工总承包合同通用条款对质量保证金的约定与标准施工合同的规定相同。

7.4.3.7 合同变更的管理

1. 合同变更权

在履行合同过程中，经发包人同意，监理人可按约定的变更程序向承包人作出有关发包人要求改变的变更指示，承包人应遵照执行。合同变更应在合同相应内容实施前提出，否则发包人应承担由此给承包人造成的损失。若没有监理人的变更指示，承包人不得擅自变更合同内容。

监理人的变更指示应说明合同变更的目的、范围、变更内容以及变更的工程量及其进度和技术要求，并附有关图纸和文件。承包人收到变更指示后，应按变更指示进行变更工作。

2. 合同变更的程序

合同履行过程中的变更，可能涉及发包人要求变更、监理人发给承包人文件中的内容构成变更以及发包人接受承包人提出的合理化建议三种情况。

1）监理人指示的变更

（1）发出变更意向书。

合同履行过程中，经发包人同意，监理人可向承包人做出有关"发包人要求"改变的变更意向书，说明变更的具体内容和发包人对变更的时间要求，并附必要的相关资料，以及要求承包人提交实施方案。变更应在相应内容实施前提出，否则发包人应承担承包人损失。

（2）承包人同意变更。

承包人按照变更意向书的要求，提交包括拟实施变更工作的设计、计划、措施和竣工时间等内容的实施方案。发包人同意承包人的变更实施方案后，由监理人发出变更指示。

（3）承包人不同意变更。

承包人收到监理人的变更意向书后认为难以实施此项变更时，应立即通知监理人，说明原因并附详细依据。监理人与承包人和发包人协商后，确定撤销、改变或不改变原变更意向书。

2）监理人发出文件的内容构成变更

承包人收到监理人按合同约定发给的文件后，如果认为其中存在对"发包人要求"构成变更情形的情形，可向监理人提出书面变更建议。建议应阐明要求变更的依据，以及实施该变更工作对合同价款和工期的影响，并附必要的图纸和说明。

监理人收到承包人书面建议与发包人共同研究后，确认存在变更时，应在收到承包人书面建议后的14天内做出变更指示；不同意作为变更的，应书面答复承包人。

3）承包人提出的合理化建议

履行合同过程中，承包人可以书面形式向监理人提交改变"发包人要求"文件中有关内容的合理化建议书。合理化建议书的内容应包括建议工作的详细说明、进度计划和效益以及与其他工作的协调等，并附必要的设计文件。

监理人应与发包人协商是否采纳承包人的建议。建议被采纳并构成变更，由监理人向承包人发出变更指示。

如果接受承包人提出的合理化建议，降低了合同价格、缩短了工期或者提高了工程的经济效益，发包人可依据专用条款中约定给予奖励。

监理人应按照合同商定或确定变更价格，变更价格应包括合理的利润，并应考虑承包人提出的合理化建议。

7.4.3.8 合同的索赔管理

1. 发包人的索赔程序

发包人应在知道或应当知道索赔事件发生后28天内，向承包人发出索赔通知，并说明发包人有权扣减的付款和（或）延长缺陷责任期的细节和依据。发包人未在前述28天内发出索赔通知的，丧失要求扣减付款和（或）延长缺陷责任期的权利。发包人提出索赔的期限和要求与承包人提出索赔的期限和要求相同，若要求延长缺陷责任期的通知应在缺陷责任期届满前发出。

发包人按合同的商定或确定发包人从承包人处得到赔付的金额和（或）缺陷责任期的延长期。承包人应付给发包人的金额可从拟支付给承包人的合同价款中扣除，或由承包人以其他方式支付给发包人。

2. 承包人的索赔程序

1）索赔程序

根据合同约定承包人认为有权得到追加付款和（或）延长工期的，应按以下程序向发包人提出索赔：

承包人应在知道或应当知道索赔事件发生后28天内，向监理人递交索赔意向通知书，并说明发生索赔事件的事由。承包人未在前述28天内发出索赔意向通知书的，工期不予顺延，且承包人无权获得追加付款。

承包人应在发出索赔意向通知书后28天内，向监理人正式递交索赔通知书。索赔通知书应详细说明索赔理由以及要求追加的付款金额和（或）延长的工期，并附必要的记录和证明材料。

索赔事件具有连续影响的，承包人应按合理时间间隔继续递交延续索赔通知，说明连续影响的实际情况和记录，列出累计的追加付款金额和（或）工期延长天数。

在索赔事件影响结束后的28天内，承包人应向监理人递交最终索赔通知书，说明最终要求索赔的追加付款金额和延长的工期，并附必要的记录和证明材料。

承包人按竣工结算条款的约定接受了竣工付款证书后，应被认为已无权再提出在合同工程接收证书颁发前所发生的任何索赔。

承包人按最终结清条款的约定提交的最终结清申请单中，只限于提出工程接收证书颁发后发生的索赔。提出索赔的期限自接受最终结清证书时终止。

2）监理人对承包人索赔处理

监理人收到承包人提交的索赔通知书后，应及时审查索赔通知书的内容、查验承包人的记录和证明材料，必要时监理人可要求承包人提交全部原始记录副本。

监理人应按合同的商定或确定追加的付款和（或）延长的工期，并在收到上述索赔通知书或有关索赔的进一步证明材料后的42天内，将索赔处理结果答复承包人。监理人应当在收到索赔通知书或有关索赔的进一步证明材料后的42天内答复。如果监理人在上述期限内未答复，则视为认可索赔。

承包人接受索赔处理结果的，发包人应在作出索赔处理结果答复后28天内完成赔付。承包人不接受索赔处理结果的，按合同争议约定执行。

设计施工总承包合同通用条款中，可以给承包人补偿的条款如表7-2：

表 7-2 涉及承包人索赔的条款

序号	条款号	原因	补偿内容 工期	补偿内容 费用	补偿内容 利润
1	1.6.2	未能按时提供文件	√	√	√
2	1.10.1	化石、文物	√	√	
3	1.13	发包人要求中的错误	√	√	√
4	1.14	发包人要求违法	√	√	√
5	3.1.5	监理人的指示延误、错误	√	√	√
6	3.5.2	争议评审组对监理人确定的修改	√	√	√
7	4.1.8	为他人提供方便		√	
8	1.11.2	不可预见物质条件	√	√	
9	5.2	发包人原因影响设计进度	√	√	√
10	6.2.4	发包人要求提前交货		√	
11	6.2.6	发包人提供的材料、设备延误	√	√	√
12	6.5.3	发包人提供的材料、设备不符合要求	√		
13	9.3	基准资料错误	√	√	√
14	11.1	发包人原因未能按时发出开始工作通知	√	√	√
15	11.3	发包人原因的工期延误	√	√	√
16	11.4	异常恶劣的气候条件	√	√	
17	11.7	行政审批延误	√	√	
18	12.1.1	发包人原因指示的暂停工作	√	√	√
19	12.2.1	发包人原因承包人的暂停工作	√	√	√
20	12.4.2	发包人原因承包人无法复工	√	√	√
21	13.1.3	发包人原因造成质量不合格	√	√	√
22	13.4.3	隐蔽工程的重新检查证明质量合格	√	√	√
23	14.1.4	重新试验表明材料、设备、工程质量合格	√	√	√
24	16.2	法律变化引起的调整商定或确定处理	商定或确定处理		
25	18.5.2	发包人提前接收区段对承包人施工的影响	√	√	√
26	19.2.3	缺陷责任期内非承包人原因缺陷的修复		√	√
27	21.3.1	不可抗力的工程照管、清理、修复	√	√	
28	22.2.3	发包人违约解除合同		√	√

230

7.4.3.9 违约责任

1. 承包人违约

1）承包人违约的情形

（1）承包人的设计、承包人文件、实施和竣工的工程不符合法律以及合同约定。

（2）承包人违反禁止转包的合同约定，私自将合同的全部或部分权利转让给其他人，或私自将合同的全部或部分义务转移给其他人。

（3）承包人违反对设施和材料的管理约定，未经监理人批准，私自将已按合同约定进入施工场地的施工设备、临时设施或材料撤离施工场地。

（4）承包人违反合同约定使用了不合格材料或工程设备，工程质量达不到标准要求，又拒绝清除不合格工程。

（5）承包人未能按合同进度计划及时完成合同约定的工作，造成工期延误。

（6）由于承包人原因未能通过竣工试验或竣工后试验的；

（7）承包人在缺陷责任期内，未能对工程接收证书所列的缺陷清单的内容或缺陷责任期内发生的缺陷进行修复，而又拒绝按监理人指示再进行修补。

（8）承包人无法继续履行或明确表示不履行或实质上已停止履行合同。

（9）承包人不按合同约定履行义务的其他情况。

2）对承包人违约的处理

（1）承包人发生由于承包人原因未能通过竣工试验或竣工后试验的违约情况时，按照发包人要求中的未能通过竣工/竣工后试验的损害进行赔偿。发生延期的，承包人应承担延期责任。

（2）承包人发生由于承包人无法继续履行或明确表示不履行或实质上已停止履行合同的违约情况时，发包人可通知承包人立即解除合同，并按下面第3~5项的约定处理。

（3）承包人发生除上述（1）、（2）以外的其他违约情况时，监理人可向承包人发出整改通知，要求其在指定的期限内纠正。除合同条款另有约定外，承包人应承担其违约所引起的费用增加和（或）工期延误。

3）因承包人违约解除合同

监理人发出整改通知28天后，承包人仍不纠正违约行为的，发包人有权解除合同并向承包人发出解除合同通知。承包人收到发包人解除合同通知后14天内，承包人应撤离现场，发包人派员进驻施工场地完成现场交接手续，并且发包人有权另行组织人员或委托其他承包人。发包人因继续完成该工程的需要，有权扣留使用承包人在现场的材料、设备和临时设施。但发包人的这一行动不免除承包人应承担的违约责任，也不影响发包人根据合同约定享有的索赔权利。

4）发包人发出合同解除通知后的估价、付款和结清

（1）承包人收到发包人解除合同通知后28天内，监理人按约定确定承包人实际完成工作的价值，包括发包人扣留承包人的材料、设备及临时设施和承包人已提供的设计、

材料、施工设备、工程设备、临时工程等的价值。

（2）发包人发出解除合同通知后，发包人有权暂停对承包人的一切付款，查清各项付款和已扣款金额，包括承包人应支付的违约金。

（3）发包人发出解除合同通知后，有权按约定向承包人索赔由于解除合同给己方造成的损失。

（4）合同双方确认合同价款后，发包人颁发最终结清付款证书，并结清全部合同款项。

（5）发包人和承包人未能就解除合同后的结清达成一致而形成争议的，按合同约定执行。

5）协议利益的转让

因承包人违约解除合同的，发包人有权要求承包人将其为实施合同而签订的材料和设备的订货协议或任何服务协议利益转让给发包人，并且承包人应在收到解除合同通知后的 14 天内依法办理转让手续。此外，发包人有权使用承包人文件以及由承包人或以其名义编制的其他设计文件。

6）紧急情况下无能力或不愿进行抢救

在工程实施期间或缺陷责任期内发生危及工程安全的事件，监理人通知承包人进行抢救，承包人声明无能力或不愿立即执行的，发包人有权雇佣其他人员进行抢救。此类抢救按合同约定属于承包人义务的，由此发生的金额和（或）工期延误由承包人承担。

2. 发包人违约

1）在履行合同过程中发包人违约的情形

（1）发包人未能按合同约定支付价款，或拖延、拒绝批准付款申请和支付凭证，导致付款延误。

（2）发包人原因造成停工。

（3）监理人无正当理由没有在约定期限内发出复工指示，导致承包人无法复工。

（4）发包人无法继续履行或明确表示不履行或实质上已停止履行合同。

（5）发包人不履行合同约定其他义务。

2）因发包人违约解除合同的情形

（1）发生发包人无法继续履行或明确表示不履行或实质上已停止履行合同的违约情况时，承包人可书面通知发包人解除合同。

（2）承包人按暂停工作的约定暂停施工 28 天后，发包人仍不纠正违约行为的，承包人可向发包人发出解除合同通知。

承包人解除合同的行为不免除发包人承担的违约责任，也不影响承包人根据合同约定享有的索赔权利。

3）发包人违约解除合同后应支付的主要款项

发包人应在解除合同后 28 天内向承包人支付下列款项，承包人应在此期限内及时向发包人提交要求支付下列金额的有关资料和凭证：

（1）承包人发出解除合同通知前所完成工作的价款；

（2）承包人为该工程施工订购并已付款的材料、工程设备和其他物品的金额，发包人付款后，该材料、工程设备和其他物品归发包人所有；

（3）承包人为完成工程所发生的，而发包人未支付的金额；

（4）承包人撤离施工场地以及遣散承包人人员的金额；

（5）因解除合同造成的承包人损失；

（6）按合同约定在承包人发出解除合同通知前应支付给承包人的其他金额。

发包人应按本项约定支付上述金额并退还质量保证金和履约担保，但有权要求承包人支付应偿还给发包人的各项金额。

7.4.3.10 竣工验收的合同管理

1. 竣工试验

1）承包人申请竣工试验

承包人应提前 21 天将申请竣工试验的通知送达监理人，并按照专用条款约定的份数，向监理人提交竣工记录、暂行操作和维修手册。监理人应在 14 天内，确定竣工试验的具体时间。

（1）竣工记录。反映工程实施结果的竣工记录，应如实记载竣工工程的确切位置、尺寸和已实施工作的详细说明。

（2）暂行操作和维修手册。该手册应足够详细，以便发包人能够对生产设备进行操作、维修、拆卸、重新安装、调整及修理。待竣工试验完成后，承包人再完善、补充相关内容，完成正式的操作和维修手册。

2）竣工试验程序

通用条款规定的竣工试验程序按三阶段进行：

第一阶段，承包人进行适当的检查和功能性试验，保证每一项工程设备都满足合同要求，并能安全地进入下一阶段试验；

第二阶段，承包人进行试验，保证工程或区段工程满足合同要求，在所有可利用的操作条件下安全运行；

第三阶段，当工程能安全运行时，承包人应通知监理人，可以进行其他竣工试验，包括各种性能测试，以证明工程符合发包人要求中列明的性能保证指标。

某项竣工试验未能通过时，承包人应按照监理人的指示限期改正，并承担合同约定的相应责任。竣工试验通过后，承包人应按合同约定进行工程及工程设备试运行。试运行所需人员、设备、材料、燃料、电力、消耗品、工具等必要的条件以及试运行费用等按专用条款约定执行。

2. 承包人申请竣工验收

1）工程竣工应满足的条件

（1）除监理人同意列入缺陷责任期内完成的尾工（甩项）工程和缺陷修补工作外，

合同范围内的全部区段工程以及有关工作，包括合同要求的试验和竣工试验均已完成，并符合合同要求；

（2）已按合同约定的内容和份数备齐了符合要求的竣工文件；

（3）已按监理人的要求编制了在缺陷责任期内完成的尾工（甩项）工程和缺陷修补工作清单以及相应施工计划；

（4）监理人要求在竣工验收前应完成的其他工作；

（5）监理人要求提交的竣工验收资料清单。

2）竣工验收申请报告

承包人完成上述工作并提交了竣工文件、竣工图、最终操作和维修手册后，即可向监理人报送竣工验收申请报告。

3. 监理人审查竣工申请

设计施工总承包合同通用条款对监理人审查竣工验收申请报告的规定与标准施工合同相同。

4. 竣工验收

设计施工总承包合同通用条款对竣工验收和区段工程验收的规定与标准施工合同相同。经验收合格的工程，监理人经发包人同意后向承包人签发工程接收证书。证书中注明的实际竣工日期，以提交竣工验收申请报告的日期为准。

5. 竣工结算

设计施工总承包合同通用条款对竣工结算的规定与标准施工合同相同。

7.4.3.11 缺陷责任期管理

1. 承包人修复工程缺陷

1）承包人修复工程缺陷的义务

缺陷责任期内，发包人对已接收使用的工程负责日常维护工作。发包人在使用过程中，发现已接收的工程存在新的缺陷或已修复的缺陷部位或部件又遭损坏，由承包人负责修复，直至检验合格为止。

任何一项缺陷或损坏修复后，经检查证明其影响了工程或工程设备的使用性能，承包人应重新进行合同约定的试验和试运行，全部费用由责任方承担。

承包人不能在合理时间内修复的缺陷，发包人可自行修复或委托其他人修复，所需费用和利润由缺陷原因的责任方承担。

缺陷责任期内承包人为缺陷修复工作，有权进入工程现场，但应遵守发包人的保安和保密的规定。

2）工程缺陷的责任

监理人和承包人应共同查清工程缺陷或损坏的原因，属于承包人原因造成的，应由承包人承担修复和查验的费用；属于发包人原因造成的，发包人应承担修复和查验的费用，并支付承包人合理利润。

3）缺陷责任期的延长

由于承包人原因造成某项缺陷或损坏使某项工程或工程设备不能按原定目标使用而需要再次检查、检验和修复时，发包人有权要求承包人相应延长缺陷责任期，但缺陷责任期最长不超过 2 年。

2. 竣工后试验

对于大型工程，为了检验承包人的设计、设备选型和运行情况等的技术指标是否满足合同的约定，通常在缺陷责任期内工程稳定运行一段时间后，在专用条款约定的时间内进行竣工后试验。竣工后试验按通用条款的约定由发包人或承包人进行。无论哪一方组织，均需提前 21 天将试验日期通知对方。

3. 缺陷责任期终止

承包人完满完成缺陷责任期的义务后，其缺陷责任终止证书的签发、结清单和最终结清的管理规定，与标准施工合同通用条款相同。

7.4.3.12　合同争议的解决

1. 争议的解决方式

发包人和承包人在履行合同中发生争议的，可以友好协商解决或者提请争议评审组评审。合同当事人友好协商解决不成、不愿提请争议评审或者不接受争议评审组意见的，可在专用合同条款中约定下列一种方式解决：

（1）约定的仲裁委员会申请仲裁；

（2）有管辖权的人民法院提起诉讼。

2. 友好解决

在提请争议评审、仲裁或者诉讼前，以及在争议评审、仲裁或诉讼过程中，发包人和承包人均可共同努力友好协商解决争议。

3. 合同的争议评审

（1）采用争议评审的，发包人和承包人应在开工日后的 28 天内或在争议发生后协商成立争议评审组。争议评审组由有合同管理和工程实践经验的专家组成。

（2）合同双方的争议，应首先由申请人向争议评审组提交一份详细的评审申请报告并附必要的文件、图纸和证明材料，申请人还应将上述报告的副本同时提交给被申请人和监理人。

被申请人在收到申请人评审申请报告副本后的 28 天内向争议评审组提交一份答辩报告，并附证明材料。被申请人应将答辩报告的副本同时提交给申请人和监理人。

争议评审组在收到合同双方报告后的 14 天内，邀请双方代表和有关人员举行调查会向双方调查争议细节；必要时争议评审组可要求双方进一步提供补充材料。

在调查会结束后的 14 天内，争议评审组应在不受任何干扰的情况下进行独立、公正的评审，作出书面评审意见，并说明理由。在争议评审期间，争议双方暂按总监理工程师的确定执行。

(3)发包人和承包人接受评审意见的,由监理人根据评审意见拟定执行协议,经争议双方签字后作为合同的补充文件,并遵照执行。

(4)发包人或承包人不接受评审意见,并要求提交仲裁或提起诉讼的,应在收到评审意见后的 14 天内将仲裁或起诉意向书面通知另一方,并抄送监理人,但在仲裁或诉讼结束前应暂按总监理工程师的确定执行。

7.4.3.13 案例分析

案例 7-4:梁某与察右后旗 C 大酒店有限责任公司等建设工程合同纠纷案

案例来源:北大法宝,内蒙古自治区察哈尔右翼后旗人民法院一审民事判决书,(2015)察后民初字第 666 号

案例背景:

2011 年 5 月 30 日,作为甲方的被告察右后旗 C 大酒店(以下简称 C 大酒店)法定代表人贾某某与作为乙方的被告郑某某的合伙承包人杨某某签订了工程劳务承包合同,由乙方承包了甲方发包的 C 大酒店的框架结构工程,并约定了承包价款及付款方式。2013 年 6 月 1 日,作为甲方的代表人郑某某、杨某某与作为乙方的代表人被告张某某签订了工程劳务承包合同,由乙方承包了甲方分包的 C 大酒店框架结构的土建工程,并约定了承包价款及付款方式。C 大酒店系工程的建设单位(业主),依约付清了郑某某、杨某某的工程价款。被告郑某某支付了被告张某某部分工程价款,被告张某某拖欠原告梁某劳务费 131 750 元。郑某某、杨某某及张某某均没有施工资质和用工主体资格。C 大酒店发包给郑某某、杨某某的建设工程及郑某某、杨某某分包给张某某的建设工程至今没有完工。故原告提起诉讼,要求被告 C 大酒店、郑某某、张某某连带支付拖欠原告的劳务费 131 750 元。

裁判结果:

内蒙古自治区察哈尔右翼后旗人民法院经审理判决被告张某某支付原告梁某劳务费 131 750 元;被告 C 大酒店、郑某某对上述债务承担连带清偿责任。案件宣判后,原、被告双方均未提起上诉,该判决现已发生法律效力。

案例分析:

该案在审理过程中,对于作为工程总承包方的被告郑某某违反规定将建筑工程分包给没有相应资质和安全生产条件且不具备用工主体资格的被告张某某,郑某某应当对张某某拖欠梁某劳务费之债务承担连带清偿责任没有任何争议;对于业主 C 大酒店将建筑工程直接发包给不具有施工资质和用工主体资格的被告郑某某及其合伙承包人杨某某,C 大酒店应否承担清偿拖欠原告梁某劳务费责任、怎样承担责任,产生了两种截然不同的观点。

第一种观点认为,作为发包人的 C 大酒店只在欠付工程价款范围内对实际施工人张某某承担责任。因 C 大酒店已将工程价款全部支付了被告郑某某,其对实际施工人张某某不存在欠付工程价款现象,故对被告张某某拖欠原告梁某劳务费一事不应承担给付责任。

第二种观点认为，虽然 C 大酒店已将工程价款付给了被告郑某某，但因 C 大酒店将建筑工程发包给没有施工资质和用工主体资格的被告郑某某及其合伙承包人杨某某，其在发包建筑工程上违反了法律的禁止性规定，存在一定的过错，故应当承担清偿拖欠原告梁某劳务费的连带责任。

本案中，业主 C 大酒店将其酒店框架结构工程违法发包给没有相应资质和安全生产条件的郑某某及其合伙承包人杨某某，郑某某、杨某某又将承包的框架结构土建工程分包给没有相应资质及安全生产条件，且不具备用工主体资格的被告张某某；C 大酒店在支付郑某某工程价款及郑某某在支付张某某工程价款时，均没有监督张某某将劳务费支付给原告梁某，二者存在一定的过错。

下节将从分包合同的视角，深入探讨建设工程的分包的应用与管理，并阐述相关法规与原则。

7.5　建设工程分包管理

在大型工程项目中，由于项目的复杂性和专业化需求，常需引入多家施工企业或承包商协同作业。为优化资源配置、提升施工效率，工程分包制度应运而生。建筑工程的发包方式展现了高度的灵活性，发包单位可根据项目需求，选择将勘察、设计、施工、设备采购等全过程委托给单一工程总承包单位，实现资源的整合与高效管理；亦可选择将部分或全部环节单独发包给专业承包单位，以适应项目特殊性。然而，关键在于避免工程被人为肢解、分散发包。

对于大型或技术复杂的项目，法律允许两家及以上承包单位组成联合体共同承包，并要求联合体成员对合同履行承担连带责任，以保障工程质量与进度。同时，严格限制承包单位的转包行为，禁止以任何形式将全部工程转包给第三人，以维护市场公平竞争和工程安全。对于合法的分包，则强调分包单位需具备相应资质，且分包合同需经建设单位认可，尤其是施工总承包单位必须自行完成主体结构施工，确保工程核心质量。

针对违法转包、分包行为，法律明确了严厉的制裁措施。《最高人民法院关于审理建设工程施工合同纠纷案件适用法律问题的解释（一）》等法律法规将此类行为所签合同认定为无效，旨在打击违法行为，保障建筑工程质量和市场秩序。为此分包管理应遵循以下要求：

（1）坚持合法性与公平、诚实信用原则，确保分包活动符合法律法规，保障各方权益。

（2）分包需经发包人同意或合同约定，且为一次性分包给具备资质的单位。

（3）严禁转包、主体工程分包及违法分包，确保工程质量与安全。

（4）分包合同应明确双方权利义务，严格履行合同条款。在变更、转让及解除合同时，需遵循法定程序。

（5）违法分包将承担法律责任，并需对质量问题承担连带责任。

针对各种工程中普遍存在专业工程分包的实际情况，为了规范管理，减少或避免纠纷，原建设部和国家工商行政管理总局于 2003 年发布了《建设工程施工专业分包合同（示范文本）》（G-2003-0213）和《建设工程施工劳务分包合同（示范文本）》（GF-2003-0214），下面对二者进行介绍。

7.5.1 施工专业分包合同

专业工程分包，是指施工总承包单位将其所承包工程中的专业工程发包给具有相应资质的其他建筑业企业完成的活动。

7.5.1.1 专业工程分包合同的主要内容

专业工程分包合同示范文本的结构、主要条款和内容与施工承包合同相似，包括词语定义与解释，双方的一般权利和义务，分包工程的施工进度控制、质量控制、费用控制，分包合同的监督与管理，信息管理，组织与协调，施工安全管理与风险管理等。分包合同内容的特点是，既要保持与主合同条件中相关分包工程部分的规定的一致性，又要区分负责实施分包工程的当事人变更后的两个合同之间的差异。分包合同所采用的语言文字和适用的法律、行政法规及工程建设标准一般应与主合同相同。

7.5.1.2 工程承包人（总承包单位）的主要责任和义务

（1）工程承包人应向分包人提供总包合同（但排除有关承包工程的价格内容），供分包人查阅。

（2）工程承包人应依据分包合同的约定，及时向分包人提供所需的指令、批准、图纸等，确保分包工程顺利进行。

（3）承包人应向分包人提供与分包工程相关的证件、批件、资料以及具备施工条件的施工场地。

（4）承包人应组织分包人参加发包人组织的图纸会审，并向分包人进行设计图纸交底。

（5）承包人应按照合同专用条款的约定提供设备和设施，并承担相应费用。

（6）承包人应随时为分包人提供确保施工所需的施工场地和通道等，以满足施工运输的需要并保证施工期间的畅通。

（7）承包人负责整个施工场地的管理工作，包括协调分包人与同一施工场地的其他分包人之间的交叉配合等。

7.5.1.3 分包人的主要责任和义务

（1）除合同条款另有约定，分包人应履行并承担总包合同中与分包工程有关的承包人的所有义务与责任，同时应避免因分包人自身行为或疏漏造成承包人违反总包合同中约定的承包人义务的情况发生。

（2）分包人须服从承包人转发的发包人或工程师与分包工程有关的指令。未经承包人允许，分包人不得以任何理由与发包人或工程师发生直接工作联系，分包人不得直接致函发包人或工程师，也不得直接接受发包人或工程师的指令。如分包人与发包人或工程师发生直接工作联系，将被视为违约，并承担违约责任。

（3）分包人应执行承包人根据分包合同所发出的所有指令。若分包人拒不执行指令，承包人可委托其他施工单位完成该指令事项，发生的费用从应付给分包人的相应款项中扣除。

（4）分包人的工作：

① 按照分包合同的约定，对分包工程进行设计（分包合同有约定时）、施工、竣工和保修。

② 按照合同约定的时间，完成规定的设计内容，报承包人确认后在分包工程中使用，承包人承担由此发生的费用。

③ 在合同约定的时间内，向承包人提供年、季、月度工程进度计划及相应进度统计报表。

④ 在合同约定的时间内，向承包人提交详细的施工组织设计，承包人应在专用条款约定的时间内批准，分包人方可执行。

⑤ 遵守政府有关主管部门对施工场地交通、施工噪声以及环境保护和安全文明生产等的管理规定，按规定办理有关手续，并以书面形式通知承包人，承包人承担由此发生的费用，因分包人责任造成的罚款除外。

⑥ 分包人应允许承包人、发包人、工程师及其三方中任何一方授权的人员在工作时间内，合理进入分包工程施工场地或材料存放的地点，以及施工场地以外与分包合同有关的分包人的任何工作或准备的地点，分包人应提供方便。

⑦ 已竣工工程未交付承包人之前，分包人应负责已完分包工程的成品保护工作，保护期间发生损坏，分包人自费予以修复；承包人要求分包人采取特殊措施保护的工程部位和相应的追加合同价款，双方在合同专用条款内约定。

7.5.1.4　合同价款及支付

（1）分包工程合同价款可以采用以下三种中的一种（应与总包合同约定的方式一致）。

① 固定价格，在约定的风险范围内合同价款不再调整。

② 可调价格，合同价款可根据双方的约定而调整，应在专用条款内约定合同价款调整方法。

③ 成本加酬金，合同价款包括成本和酬金两部分，双方在合同专用条款内约定成本构成和酬金的计算方法。

（2）分包合同价款与总包合同相应部分价款无任何连带关系。

（3）合同价款的支付：

① 实行工程预付款的，双方应在合同专用条款内约定承包人向分包人预付工程款的时间和数额，开工后按约定的时间和比例逐次扣回。

② 承包人应按专用条款约定的时间和方式，向分包人支付工程款（进度款），按并且在约定的时间内扣回预付款，与工程款（进度款）同期结算。

③ 分包合同约定的工程变更调整的合同价款、合同价款的调整、索赔的价款或费用以及其他约定的追加合同价款，应与工程进度款同期调整支付。

④ 承包人超过约定的支付时间不支付工程款（预付款、进度款），分包人可向承包人发出要求付款的通知。如果承包人不按分包合同约定支付工程款（预付款、进度款），导致施工无法进行，分包人可停止施工，由承包人承担违约责任。

⑤ 承包人应在收到分包工程竣工结算报告及结算资料后28天内支付工程竣工结算价款，在发包人不拖延工程价款的情况下无正当理由不按时支付，从第29天起按分包人同期向银行贷款利率支付拖欠工程价款的利息，并承担违约责任。

7.5.1.5 禁止转包或再分包

（1）分包人不得将其承包的分包工程转包给他人，也不得将其承包的分包工程的全部或部分再分包给他人，否则将被视为违约，并承担违约责任。

（2）分包人经承包人同意可以将劳务作业再分包给具有相应劳务分包资质的劳务分包企业。

（3）分包人应对再分包的劳务作业的质量等相关事宜进行督促和检查，并承担相关连带责任。

7.5.2 施工劳务分包合同的内容

劳务作业分包，是指施工承包单位或者专业分包单位（均可作为劳务作业的发包人）将其承包工程中的劳务作业发包给劳务分包单位（即劳务作业承包人）完成的活动。

2017年，《国务院办公厅关于促进建筑业持续健康发展的意见》（国办发〔2017〕19号）提出改革建筑用工制度，推动建筑业劳务企业转型。《住房和城乡建设部等部门关于加快培育新时代建筑产业工人队伍的指导意见》（建市〔2020〕105号）提出，引导现有劳务企业转型发展、大力发展专业作业企业及加快自有建筑工人队伍建设等。施工劳务分包模式将退出历史舞台。

7.5.2.1 劳务分包合同的重要条款

劳务分包合同不同于专业分包合同，《建设工程施工劳务分包合同（示范文本）》（GF-2003-0214）的重要条款有：

（1）劳务分包人资质情况；

（2）劳务分包工作对象及提供劳务内容；

（3）分包工作期限；

（4）质量标准；

（5）工程承包人义务；

（6）劳务分包人义务；

（7）材料、设备供应；
（8）保险；
（9）劳务报酬及支付；
（10）工时及工程量的确认；
（11）施工配合；
（12）禁止转包或再分包等。

7.5.2.2 承包人的主要义务

对劳务分包合同条款中规定的承包人的主要义务如下：

（1）组建与工程相适应的项目管理班子，全面履行总（分）包合同，组织实施项目管理的各项工作，对工程的工期和质量向发包人负责。

（2）完成劳务分包人施工前期的下列工作：

① 向劳务分包人交付具备本合同项下劳务作业开工条件的施工场地；

② 满足劳务作业所需的能源供应、通信及施工道路畅通；

③ 向劳务分包人提供相应的工程资料；

④ 向劳务分包人提供生产、生活临时设施。

（3）负责编制施工组织设计，统一制定各项管理目标，组织编制年、季、月施工计划、物资需用量计划表，实施对工程质量、工期、安全生产、文明施工、计量检测、实验化验的控制、监督、检查和验收。

（4）负责工程测量定位、沉降观测、技术交底，组织图纸会审，统一安排技术档案资料的收集整理及交工验收。

（5）按时提供图纸，及时交付材料、设备，所提供的施工机械设备、周转材料、安全设施保证施工需要。

（6）按合同约定，向劳务分包人支付劳动报酬。

（7）负责与发包人、监理、设计及有关部门联系，协调现场工作关系。

7.5.2.3 劳务分包人的主要义务

对劳务分包合同条款中规定的劳务分包人的主要义务归纳如下：

（1）对劳务分包范围内的工程质量向承包人负责，组织具有相应资格证书的熟练工人投入工作；未经承包人授权或允许，不得擅自与发包人及有关部门建立工作联系；自觉遵守法律法规及有关规章制度。

（2）严格按照设计图纸、施工验收规范、有关技术要求及施工组织设计精心组织施工，确保工程质量达到约定的标准。

① 科学安排作业计划，投入足够的人力、物力，保证工期。

② 加强安全教育，认真执行安全技术规范，严格遵守安全制度，落实安全措施，确保施工安全。

③ 加强现场管理，严格执行建设主管部门及环保、消防、环卫等有关部门对施工现场的管理规定，做到文明施工。

④ 承担由于自身责任造成的质量修改、返工、工期拖延、安全事故、现场脏乱造成的损失及各种罚款。

（3）自觉接受承包人及有关部门的管理、监督和检查；接受承包人随时检查其设备、材料保管、使用情况，及其操作人员的有效证件、持证上岗情况；与现场其他单位协调配合，照顾全局。

（4）劳务分包人须服从承包人转发的发包人及工程师的指令。

（5）除非合同另有约定，劳务分包人应对其作业内容的实施、完工负责，劳务分包人应承担并履行总（分）包合同约定的、与劳务作业有关的所有义务及工作程序。

7.5.2.4 保险

（1）劳务分包人施工开始前，承包人应获得发包人为施工场地内的自有人员及第三方人员生命财产办理的保险，且不需劳务分包人支付保险费用。

（2）运至施工场地用于劳务施工的材料和待安装设备，由承包人办理或获得保险，且不需劳务分包人支付保险费用。

（3）承包人必须为租赁或提供给劳务分包人使用的施工机械设备办理保险，并支付保险费用。

（4）劳务分包人必须为从事危险作业的职工办理意外伤害保险，并为施工场地内自有人员生命财产和施工机械设备办理保险，支付保险费用。

（5）保险事故发生时，劳务分包人和承包人有责任采取必要的措施，防止或减少损失。

7.5.2.5 劳务报酬

（1）劳务报酬可以采用以下方式中的任何一种：
① 固定劳务报酬（含管理费）；
② 约定不同工种劳务的计时单价（含管理费），按确认的工时计算；
③ 约定不同工作成果的计件单价（含管理费），按确认的工程量计算。

（2）劳务报酬可以采用固定价格或变动价格。采用固定价格，则除非合同约定或法律政策变化导致劳务价格变化，否则劳务报酬为一次包死，不再调整。

（3）在合同中可以约定，下列情况中，固定劳务报酬或单价可以调整：
① 以本合同约定价格为基准，市场人工价格的变化幅度超过一定百分比时，按变化前后价格的差额予以调整；
② 后续法律及政策变化，导致劳务价格变化的，按变化前后价格的差额予以调整；
③ 双方约定的其他情形。

7.5.2.6 工时及工程量的确认

（1）采用固定劳务报酬方式的，施工过程中不计算工时和工程量。

（2）采用按确定的工时计算劳务报酬的，由劳务分包人每日将提供劳务人数报承包人，由承包人确认。

（3）采用按确认的工程量计算劳务报酬的，由劳务分包人按月（或旬、日）将完成的工程量报承包人，由承包人确认。对劳务分包人未经承包人认可，超出设计图纸范围和因劳务分包人原因造成返工的工程量，承包人不予计量。

7.5.2.7 劳务报酬最终支付

（1）全部工作完成，经承包人认可后 14 天内，劳务分包人向承包人递交完整的结算资料，双方按照本合同约定的计价方式，进行劳务报酬的最终支付。

（2）承包人收到劳务分包人递交的结算资料后 14 天内进行核实，给予确认或者提出修改意见。承包人确认结算资料后 14 天内向劳务分包人支付劳务报酬尾款。

（3）劳务分包人和承包人对劳务报酬结算价款发生争议时，按合同约定处理。

7.5.2.8 禁止转包或再分包

劳务分包人不得将合同项下的劳务作业转包或再分包给他人。

7.5.2.9 案例分析

案例 7-5：发包人 X 公司与承包人 W 公司建设工程施工合同纠纷案件
案件来源：最高人民法院，（2015）民抗字第 62 号
案例背景：

2009 年 6 月 12 日，承包人与发包人签订一份建设工程施工合同（以下简称 6.12 合同），双方约定承包人承建发包人位于伊川县的龙腾名流居 1 号楼工程（地上 30 层）。2010 年 8 月 17 日，伊川县建设局以龙腾名流居 1 号楼工程"未办理施工许可证、擅自施工"为由，对发包人罚款 3 万元，伊川县建设工程招标投标办公室补办了龙腾名流居 1 号、2 号楼（58 311.61 平方米、框剪、28 层）、龙腾名流居 3 号楼（23 151.45 平方米、框剪结构、地下二层、地上 28 层）建设工程中标内容及条件。承包人与发包人又签订一份建设工程施工合同（以下简称 6.25 合同），合同载明的订立时间为：2009 年 6 月 25 日。2010 年 8 月 27 日发包人（甲方）、承包人（乙方）、J 集团（丙方）就龙腾名流居 1 号、2 号、3 号楼项目建设施工，签订三方合作协议书，约定龙腾名流居项目 28 层以上甲方同意丙方委托乙方施工，乙方为该项目实际施工人；28 层以上工程的施工，甲方按照与乙方以前签订的施工合同进行工程结算并直接拨付给乙方（所有税金由乙方承担）；乙方负责为龙腾名流居项目办理施工许可证（以规划许可证为准），工程决算按图纸实际面积进行决算。

裁判结果：

关于本案所涉肢解发包合同的效力问题。由于本案所涉工程龙腾名流居 1 号楼系关系社会公共利益、公共安全的商品住宅项目，依照《招标投标法》及相关配套法规的规定，该项目应该进行招投标，而 6.12 合同没有经过公开的招标投标；同时，根据承包人的资质，其不能承建 30 层以上的工程，故该合同也存在超越资质等级的情形，违反了《建筑法》第 26 条禁止建筑施工企业超越本企业资质等级许可的业务范围承揽工程的规定，该合同应属无效合同。

而 6.25 合同没有根据《招标投标法》的规定公开进行招标、投标、开标、评标、中标等程序；且从之后的"三方协议"及 28 层以上的中标通知看，发包人将 31 层的 1 号楼工程分割成 28 层以下和 28 层以上两个工程，分别发包给承包人和 J 集团，属肢解发包工程的情形，违反了《建筑法》第 24 条"提倡对建筑工程实行总承包，禁止将建筑工程肢解发包"（《民法典》称为"肢解发包"）的规定，故该合同亦属无效。

案例分析：

在该案例中，法院主要审理了两份建设工程施工合同（6.12 合同和 6.25 合同）的效力问题。首先，对于 6.12 合同，法院指出其存在招标违规和资质超越的问题，认定为无效合同。其涉及的商品住宅项目应进行公开招标，而未经过招标程序，违反了相关法规。此外，承包人资质不符合承建 30 层以上工程的要求，也违反了《建筑法》规定，从而使得这份合同被判定为无效。

对于 6.25 合同，法院指出其同样存在招标违规和肢解发包的问题，认定为无效合同。未经过招标程序和通过"三方协议"实质上肢解发包的行为都违反了相关法规，导致这份合同被判定为无效。

综上所述，这两份合同的无效主要源于招标程序的违规和对相关法规的违背。这个案例强调了在建设工程中必须遵循相关法规，特别是招标程序的规定，以确保公平竞争和保障社会公共利益。同时，法院对于肢解发包的问题的判定也强调了《建筑法》对于提倡总承包、禁止肢解发包的原则，从而对行业规范和市场秩序的维护起到了积极的作用。

案例 7-6： 成都市 Q 建筑工程总公司与成都 H 置业有限公司建设工程施工合同纠纷

案例来源： 裁判文书网，四川省高级人民法院再审民事裁定书，（2016）川民申 211 号

案例背景：

成都市 Q 建筑工程总公司（以下简称 Q 公司）与成都 H 置业公司（以下简称 H 公司）签订了《某能二期及其地下室施工总承包建设工程施工合同》（以下简称《施工合同》）及《"某能二期"楼施工总承包建设工程施工合同补充协议》（以下简称《补充协议》）。H 公司以总包的名义将工程发包给 Q 公司，《补充协议》第 1.4 条对分包单位的定义"本合同中分包单位指由甲方直接签署施工合同的、在总包工程范围外的其他专业施工单位"。H 公司将外墙百叶、栏杆、保温、屋面铁花、塑钢门窗、公区二装、屋面及厨卫防水等工程发包给其他单位。同时将消防工程、电梯工程直接发包。Q 公司主张 H 公司的行为构成了肢解发包，认为签订的《施工合同》及《补充协议》无效。

裁判结果：

首先，《最高人民法院关于适用〈中华人民共和国合同法〉若干问题的解释（二）》第十四条规定"合同法第五十二条第（五）项规定的'强制性规定'，是指效力性强制性规定"，即只有违反法律、行政法规的效力性强制性规定才会导致合同无效。而《建筑法》所规定的禁止肢解发包，不属于《最高人民法院关于审理建设工程施工合同纠纷案件适用法律问题的解释》第一条和第四条规定的无效情形，也不违反其他相关法律、行政法规规定的会导致建设工程施工合同无效的效力性强制性规定。Q 公司主张本案《施工合

同》及《补充协议》因肢解发包违反了《合同法》第五十二条第五项[①]规定无效的申请再审理由不能成立。

其次，由于《建筑法》规定禁止肢解发包，但并不禁止"单位工程"分别发包。本案所涉工程中，H公司直接分包的工程属于不同的单位工程，况且，H公司直接分包的电梯工程、消防工程等单位工程必须由具备专业施工资质的单位施工，Q不具备该几项工程的专业施工资质，事实上不可能直接承包。H公司将涉及专业施工资质的单位工程分包并非"肢解发包"，符合法律规定以及建筑市场惯例。

案例分析：

虽然，依据《建设工程分类标准》（GB/T50841-2013）和《建筑工程施工质量验收统一标准》（GB50300-2013）的规定，消防工程和电梯工程不属于单位工程，应属于单位工程中的分项工程。依据工程发包单位最小标的为单位工程的规定，消防工程和电梯工程均不能直接发包，应发包给工程总承包人，由总承包人自己施工或由总承包人分包。

但是，消防工程和电梯工程属于设有专业承包资质的专业工程，依据《建筑业企业资质标准》的规定，发包人也可以直接发包，而且符合建筑市场的惯例。因而根据目前的建设工程司法实践经验，电梯工程、消防工程、人防工程等均可以由建设单位直接发包，直接发包的合同有效。

通过这个案例，可以看出在建设工程分包管理中，明确分包单位的资质、分包合同的合规性以及禁止转包或再分包的重要性。这有助于避免合同履行过程中的争议，确保工程项目的顺利进行和各方权益的保护。

7.5.3 专业施工合同与劳务合同区分

工程施工合同和劳务合同的主要区别有：合同约定的内容不一样，劳务合同能约定的内容很多，各行各业的从业人员与用人单位签订的都是劳务合同，而工程施工合同则主要是存在于建设施工的范围内。

7.5.3.1 劳务合同的特征

1. 主体的广泛性与平等性

劳务合同既可以是法人、组织之间签订，也可以是公民个人之间、公民与法人组织之间。劳务合同的主体一般不作特殊限定，具有广泛性。同时，双方完全遵循市场规则，地位平等。双方签订合同时应依据相关规定的公平原则进行。

2. 合同标的的特殊性

劳务合同的标的是一方当事人向另一方当事人提供的活劳动，即劳务，它是一种行为。劳务合同是以劳务为给付标的的合同，只不过每一具体的劳务合同的标的对劳务行

[①] 可对应《民法典》（合同编）第一百五十三条中规定的"违反法律、行政法规的强制性规定的民事法律行为无效。"

为的侧重方面要求不同而已,或侧重于劳务行为本身即劳务行为的过程,如运输合同;或侧重于劳务行为的结果即提供劳务所完成的劳动成果,如承揽合同。

3. 内容的任意性

除法律有强制性规定以外,合同双方当事人完全可以以其自由意志决定合同的内容及相应的条款,就劳务的提供与使用、受益双方意定,内容既可以属于生产、工作中某项专业方面的需要,也可以属于家庭生活。双方签订合同时应依据相关法律的自愿原则进行。

4. 劳务合同是双务合同、非要式合同

在劳务合同中,一方必须为另一方提供劳务,另一方则必须为提供劳务的当事人支付相应的劳务报酬,因此劳务合同是双务有偿合同。大部分劳务合同为非要式合同,除非法律有做特别规定。

7.5.3.2 专业施工合同的特征

1. 合同内容具有专业性

专业施工合同的合同内容一般是由业主或投资人与承包商签订的,主要涉及建筑工程的施工、操作或相关的技术服务,需要承包商具备相应的专业知识和技能才能胜任。

2. 对工程质量提出明确要求

专业施工合同中,工程质量是比较重要的一个方面。业主或投资人往往会在合同中对工程质量提出明确的要求,以确保承包商完成的工程具有一定的品质和可靠性。

3. 合同费用计价方式比较契约化

专业施工合同价格比较昂贵,一般是按照工程量计价方式计算费用,在合同中会比较详细地规定各种情况下承包商应承担的费用和支付时间等。

4. 时间要求相对较紧

专业施工合同中,时间要求相对较紧,限制了承包商的施工周期和交付时间,且建筑施工过程中往往面临着季节限制、天气等不可控因素,使得工期压力更加明显。因此,承包商要有相应的施工组织和管理能力,尽可能地缩短施工周期,保质保量按期完成工程。

5. 承包商需承担企业风险

专业施工合同中,承包商除了承担质量、进度等方面的责任外,还需要承担企业风险。一旦工程质量发生问题或工程未能按时完成,承包商将面临相应的惩罚或违约金等风险。

专业施工合同和劳务合同的区别主要在合同标的、合同形式、合同责任以及合同表现形式等方面,具体见表 7-3。

表 7-3 专业施工合同与劳务合同的区别

	专业施工合同	劳务合同
合同标的不同	专业施工合同的主要标的物是工程施工,即承包商要负责对工程进行施工和管理	劳务合同则是提供劳动力,属于用人单位与劳务人员之间签订的服务性合同
合同形式不同	专业施工合同一般由业主或投资人与承包商签订	劳务合同为用人单位与劳务人员签订或是各种工程分包合同中用人单位与劳务分包商签订
合同范围不同	承包商要负责建筑工程主体的施工、操作等具体环节,或者是非建筑业领域的专业技术服务	劳务合同范围则包括清洁、护理、配送、搬运、维修等劳务服务
	专业施工合同	劳务合同
合同责任不同	承包商要承担大量的责任,如工程的进度、质量、安全等方面的管理和监督职责,同时还要承担质量保证费用和相应的违约责任	劳务合同则更为灵活,承包人提供的服务不是唯一的,可以通过人员的替换或调整等方式进行调整
合同表现形式不一样	主要是按照项目的性质、规模、技术、设备及材料等因素按工程量计价比较契约化,"标准承包人制度"的建立促进了施工合理分工、贵公司价格和服务的公正比较	采用时薪制、月薪制、性能工资制、提成制、业绩评价制、小时工制等多种表现形式,合同类型更灵活

7.6 案例分析

案例 7-7: 中国建筑 YJ 有限公司与 YX(河南)房地产有限公司建筑工程合同纠纷

案例来源: 北大法宝,河南省郑州市中级人民法院判决书,(2010)郑民二初字第 2 号,最高人民法院,(2012)民一复字第 1 号

案例背景:

2000 年 12 月 28 日,中国建筑 YJ 有限公司(以下简称 YJ 公司)与 YX(河南)房地产有限公司(以下简称 YX 公司)签订了英协花园Ⅱ区小高层工程施工框架协议,约定由 YJ 公司承建该工程,合同价款为每平方米 950 元,不得转包,合同工期为 420 个日历天。2001 年 5 月 18 日,YJ 公司与 YX 公司根据河南省郑州市建设工程招投标办公室下发的中标通知书签订了建设工程施工合同,约定合同价款采用固定价格合同方式,固定价款为人民币 3 390.88 万元,该份合同在郑州市建委建筑业管理处存档;同月 23 日,双方又签订了补充协议书,约定工程价款为每平方米 950 元。同年 11 月 18 日,YJ 公司与江苏 FY 建筑工程有限公司(以下简称江苏 FY 公司)签订施工协议书,将承建的上述工程转包给江苏 FY 公司施工,约定合同价款为每平方米 795 元。2003 年 3 月 16 日,郑州市建设委员对 YJ 公司转包工程一事进行了通报。后在施工过程中,YX 公司共分批支付 YJ 公司工程款 2 617.557 6 万元。2005 年 8 月 4 日,涉案工程经过了郑州市建委的竣工验收备案。

2007 年 5 月 28 日,YJ 公司向郑州市中级人民法院提起诉讼,请求判令 YX 公司支付拖欠的工程款,以及相应利息、违约金等。同年 8 月 10 日 YX 公司提起反诉,请求判令 YJ 公司支付 YX 公司墙改基金及利息、违约金等。

另外，2004 年 8 月 30 日，YJ 公司就该涉案工程向郑州市金水区人民法院提起诉讼，要求江苏 FY 公司退回其多付的工程款。2007 年 3 月 16 日，郑州市中级人民法院作出（2006）郑民二终字第 1723 号民事判决，认定 YJ 公司作为涉案工程的承建方，其将施工义务全部转包给江苏 FY 公司，违反了有关法律的禁止性规定，其与江苏 FY 公司签订的施工协议书应为无效，但考虑到协议书已实际履行，根据双方都认可的工程量，计算得出江苏 FY 公司实际施工的工程总造价为 2 530.164 05 万元。

裁判结果：

河南省郑州市中级人民法院经审理认为，本案的招投标程序存在串通行为，而且 YJ 公司将涉案工程以低价转包，行为违法，不能得到超出（2006）郑民二终字第 1723 号民事判决所认定的江苏 FY 公司应得到的工程款 2 530.164 05 万元，而 YX 公司支付给 YJ 公司的工程款数额为 2 617.557 6 万元，已超出了应付的工程总造价，不存在拖欠工程款的事实。郑州市中级人民法院判决：YJ 公司返还 YX 公司多付的工程款 87.393 55 万元。

YJ 公司不服，认为其与江苏 FY 公司之间系劳务分包关系，向河南省高级人民法院提起上诉。河南省高级人民法院审理认为：YJ 公司已经取得的 YX 公司超付的 87.393 55 万元工程款，系其因非法转包取得的非法所得。河南省高级人民法院决定：对 YJ 公司非法所得款项 87.393 55 万元予以收缴。

YJ 公司以其非法转包行为，已经受到郑州建委的行政处罚为由，就该民事制裁决定书，向最高人民法院申请复议。2012 年 10 月 31 日，最高人民法院作出复议决定：维持河南高院的民事制裁决定，驳回 YJ 公司的复议申请。

案例分析：

（1）本案属于非法转包而非劳务分包。所谓劳务分包，是指施工总承包企业或者专业承包企业将其承包工程中的劳务作业发包给劳务分包企业完成的活动。由于转包的对象是工程；而劳务分包仅指向工程中的劳务。因此，只要劳务作业承包人具备《建筑业企业资质管理规定》规定的相应的劳务作业承包资质，劳务作业发包人将在建工程中的劳务作业任务发包给劳务作业承包人是合法有效的，不属于工程转包。本案中，江苏 FY 公司与 YJ 公司一样，均为建筑施工企业，江苏 FY 公司并非具有劳务作业法定资质的劳务承包人，而且从施工实际情况看，YJ 公司是将涉案工程的土建、安装、粗装修工程全部转包给了江苏 FY 公司，并非将劳务部分分包给江苏 FY 公司。

（2）行政处罚不能成为非法转包者豁免司法制裁的依据，《建筑法》《合同法》都明确禁止承包单位将建设工程非法转包。《最高人民法院关于审理建设工程施工合同纠纷案件适用法律问题的解释》第四条明确规定承包人非法转包建设工程的行为无效，人民法院可以根据民法通则相关规定收缴当事人已经取得的非法所得。这里的"非法所得"，本案认为应作狭义的解释，即是指已经实际取得的财产，而不包括当事人进行违法活动时约定取得但实际没有取得的财产，这符合行为与处罚相一致原则，也符合民事制裁的初衷。至于收缴非法所得的对象，笔者认为《最高人民法院关于审理建设工程施工合同纠纷案件适用法律问题的解释》第四条中的"当事人"应作广义的理解，也即这里的当事人不仅包括非法转包的承包人，发包人有非法所得的，也应当予以收缴。

值得注意的问题是，该条规定的"人民法院可以根据民法通则第一百三十四条规定收缴当事人已经取得的非法所得"，而《建筑法》第六十七条、第七十六条同时又规定："承包单位将承包的工程转包的，或者违反本法规定进行分包的，责令改正，没收违法所得，并处罚款，可以责令停业整顿，降低资质等级；情节严重的，吊销资质证书。本法规定的责令停业整顿、降低资质等级和吊销资质证书的行政处罚，由颁发资质证书的机关决定；其他行政处罚，由建设行政主管部门或者有关部门依照法律和国务院规定的职权范围决定。"那么，当法院采取没收违法所得的民事制裁措施与行政处罚发生重合时，如何处理？建设行政机关是行政执法机关，其依据《建筑法》等法律法规作出没收违法所得的行政处罚措施是属于行政执法权；人民法院是我国的审判机关，法院在审理过程中发现有违法行为，并根据法律作出没收违法所得的民事制裁措施是在诉讼过程中进行的，属于法院的审判权的一部分。因此，法院和行政机关各自采取制裁措施并不违反法律规定。

对于非法转包行为，既可以依据《中华人民共和国民法通则》（简称《民法通则》）对其进行民事制裁，也可以依据《建筑法》对其进行行政处罚，但是民事制裁与行政处罚的性质完全不同，民事制裁主要是依据《民法通则》来解决平等主体之间的民事权益争议，是行政处罚所不能代替的。因此，即使建设单位因非法转包行为已经受到了行政处罚，人民法院仍然可以追究其民事责任。

思考题

1. 简述建设工程合同管理的内容，各阶段的主要任务是什么？
2. 什么是工程变更？
3. 简述工程变更的原因。
4. 工程变更对合同实施有哪些影响？
5. 索赔的作用有哪些？
6. 影响建筑工程质量的因素有哪些？
7. 简述如何进行质量控制。
8. 如何实现隐蔽工程的重新检验？
9. 如何开展工期管理？
10. 简述工期延误的四大原因。
11. 简述建设项目总投资的构成。
12. 工程合同价款是如何调整的？
13. 不同承包模式下的分包规则是什么？有什么区别？
14. 简述专业施工合同与劳务合同的区别。
15. 如何界定主体结构？
16. 简述界定主体结构的重要性。

参考文献

[1] 吴守荣,王扬. 项目采购管理[M]. 北京：机械工业出版社,2018.

[2] 中国建设监理协会. 建设工程合同管理[M]. 北京：中国建筑工业出版社,2021.

[3] 乌云娜,等. 项目采购与合同管理[M]. 北京：电子工业出版社,2017.

[4] 曹红梅,吕宗斌. 标准施工招标文件的解读分析与实践探讨[J]. 建筑经济,2012,33（5）.

[5] 朱晶. FIDIC合同条件在中国的适用问题[D]. 长春：吉林大学,2011.

[6] 李小阳,程志军. 我国工程建设强制性标准发展研究[J]. 工程建设标准化,2015,No.194（1）.

[7] 李小阳,王晓锋,程志军,等. 我国建筑强制性标准体系研究[J]. 工程建设标准化,2015,No.203（10）.

[8] 王慧敏. 工程建设强制性标准实施绩效评价研究[D]. 哈尔滨：东北林业大学,2021.

[9] 宋宗宇,等. 建设工程合同风险管理[M]. 上海：同济大学出版社,2007.

[10] 周献祥,姜波. 结构设计强制性条文的分类和作用[J]. 工程建设标准化,2018,No.232（3）.

[11] 乔中国,樊艳红.《2013清单计价规范》强制性条文分析[J]. 中国标准化,2022,No.608（11）.

[12] 宋宗宇,向鹏成,何贞斌. 建设工程管理与法规[M]. 重庆：重庆大学出版社,2015.

[13] 范成伟,明杏芬. 建设法规[M]. 上海：同济大学出版社,2017.

[14] 刘海桑. 政府采购、工程招标、投标与评标1200问[M]. 2版. 北京：机械工业出版社,2016.

[15] 苟伯让. 建设工程招投标与合同管理[M]. 武汉：武汉理工大学出版社,2014.

[16] 李伟. 关于公开招标和邀请招标适用情形的探讨[J]. 中国政府采购,2014,No.159（8）.

[17] 付盛忠,金鹏涛. 建筑工程合同管理[M]. 3版. 北京：北京理工大学出版社,2022.

[18] 张晓峰. 建设工程争议解决100讲[M]. 北京：法律出版社,2021.